途上国の学びを拓く

対話で生み出す教育開発の可能性

久保田賢一 編著

明石書店

はしがき

わたしは、学生と一緒に途上国によく出かけます。一緒に出かける学生にとっては、初めての途上国です。学生たちは途上国の子どもたちについて、「貧困の中で苦しい生活を強いられかわいそう」というイメージを持って出かけます。ところが、実際に途上国を訪問してみると、子どもたちが目を輝かせて遊んでいたり、勉強したりしている姿を目のあたりにして驚きます。「かわいそうな途上国の子どもたち」というイメージは、メディアで作られたステレオタイプであることに気がつきます。生き生きと学校で学ぶ子どもたちの姿は、日本の学生に元気を与えてくれます。地方の学校には、電気がないところも多く、パソコンも電子黒板もありません。教室は子どもたちであふれています。そういった未整備な学習環境においても、元気に学ぶ子どもたちに触発され、学生たちは途上国の教育に関心を持つようになります。

途上国を訪問した学生たちは卒業した後、ＮＧＯや青年海外協力隊に参加したりして、海外ボランティアとして途上国で活動するようになります。しかし大学を卒業したばかりですから、経験も実力もありません。せっかく途上国で活動をしたいと出かけても、思うような活動ができず悔しい思いを残して帰国します。そして、その悔しさをバネに、大学院へ進学し教育開発について学んだりして、ＪＩＣＡ（国際協力機構）や国連機関、国際コンサルタント会社で専門家として教育開発に取り組むようになっていきます。

専門家として途上国で活動するようになり、次第にプロジェクトを運営していく責任ある立場から教育開発に取り組むようになります。しかし、国際協力に従事する中で、さまざまな矛盾や葛藤に直面します。自分の仕事について矛盾を抱えながら教育開発に取り組んでいます。本書では、国際協力のさまざまな葛藤の中で教育開発に取り組んできた人たちに執筆してもらいました。

教育開発の現場で実際に活動してきたことについて書かれていますので、教育開発に興味のある学生、ボランティア、専門家の人たちに本書を読んでもらいたいと思っています。初学者には、教育開発という分野でどのような活動をすることができるのか学んでほしいと思います。ボランティアとして活動している人には、現地の人たちとどのように協同して活動を展開していけるのか知ってほしいと思います。そして専門家の人には、ルーチンワークに陥りがちな日常をもう一度、問いを持って振り返ってほしいと思います。

わたしは、途上国の教育課題を効果的・効率的に解決することが教育開発であると考えていません。「教育開発における国際協力の形はこれでよいのだろうか」と自分たちの活動を常に批判的に捉えながら、途上国の人たちと正面から向き合い、協同していくプロセスそのものが教育開発ではないかと考えています。子どもたちのテストの点数が上がったということで、プロジェクトを評価したくありません。教育開発は息の長い活動です。数年のプロジェクト活動で、簡単には成果は見えません。それよりも途上国の人たちとの協同を継続していくことが重要だと考えています。本書には、各執筆者のそういった協同した活動が描かれています。本書を読み、これからの教育開発はどうあるべきかという問いを立て、活動を継続していってほしいと思います。

■本書の構成

本書は、大きく3部から構成されています。第1部「教育開発への第一歩」は、導入部分です。教育開発に関心はあるけれど、何をどう学べばよいかわからないという読者はまずここから読み進めて下さい。第2部「具体事例から学ぶ教育開発」は、アジア、アフリカなど途上国の教育開発の事例を取り上げています。教育開発の専門家として、途上国で活躍する様子が描かれています。第3部「これからの教育開発」は、さまざまな途上国での教育開発を振り返り、課題を整理しこれからの方向を展望しています。

第1部は、3章で成り立っています。第1章は、途上国の教育開発に関心はあるが、どのように教育開発について学ぶべきかわからない読者に対して、教育開発の基本から解説しています。第2章は、学生時代から教育開発に関わってきた執筆者が、どのように教育開発に関わるようになったのか、体験を語ってもらいました。最初は、旅行者気分で参加した途上国への旅行から始まり、次第に途上国における教育の重要性に気づき、深く関わるようになっていくいきさつが語られています。第3章は、国際協力プロジェクトとしての教育開発を批判的に捉える視点から、援助をする側と援助を受ける側の関係性について日本の教育改革の事例を参照しながら分析しています。プロジェクトの規模が大きくなるに従い、多くの人が関わるようになり、効率的なプロジェクト運営が求められますが、効率のみに注意が払われると、教育の本質的な部分が欠落してしまうという課題が浮き彫りになってきます。

第2部「具体事例から学ぶ教育開発」からは、教育開発プロジェクトに参加してきた各執筆者が自らの体験をもとに、プロジェクトでの活動について語ってもらいます。第4章では、パレスチナ自治区でプロジェクトを形成するために、学校見学をし、現状を把握する調査を行う実践です。援助する側と援助される側との間で、教師に寄り添う教育開発はどうあるべきなのか検討します。第5章では、ザンビアにおける理数科教育プロジェクトを立ち上げるまでの経緯について説明しています。アフリカの理数科教育を日本からの援助として取り組むために、さまざまな関係者とダイナミックなやりとりをし、現場との折り合いをつけながらプロジェクトをプランニングしていく様子が描かれています。第6章は、エジプトに日本の協力で新しく大学を創設するプロジェクトを実施していく中で、専門家と現地の人たちとの関わり、大学運営の仕組みを構築していく過程が描かれています。第7章は、パプアニューギニアに30年暮らしている専門家の教育開発についての事例です。現地の女性と結婚し、そこに根を張っているからこそできる教育開発の活動について書かれています。第8章は、ネパールにおける地方公務員研修を行うインストラクター向けの研修開発プロジェクトです。政治体制が大きく変わり、民主化に舵を切ったネパールにおいて、「教室で教える人」という認識から、職場環境を整え、「クライアントに寄り添い支援する人」として、インストラクターの役割を変えていくプロセスについて紹介しています。第9章は、ボリビアの教育開発プロジェクトが終了するにあたりボリビア人教師による国語研究会を作り、プロジェクト終了後10年にわたり毎年全国大会を開催する事例です。第10章は、フィリピンの小学校においてＩＣＴを導入しようと介入を行った際、教師がＩＣＴ活用にどう取り組むか調査をした事例です。第11章は、カンボジアの教員養成校において日本の学生が中心となって行う教育開発の事例を取り上げます。

第3部「これからの教育開発」は、全体のまとめの部です。第12章の「座談会　経験者に問う『現場の実情』」では、第1部、第2部で十分に語られてこなかった点やさらに深く議論する必要のある点に関して、より詳しい説明が追加されています。第13章は、本書全体を振り返り、整理しました。そしてこれからの教育開発は、単に援助する側として取り組むのではなく、協同して問題を見つけ、共に考え試行錯誤していく取り組みとして展望します。

＊

国際協力における教育開発は、小学校や中学校などの基礎教育向けのプロジェクトだけではなく、職業教育、社会教育、生涯教育など幅広く展開されています。本書をきっかけに、教育開発について学びを深めていってほしいと思います。そして、ボランティアや専門家として途上国で教育開発に携わってほしいと思います。また、現在、教育開発の活動に関わっている人たちには、自分の活動を振り返るための材料として本書を読んでいただければと思います。

久保田　賢一

途上国の学びを拓く
――対話で生み出す教育開発の可能性

◉目次

第12章　座談会――経験者に問う「現場の実情」…………時任隼平　337

第1部

教育開発への第一歩

第1章
教育開発について学ぶ

久保田　賢一

世界には1億人以上の子どもたちが学校に通えないでいると報告されています。しかし、誰もがそういう子どもたちのおかれている状況は自分とは関係のない、遠い世界の出来事のように思ってしまいがちです。メディアを通して途上国の教育についての情報はたくさん手に入りますが、それだけでは自分とは関わりのない出来事として忘れられてしまいます。子どもの頃、わたし自身もそう思っていました。しかし、途上国を実際に訪問し教育の現状を見たことで、わたしはその深刻さを実感として感じ取り、なんとかしたいと思うようになりました。この本を読んでいるあなたにも、是非、途上国を実際に訪問してほしいと思います。途上国の教育現場を訪ねることで、先進国からの教育開発のプロジェクトがどのように実施されているのか、そこにどのような課題があるかを実際に見てほしいと思います。そのためにはまず、途上国の教育開発の現状を学びましょう。この章では、国際協力における教育開発とはどのようなものか、基本的なところから始めていきます。

初めての途上国体験

わたしが開発途上国と呼ばれる国を初めて訪問したのは、今から40年以上前の１９７８年でした。訪問した国はネパールです。そのときは、途上国の人々を支援しようと思って出かけたわけではなく、ただヒマラヤの山々を見てみたいという一心の思いだけでした。学生時代は山登りが趣味でしたので、ヒマラヤに強い憧れがありました。ネパールを訪問したのは、大学を卒業し働くようになり、海外旅行に出かける余裕もできた頃でした。前年は、アラスカのデナリ国立公園を訪問し、北アメリカ最高峰デナリ（マッキンレー）山を見て感動しました。そして次は、ヒマラヤの８０００メートル峰を仰いでみたいと思うようになりました。

当時は高校教員として働いていたので、海外旅行に出かける余裕はありましたが、十分なお金があったわけではありません。費用をなるべく安く抑えようと、テントや食料を詰め込んだ40キロの重さのリュックを背負って、友人と2人でトレッキングに出かけました。当時からネパールには欧米から多くの観光客が訪れていました。トレッキングをするには、１週間から10日程度歩かなければいけません。ネパールでは、ポーターを雇用することができるので、荷物はポーターが運んでくれ、旅行客は手ぶらでも大丈夫です。でも、わたしたちはキャンプ用具や食料をすべて自分たちで背負い、アンナプルナのベースキャンプ地点をめざしてポカラの町を出発しました。

ベースキャンプまで歩いて1週間ほどかかります。もちろん車の通れる道はありませんから、途中は村外れにテントを張って宿泊しました。すると、村の人たちが近づいてきます。言葉が通じないので、はじめは珍しがっているのかと思いましたが、どうも痛みを訴えているようでした。何人かの村人が、お腹が痛い、歯が痛いという仕草をしてきます。そこで、持ってきた胃腸薬や痛み止めを与えると喜んで帰っていきました。たぶん、アンナプルナの山頂をめざして、これまでも多くのキャラバンがこの村を通り過ぎたのでしょう。そのときに同行した医師が村人の病気を診察したのだと思います。わたしたちのような外国人が来るときは、医薬品を持ってくるので、病院のないその村の人たちはそのお裾分けにあずかろうとわたしたちのテントに来たのだと思います。でもわたしは、医療活動に来たわけではありませんので、持っていた薬はすぐになくなりました。

軽い気持ちでネパールの山を見たいと出かけましたが、思いがけずネパールの厳しい現実に目を向けざるを得ませんでした。村には診療所がないので、病気になっても薬は簡単に手に入りません。学校も近くにないようでした。それでも子どもは石板を使って英語の勉強をしていました。わたしに英語で話しかけ、それを石板に書いては消していきます。紙が十分にない地域ではこういった石板がノート代わりになるのかと思いました。学校には行けないけれど、通りすがりの外国人に話しかけて英語を学ぶネパールの子どもに心を打たれました。貧しくても向上心に満ちている子どもたちを見て、途上国で何かしてみたいという気持ちが湧き上がってきました。ネパールの人たちと接し、彼らに喜んでもらえたことが、わたしにとってとても嬉しかったのです。わたしにも何か役に立つことができるではないかと思いました。ネパールでの体験は、わたしの目を途上国に向けさせてくれました。これまで見たことのない世界でいろいろな体験をしたことが、充実感をもたらしてくれました。そして、この体験がきっかけとなり、海外青年協力隊に参加し、途上国の人たちと共に活動をするようになり、その後も国際協力に関わるようになりました。

わたしの学生時代と比べると、現代の学生は気軽に途上国を訪問できるようになりました。途上国に行くと、多くの日本人学生に会います。そこで会った学生たちは国際協力に強い関心を持つようになり、途上国の人たちと一緒に何かをしたいと考えるようになります。途上国を実際に訪問し、貧困や環境などの課題が目の前に突きつけられると、なんとかしたいという気持ちが湧き上がってくるからだと思います。そして、途上国の教育課題は、単に途上国だけのものではなく、先進国との関係の中で考えていくことの重要性を学びます。それは、地球に住んでいるすべての人たちと関わりのある「地球規模の課題（グローバル・イシュー）」としての取り組みであることを理解するようになります。その一歩を踏み出していきましょう。

国際協力で使われる用語

●用語とその背景

学生が国際協力活動に参加したいという意欲を持つことは大切ですが、多くの学生は途上国の社会・文化的背景や国際協力の仕組みを十分に理解できているとはいえません。十分な知識のないままに活動に参加すると、かえって途上国の人たちに迷惑をかけてしまう可能性があります。国際協力をするには、活動に必要な知識やスキルをまず学ぶ必要があります。その第一歩は、国際協力で使われる専門用語を知ることですが、文献を読み始めようとすると、最初はたくさんの専門用語を前に戸惑いを覚えるかもしれません。

国際協力には、さまざまな領域があり、それぞれ専門分野があります。それぞれの専門に従い、同じような意味を示すものでも微妙に呼び方が違っていたりします。たとえば、国際協力プロジェクトには、地域に入り新しい考え方や習慣を導入する役割の人がいます。この人たちは、さまざまな名前で呼ばれています。たとえば、村落普及員、コミュニティ・ワーカー、フィールドワーカー、ファシリテータ、アニメーター、チェンジ・エージェント、アクティビストなどという名前を持っています。新しい知識を伝えたり、人々を組織化したりする役割を担う人ですが、国によって、活動の分野によって、活動に対する基本的な考え方の違いによって、呼称が違ってきます。活動を行う地域の社会・文化・歴史的な状況に合わせた適切な呼称が使われるからです。そういう呼称の背景にあるものを理解することが国際協力の活動をするうえではとても重要になります。

ある現象を名づける場合においても、社会やその時代の状況により呼び名が変化したりします。たとえば「学校に行かない、行けない子どもがいる」現象を取り上げてみます。日本ではこの現象が最初に現れたときは、「登校拒否」と呼んでいました。この用語の背景には、「学校はすべての子どもが行くべきところであるにもかかわらず、学校に行くことを拒む子どもがいる」という考え方がありますす。しかし、学校に行かない子どもの数が次第に増えてくると、これは単にずるや怠けで学校に行かないわけではないと考えられるようになりました。近年では初等中等教育において10万人を超える数の子どもが学校に長期に行かなくなっていると捉えるだけでは説明がつかない事例が多く見つかり、このような現象を「不登校」と名づけるようになりました。学校は行かなければならない場所ではなくなり、代わりにオルタナティブ・スクールに通う子どもたちも出てきました。「学校に行かない（行けない）子ども」について考えるとき、子どもたちのおかれている社会・文化的な背景を考慮して、対応を考えなければいけません。そして、学校は行くべきところであるという考え方から、オルタナティブ・スクールを含めて学校の形態はさまざまあり、子どもたちが学びやすい環境を用意していくことが大切であるという考え方に変わってきました。

一方、途上国には「学校に行きたいけれどいけない子ども」が1億人以上いるといわれています。しかし、途上国の子どもたちの学校に行けない理由は日本とは大きく違います。だから彼らのことを「不登校」とは呼ばずに「未就学」と呼んでいます。学校が近くになかったり、家が貧しいために働かざるを得なかったり、戦争に巻き込まれたりと、日本とは事情が大きく異なります。使われる用語、そしてその用語の背景にある社会・文化・歴史的な状況との関連を学ぶことで、今起きている現象を深く理解することができるようになります。

●用語の使い分け

用語の使い方に関してもう少し考えていきましょう。わたしは、この本の中で国際協力の対象となる国を「途上国」と書きました。これは、英語のdeveloping countryの日本語訳です。他にも「開発途上国」や「発展途上国」「低開発国」「新興国」と呼ばれたりします。外務省は「開発途上国」、経済産業省は「発展途上国」と、日本国政府の中でも行政用語として違う呼び方をしていた時期もありました。混乱を避けるために、本書では「途上国」と呼びたいと思います。

「途上国」という呼び名に対して、日本をはじめとした欧米諸国のことを「先進国」と呼びます。途上国のことを先進国に対して「後進国」と呼ぶ人もいます。１９８０年代までは、欧米の資本主義諸国を「第1世界」、東欧やソビエト連邦など社会主義の国々を「第2世界」そして、その他の国々を「第3世界」と呼んだ時期もありました。しかし、１９８０年代末にソ連が崩壊したため、「第3世界」という概念もなくなりました。このように途上国の呼び方も、時代や社会状況を反映しているといえるでしょう。

世界には２００に近い国がありますが、そのうち１５０か国以上が途上国と呼ばれています。これは、ＯＥＣＤ（経済協力開発機構）が「ＯＤＡ（政府開発援助）受け取り国リスト」に上がっている、先進国から援助を受け取っている国々を指す用語になります。つまり、「途上国」とは先進国から資金援助を受け取っている国と定義されます。

ＯＥＣＤは、「世界中の人々の経済的・社会的福祉を向上させる政策を推進することをその使命[1]」としている国際的な機関で「先進国クラブ」と呼ばれたりもします。この組織は、経済開発の視点から、先進国が途上国に資金援助をするという意味で定義づけられています。「国際協力」という言葉も、状況により国際協力、国際支援、国際援助などと使い分けられることもありますし、そういったことを意識しないで使われることもあります。言葉の使用は、その背後にある思想や社会・文化・歴史的状況をしっかりと意識して、見ていくことが重要になります。

本書では、途上国での教育実践に日本人が関わり、改善あるいは改革をしていこうとする活動を「教育協力」あるいは「教育開発」「教育援助」と呼びます。これらの用語は、「協力」「開発」「援助」のどこを強調しているかという違いはありますが、基本的には同じ活動を指しています。一方、日本で教育を良くするための取り組みを、「教育開発」という言葉は使わないで、「教育改革」と呼んでいます。「教育開発」「教育協力」という言葉は、途上国における文脈中で使われています。使われる言葉は、おかれている文脈や執筆者の考え方によって違ってくるので、読者はそれらの言葉に敏感になることが大切です。

国際協力に関わるうえでもう1つ重要な用語は、頭字語です。英語でacronymまたはinitialismと呼ばれるものです。国際協力の文献や報告書を読むとたくさんの頭字語が出てきます。最初は戸惑いますが、読んでいるうちに自然に理解できるようになります。たとえば、ＪＩＣＡ、ＵＮＤＰ、ＵＮＩＣＥＦ、ＵＮＥＳＣＯ、ＭＤＧｓ、ＳＤＧｓ、ＥＦＡ、ＥＳＤ、ＵＰＥ、ＰＩＳＡ、ＴＶＥＴなどです。たとえばＪＩＣＡは、国際協力機構（Japan International Cooperation Agency）のことでジャイカと発音します。ＵＮＤＰは国連開発計画（United Nation Development Plan）の頭字語で、ユーエヌディーピーと発音します。組織名やプロジェクト名はそのままでは長いので、略称として頭字語を使います。教育開発プロジェクトに参加するときには、この頭字語がたくさん出てきます。それらは関わるプロジェクトにより違うので、事前に理解しておくようにしましょう。

国際協力や教育開発に関する基本的な用語が理解できたと思いますので、わたし自身の体験をもとに、実際に教育開発プロジェクトにどのように関わるようになるのか説明をしていきたいと思います。

フィリピンでの体験

わたしの2度目の途上国体験は、フィリピンです。わたし自身のフィリピンでのボランティア体験、理数科教師としての活動を通して、途上国の教育開発について考えていきたいと思います。わたしのフィリピンでの体験が、途上国での教育開発にもっと関わりたいと突き動かしたのです。

わたしは１９８０年に海外青年協力隊（ＪＯＣＶ）に参加し、フィリピン、マニラにあるフィリピン工科大学の附属高校で理数科教師として2年間活動をしました。そこでの活動が教育分野での国際協力の最初の関わりでした。フィリピン工科大学は、大学に昇格しましたが、数年前までは職業訓練校でした。当時は、自動車整備、旋盤、木工、貝細工などに加え、料理やホテルのベッドメーキング、裁縫などさまざまな職種の技術が教えられていました。

大学構内にはワークショップと呼ばれる実習室がありました。実習室には、旋盤やドリルなど日本からの工作機材が設置されていました。学生は、それらの機材を使って技術を身につけていたのですが、機材は30年以上前の古いものでした。機材をよく見ると「戦争賠償品」というラベルが貼られていました。それらの機材は、日本が第2次世界大戦の敗戦国として、アジア諸国に賠償品として送ったものでした。古い機材でしたが、学生たちは丁寧に機材を扱っていたことが思い出されます。貧しい大学の予算では、簡単に更新はできないため、古い機材を壊さないように大切にしていました。

わたしがフィリピン工科大学に配属されているときに、日本の無償資金協力[2]という枠組みで工学部を充実させるために、６階建ての工学棟と最新の機材の導入が決まりました。無償資金協力とは、日本が資金を出し途上国に必要な施設を整備したり、資機材を調達したりする国際協力の枠組みのことです。大学はにわかに活気づき、日本から調査団や専門家が訪問し、わたしたちは協力隊員として日本の援助がうまく受け入れられるように大学にいろいろな働きかけをしました。わたしが勤務している大学が日本の援助で大きく変わっていく様子を目のあたりにして、国際協力の最前線にいることを実感しました。教育分野で国際協力に関わりたいと感じた瞬間でした。

１９８０年代は、日本の教育分野への国際協力が本格的に始まろうとしていた時期でした。特に、理数科教育は日本の得意分野でもあり、アジアやアフリカの国々に多くの理数科教育の協力隊員を派遣していました。協力隊に参加する前は、教育分野の国際協力についてよくわかっていませんでしたが、実際に途上国で活動をしていると、日本から頻繁に調査団が訪れ、教育分野への国際協力が具体的にどのように行われているか身をもって知ることができました。この時期、フィリピンには協力隊員の他に、日本から理科教育の専門家がフィリピン大学に派遣されており、わたしたち教育分野の隊員と一緒に勉強会を開催しました。勉強会ではフィリピンの教育政策や協力隊員の活動などを報告し合い、教育分野の国際協力について少しずつ理解を深めていくことができました。

途上国での教育開発に関わるためには、まず日本がどのような教育開発をしてきたのかを知ることが大切です。そこで日本の途上国における教育開発の歴史を振り返ることで、今後の教育開発の方向性を探っていきたいと思います。

日本の教育協力

日本は、戦後、途上国を援助する先進国の仲間入りをしましたが、終戦当時は、日本も貧しく、国際機関やアメリカなどから多くの支援を受けていた時期もありました。第2次世界大戦後、アメリカ主導で「マーシャル・プラン（欧州復興計画）」が作られ、戦争後崩壊した欧州への援助が始まりました。この援助は、ヨーロッパに経済的な支援をすることで、社会主義の勢力が広がることを阻止するねらいもありました。日本も戦後は貧しい時代でしたので、海外からの援助を受けていました。戦後の復興の時期には、ユニセフから脱脂粉乳をもらい、小学校の給食にあてていました。アメリカも小麦粉を日本に援助し、小学校でパン食が広がりました。

日本の教育協力が始まるのは、1954年に国費留学生の受け入れを開始してからです。同じ年に、日本は「コロンボ・プラン」（アジア太平洋地域への国際協力を推進する国際機関）に加盟し、先進国の仲間入りが認められました。1960年には、文部省が中心となり、理科教育、日本語教育の分野で専門家を派遣したり、研修員を受け入れたりすることが始まりました。

1960年には、ユネスコ主導によりパキスタンのカラチで国際会議が開催され、初等教育拡充のための計画「カラチ・プラン」が採択されました。このプランでは、1980年までの20年間に、アジア各国の初等教育を完全に普及させることを目標としました。その後、アジアに加えアフリカや南米の初等教育においても就学率を高めることを国際会議で決議しましたが、人口増加が予想以上に進行したため、1980年を過ぎても目標は達成されませんでした。[3] この時期、日本の教育協力は、高等教育や職業訓練に重点がおかれ、基礎教育についての援助は重視されていませんでした。なぜなら日本政府として、基礎教育は、途上国の文化や価値観と密接に関わるため、途上国のプライドを尊重し、教育の内容に深く触れないという方針でした。そのため、基礎教育に向けた援助は、学校建設や機材供与などのインフラ整備に限られたものでした。

1990年にタイのジョムティエンで開かれた「万人のための教育（Education for All: EFA）世界会議」では、2000年までに初等教育の普遍化、女性の識字教育の推進などを目標とした宣言が採択されました。この宣言に沿って、初等教育の改革が世界的規模で始まり、日本の教育協力が基礎教育分野にも向けられ始めました。[4]

1990年代以降、途上国における初等教育の普及はめざましく、基礎教育では急速に就学率が高まり、教育の課題は量から質に移りつつあります。日本の教育協力では、理数科教育プロジェクトが本格的に始まりました。政府開発援助（ODA）の文脈で使う「プロジェクト」という用語は、主に「技術協力プロジェクト」を指します。技術協力プロジェクトはだいたい3年から5年の期間限定で、日本から専門家、機材、資金などの資源を投入する事業のことです。この期間内に成果を出して終了することが期待されています。プロジェクトに理数科教育が取り上げられたのは、理数科教育は、その内容が社会文化的な影響の比較的少ない領域だからです。理数科教育は、日本の得意とする領域でもあり、他の教科に比べ相手国の価値観に触れる内容ではないと考えられていました。その後、2000年代に入り、基礎教育は貧困削減に有効であり、経済成長を促進する有効な手段であるという人的資源論の考え方が主流となり、日本政府による基礎教育の質の改善に向けた援助が拡大していきました。

　このような状況の中、１９９０年代にはフィリピンでは理数科教育を改善することを目的としたプロジェクトが始まり、無償資金協力により理数科教師訓練センターが建設され、専門家を派遣したり、日本で研修ができる技術協力プロジェクトが立ち上がりました。この理数科教育の支援は、インドネシア、ミャンマーなどアジアの国々とともにケニアやガーナなどのアフリカの国々にも広がっていきました。

　わたしは、協力隊に参加した10年後の１９９０年代に、フィリピンの理数科教育プロジェクトを立ち上げるための事前調査団の一員として、プロジェクトの形成に関わりました。プロジェクトは、地方の理科教育センターに協力隊員を派遣し、専門家のいるフィリピン大学の理科教育センターと連携するように計画されたパッケージ型の教育協力でした。続いて、エジプト、ケニアをはじめ多くのアフリカの国々において理数科のプロジェクトが立ち上がり、理数科教育の協力隊員や専門家が多く途上国へ派遣されました。

　こうして教育開発のプロジェクトは次第に広がりを見せるようになってきました。２０００年代には、ケニアの理数科プロジェクトの知見を他のアフリカ諸国に広げようと、アフリカの国々のネットワークを作り、ケニアを中心に途上国同士で互いに学び合う関係が作られました。また、中米のホンジュラスでは、現職教員向けの研修や教科書の開発が行われ[5]、次第にグアテマラ、ニカラグア、エルサルバドル、ボリビアなどの中南米の国でも同様の教育開発のプロジェクトが立ち上がりました。アジアにおいても、教師用指導書を開発するプロジェクトが、アフガニスタン、モンゴル、ミャンマー、バングラデシュなどの国々で始まりました。

わたしは、ＪＩＣＡの実施するいくつかのプロジェクトに関わり、調査に出かけたり、研修員を受け入れたりしました。たとえば、ボリビアの「学校教育の質向上プロジェクト」では、現地に出かけプロジェクトの参加校を視察したり、ボリビアからの教員と一緒に日本の小学校を見学に行ったりしました。ミャンマーの「児童中心型教育強化プロジェクト」では、各地の小学校を訪問しミャンマーの初等教育の現状を調査したり、全国の教員養成校で授業研究や教員研修を実施したりしました。新しい教授方法を教員養成校の教員に学んでもらい、研修を受講した教員が今度は講師として、地域の小学校の教員に研修をするという方法で、「カスケード方式」と呼ばれています。基礎教育分野の教育協力は２０００年以降、多くの途上国において拡大してきたといえます。

ＯＤＡで行われる技術協力プロジェクトは期間限定で実施され、プロジェクトの実施期間中には、専門家を派遣したり、日本で研修が行われたり、機材を導入したりすることができます。しかし、プロジェクトが終了すると、資金が打ち切られるため、活動を継続することは難しくなります。プロジェクト終了と同時に、せっかく盛り上がった教育開発の取り組みも止まり、資金が打ち切られるとプロジェクト開始前の状態に戻ってしまうこともあります。プロジェクトが終了した後、どのように途上国の人たちの手で自立的に教育開発を継続していくことができるかが重要な課題となります。

多様な教育協力の形

日本のＯＤＡを中心に教育開発に関する概要を説明しましたが、その他にもＮＧＯ[6]や研究者による教育協力があることを忘れてはいけません。その規模は大きくはありませんが、確実に成果を上げているものも多く見られます。また、ＯＤＡは政府間の協力になり、政治的な要因が影響したりしますが、ＮＧＯでの取り組みは、ＯＤＡが扱いにくい領域に関して教育協力がなされたりします。

特に、ノンフォーマル教育と呼ばれる学校教育（フォーマル教育）の制度に含まれない教育活動は、ＯＤＡの枠組みでは支援が届きにくい領域になっています。しかし、ノンフォーマル教育は学校に通えない貧困地域の子どもたちを対象に教育を提供したり、成人の識字教育に取り組んだり重要な役割を担っています。たとえば、バングラデシュでは、公立学校に通えない貧困層の子どもたちは「ＮＧＯ学校」と呼ばれるＮＧＯが運営する学校に通うことがあります。公立学校に比べ教員の給与は低く、教員は研修も受ける機会もありません。バングラデシュでは、近年カリキュラムが改訂され、教師用指導書が変わりましたが、ＮＧＯ学校の教員は指導書の使い方がわかりません。そこで、わたしの所属するＮＧＯ「学習創造フォーラム」では、ＮＧＯ学校の教員向けの研修を行いました。これはＪＩＣＡの草の根技術協力の共同事業として実施したものですが、ＯＤＡの技術協力プロジェクトの枠組みには含まれにくい部分です。ＮＧＯによる教育協力は、途上国政府やＯＤＡの手の届きにくいところで活動し、貧困層に対する支援に力を入れます。その他僧院学校や識字教育などノンフォーマル教育と呼ばれる部分は、ＮＧＯによる教育協力できめ細かく対応することが求められます。

また、フィリピンで台風による高潮被害があったとき、政府は公立小学校を対象に支援をしたので、貧困の子ども向けの私立学校には支援が届きませんでした。バングラデシュのＮＧＯ学校への支援もＯＤＡの枠組みからは外されています。ですからＮＧＯは国際協力の仕組みですくいとりにくい部分に対して、柔軟に対応でき、フットワークの軽さが長所です。ＮＧＯ「学習創造フォーラム」では、これまでシリア、フィリピン、バングラデシュなどの途上国で教育方法の改善について教員研修を行ってきました。規模は小さいですが、途上国の子どもたちに直接関わる活動なので、参加している日本人スタッフは大きな手応えを得ることができます。

国際協力の枠には入らないかもしれませんが、学術的な国際会議は途上国の研究者も参加するので学術交流として有効だと思います。ＯＤＡでは、先進国から途上国に知識や資金が一方的に向かいますが、学術的な国際会議は、先進国と途上国を含む海外の研究者が一堂に会し、対等な立場で意見交換できる場です。しかし、参加費用がかかるため途上国の研究者や実践者はなかなか国際会議に出席できない現状もあります。それでも近年、授業研究が世界的に認知されるようになり、世界授業研究学会（The World Association of Lesson Studies: WALS）が２００６年に設立されました。まだ新しい国際学会ですが、途上国からの参加も増え、国際会議の場で新たな出会いがあり、協働で新しい教育開発に取り組むことも起きてきます。援助する側と援助を受ける側という上下の関係ではなく、水平的な関係の中で、共通の研究課題に取り組むことは、今後の教育開発のあり方として検討する価値があるのではないでしょうか。

さまざまな国際協力の取り組みについて紹介しましたが、国際協力プロジェクトの目標を達成しさえすれば、教育が改善されるというわけではありません。教育の目的は複数あり、互いに矛盾する場合も出てきます。どのような教育がその社会にとってふさわしいか、その社会がおかれている文化・歴史的な状況によって違ってくるはずです。学校で知識を得るために、ただ闇雲に子どもたちを学校に行かせようとしても、それだけでは複数の目的を達成することはできません。人間活動は複雑で、思った通りに展開するわけではありません。予測もしなかったことが障害になったり、思いもかけない効果が生まれたりすることもあります。たとえば、教育が重要だからといって、すべての子どもを学校に行かせようとしても、学校の内外のさまざまな要素が絡み合い、思わぬ結果を招くことがあります。しかし、国際協力プロジェクトでは、目標を設定してそれを達成することが求められます。そして、いったんプロジェクトが動き出すと、単純な目標ほどわかりやすいためその目標を達成しようと活動が進む結果、本来の方向とは違う方向に向かう可能性も出てきます。このような事例として、就学率の向上を目的としたプロジェクトについて取り上げていきましょう。

就学率という指標

就学率は、数字で示すことができるわかりやすい指標です。「万人のための教育（ＥＦＡ）」の宣言以来、就学率を上げることが重要事項となり、１００％の就学率をめざして教育開発が進み、数字のうえでは大きな成果を上げてきました。わたしたちは、すべての子どもが基礎教育を受けることは、親の義務であり、子どもの権利であると考えます。しかし、行政能力が十分に機能していない途上国（最貧国）においては、就学率を上げることに重点をおくことでさまざまなひずみが生まれています。

国連機関であるユネスコが主導しＥＦＡが推進され、学校教育は世界的に普及した文化として定着するようになりました。歴史的に見ると、学校教育は1人ひとりの幸福の追求というよりも、国家的な要請に基づいて普及してきました。国民としての意識を育て、国として発展することをめざしていたわけです。もちろん学校に行き、読み書きを学ぶことで、学校を卒業した1人ひとりが社会の一員として十分に活動できるようになることは素晴らしいことです。しかし、「学校に行くことは良いことである」という方向だけで政策が推し進められ、その地域の社会・文化的な状況を顧みることなく、就学を進めることは大きなひずみを生み出すことにつながります。「学校に行くことは良い」ということをあまりにも当然のことであるかのように捉えると、学校教育の本質が見えなくなってしまう可能性もあります。[7]

初等教育の完全普及（Universal Primary Education: UPE）は国際社会の課題であり、アフリカのいくつかの国では政府が国民からの人気を得ようと、初等教育無償化という政策を打ち出しました。しかし、十分な国家予算を用意できるわけではないため、初等教育の充実に向けた予算措置ができません。そのため途上国政府は援助機関から資金援助を求めます。このような途上国からの要望を受け、援助機関はＥＦＡを達成すれば国際的に認知度を高めることにつながるので、積極的に援助しようとします。ＥＦＡの達成は国際社会の悲願ですから、ここに途上国政府と援助機関の相互依存関係が継続していくことになるわけです。

このような状況のもと、教育開発プロジェクトが立ち上がります。プロジェクトを効率的に運営するために、行政は地方分権化を推し進め、援助機関は説明責任を果たすためにモニタリング評価を強化します。しかし、地方行政はマネジメント能力がまだ十分ではないため、中央政府からのＵＰＥに関する通達に十分に対処することができません。一方、援助機関は援助した資金が適切に活用され、成果が出ているという報告をめざします。その結果、ＵＰＥのプロジェクトでは、成果を出すために就学率という数値を上げることだけが優先され、どうしても教育の質は後回しになってしまいます。

子どもを学校に行かせるかどうかの判断は、従来家庭のニーズに応じて行われてきました。途上国では一家族の子どもの人数が多いので、家庭への負担を考えると全員学校に行かせることは簡単ではありません。学校に子どもを行かせることは費用がかかるため、家庭の経済状況や地域のニーズなどに鑑みて誰を学校に行かせるか判断してきました。しかし、ＵＰＥという政策では「すべての子どもを学校へ」というスローガンが打ち出され、「子どもは学校へ行くべき、親や社会は子どもを学校へ行かせるべき」という、子どもが学校に行くのは子どもの権利であり、保護者の義務であるという考えに変わりました。これまで途上国の農村社会では、教育は将来のための投資として捉えられ、家庭内のリスク分散のために誰を学校に行かせるかを考え、すべての子どもを学校に行かせるわけではありませんでした。それがトップダウンで学校に行かせようとする圧力が、政府からかけられるようになったのです。[8]

教育開発プロジェクトでは「学校に行くことは良いことだ」と単純に考え、就学率という目に見える数値を示し、その数値を上げることに集中してしまいます。そのしわ寄せがコミュニティや家庭に及ぶのです。学校がないところに学校を作るわけですから、校舎を建設するためにはコミュニティが資金や労力を提供しなければなりません。家庭では、子どもが学校に行けるようにするためには制服や文房具などを揃える必要もあります。

そして、学校にはたくさんの子どもたちが来るようになり、教室は子どもであふれてしまい、授業を二部制、三部制で実施したりすることになります。もちろん、教員の数も不足します。その結果、資格のない人が教壇に立つことになり、教育の質は低下してしまいます。家庭では、子どもが学校を卒業することで、今の生活での行き詰まりを打破し、現金収入を得て、もっといい生活ができるようになると期待します。しかし、せっかく学校に行っても、子どもたちの学力は伸びず、学校を卒業しても読み書きが十分にできません。ですから就職も思うようにはいきません。学校を卒業しても就職ができなければ学校に行かせる意味がありません[9]。

教育開発プロジェクトでは、就学率を上げるために援助が行われてきました。しかし、急激な就学率の上昇は、コミュニティや家庭に大きな影響を与え、さまざまなひずみを生み出してきました。そして、一度普及した質の悪い教育を改善することは、それほど簡単ではありません。就学率という統計だけを見て、その数値が上がったと単純に捉えるだけでは、教育開発の成果は見えてきません。

矛盾する教育開発の目的

教育は人間活動の1つです。人間活動は社会・文化・歴史的な文脈のうえに成り立っています。そして、人間活動は1つの目的に向かっているわけではありません。人間活動は常に矛盾する複数の目的から構成されています。EPAを目的としたプロジェクトの事例で示したように、就学率を高めるという目的に重点をおきすぎると、教育活動にさまざまな支障が生まれることについて学びました。このように教育の目的を1つに絞り込むことは、教育自体をゆがめる可能性があります。教育には、さまざまなステークホルダー（関係者）が相互に関わり合い、それぞれが異なる目的を持っています。つまり、異なる目的は互いに相容れない場合があり、それらの折り合いをつけながら教育開発を進めていくことが求められます。

　教育開発において、これまで最も重要視されてきた目的は経済を発展させることです。そのためには、効率性を重視します。限られた予算を効率よく活用し、子どもたちの学力を高めていくことが求められます。日本をはじめ世界中の国々が、近代化に向けて学校制度を導入してきました。それは、個人の幸福の追求のためというよりも、国家を統一し、経済を発展させるという目標の手段として学校に子どもたちを通わせようとしたのです[10]。

　この考えの背景には、経済学の理論「人的資本論」があります。人的資本論とは、人間をあたかも工場や機械装置のように、製品やサービスを生産する資本ストックと見なし、その人的資本の価値を高めるために投資をするという考え方です。つまり教育は人的資本への投資であり、子どもを学校に通わせることで知識や技能が身につき、生産性を高められると考えます。学歴が高いほど、高い賃金を得ることができるのは、蓄積された人的資本の差があるからと見なされるわけです。しかし、このような教育のあり方は人々の能力格差を広げ、所得格差が拡大されるという望ましくない側面を併せ持っています。[11]

教育の効率性を重視し、経済発展のための手段という考え方に対して、教育は人間として成長していくための基本的人権であるという考え方があります。経済が発展しても、貧富の差が拡大しては社会全体としては好ましい状態とはいえません。少数民族、女性、貧困層など社会的弱者を含むすべての人たちが等しく教育を受けることで、社会が発展していきます。教育は基本的人権として、そのためには１人ひとりが富ではなく、ケイパビリティ（潜在能力）をつけることが重要だという考え方です。ケイパビリティは教育や訓練によって得られる知識や技能に加え、それらを活かす機会があり、その機会を選択できる自由から成り立っています。つまり個人がどれだけ自由な行き方を追求できるのか、その可能性がどれだけ開かれているかが重要なのです。[12]

教育の経済的側面に目を向けるだけでなく、人間開発という側面から教育を捉え直そうとする考え方は、１９９０年代から次第に広がってきました。ＵＮＤＰは、ケイパビリティの観点から「人間開発報告書」を１９９０年以降毎年発行するようになりました。その中で、平均余命、識字率・教育普及度、生活水準、女性の社会進出率などを数量化して、人間開発指数として国別に提示しています。人間開発の観点から、学校に行くことで市民としての意識の涵養、格差の解消、ジェンダーの平等などを目的として、エンパワーメントや公正さをめざす教育開発が求められるようになりました。[13]

世界銀行やＯＥＣＤなどの国際援助機関は、その組織の基本理念として経済発展をめざしています。それらの機関による教育プロジェクトは、途上国の人々の人的資本を高めるための手段として位置づけられています。しかし、それだけでは貧富の差が拡大していってしまいます。もちろん教育開発の考え方から、経済発展という要素を外すことはできませんが、一方で、社会的弱者を置き去りにすることも避けなければいけません。教育を効率的に運営しようとすると格差が拡大していき、公正さに重点をおくとコストがかかりすぎるという問題が生じます。効率性と公正性はトレードオフの関係にあることが多く、両者の折り合いをどこでつけるべきかが重要な開発テーマとなります。

ドナー協調

これまで論じてきたように、教育開発は道路や建物を作るインフラ整備の開発とは大きく異なる側面があります。インフラ整備は、橋や道路、建物など目に見える具体的なものとして確認できますが、教育開発の成果はすぐに目に見える結果として提示しにくい側面があります。また、互いに矛盾する目的を追求する面もあり、バランスのとれた活動をすることが求められています。ところが国際機関や各国の援助機関（援助を行う側はドナー〈donor〉と呼ばれます）は、相互に話し合うこともなく、それぞれ独自にプロジェクトを立ち上げて援助を行っていました。ＪＩＣＡをはじめ、世界銀行、ＵＮＩＣＥＦ、ＮＧＯ、ＵＳＡＩＤなどたくさんのドナーが、それぞれの理念に基づいて活動を展開した結果、同じような活動をするプロジェクトがいくつも立ち上がったり、全く援助が届かないところが出てきたりしました。途上国政府は、援助される側であるため、ドナーに対して積極的に意見を言いにくい立場にあります。結果として、ドナーからの提案をほぼそのまま受け入れてしまいがちです。加えて、新しいプロジェクトを提案できるほどの組織運営能力を持っているわけではありません。

それぞれのドナーが自身の都合に合わせて、思い思いの援助をするとしたら、その国の教育活動は調和のとれたものにはなりません。このような事態を避けるために、ドナーたちが1つのテーブルを囲み、途上国政府との話し合いを通して、効果的、効率的な援助をすべきだ、として「ドナー協調」が始まりました。ドナー協調によって、個々のドナーの利益ではなく、途上国の人々が求めている支援を行っていくという体制を整えようとしました[14]。

ところが実際には、なかなか理想通りにはいきませんでした。ドナー協調は、途上国の事情を考慮するというよりも、ドナー間の調整に重点がおかれてしまいました。その結果、ＥＦＡのような国際的な取り決めが重視され、理念的な活動に陥りやすいプロジェクトが作られました。こういった傾向を示すのは、国際協力の構造的な欠陥によるものです。たとえば、多くのドナー機関の専門家は、教育案件のプロジェクトの実施期間中のみの契約で雇用されています。ですから専門家によっては、数か国の教育プロジェクトを掛け持ちしたりしています。つまり専門家は、当該国の教育の歴史や制度、文化に必ずしも精通しているわけではなく、どちらかというと教育開発のジェネラリストです[15]。ある国で作った理念的なプロジェクト計画をそのまま他の国のプロジェクト計画として提案したりしがちになります。また、ドナー機関は、官僚組織ですから、担当者は数年ごとに移動します。担当者は、必ずしも教育の専門性を持っているわけではないために、簡単な指標で測定できる教育成果を求めがちになります。その具体例が、就学率という指標になるわけです。このようなドナー側の事情に鑑みると、ドナー協調は、先進国側の人たちにとって都合の良い方法で話し合いが進んでいく恐れが出てきます。

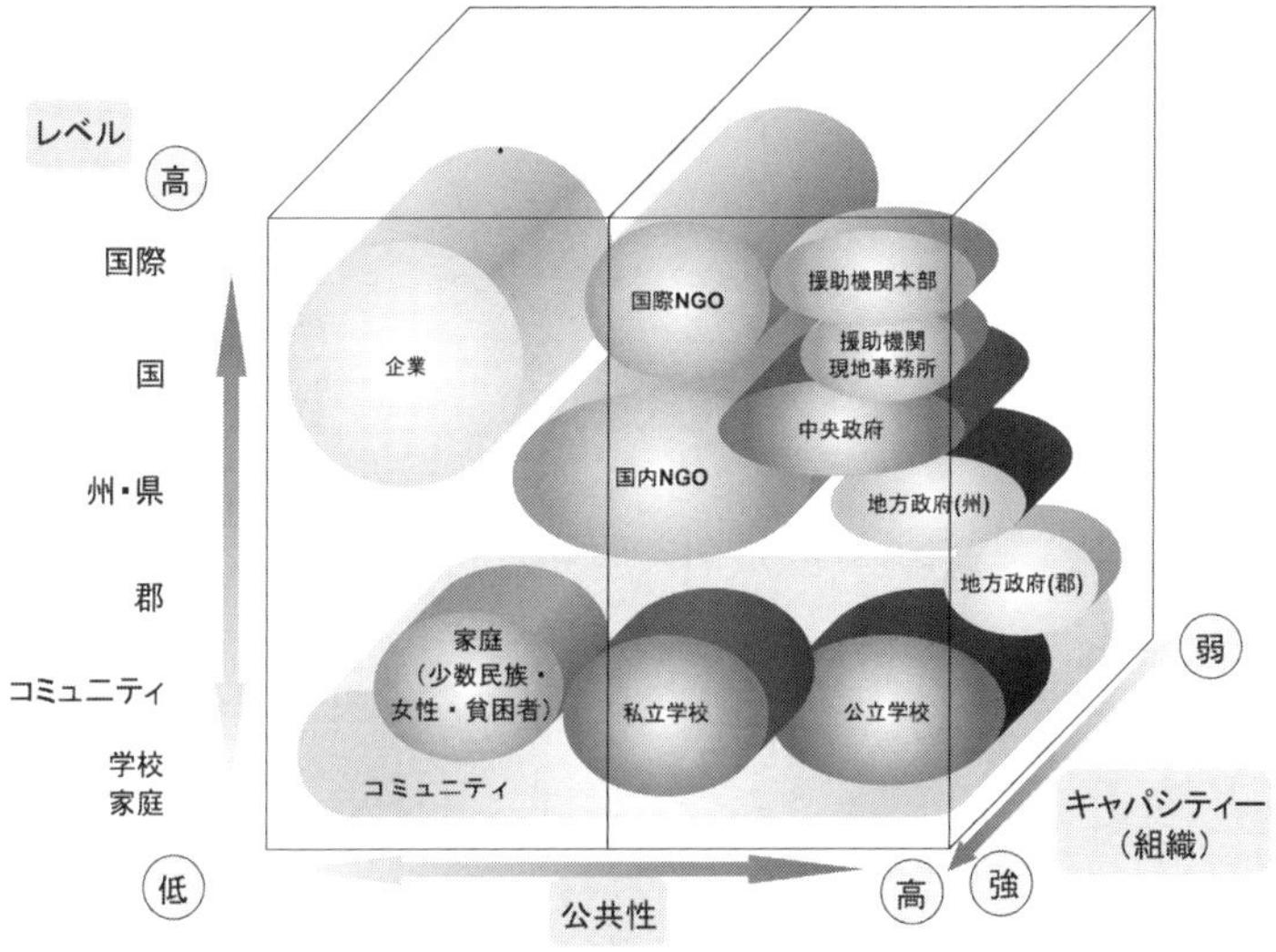

図 1-1　ステークホルダー間の関係[16]（廣里・北村 2008）

その結果、途上国側の主体性は失われ、援助の受け皿として先進国に依存する関係が温存されてしまいます。「援助する側」と「援助される側」の関係性は、固定化され、簡単に変革することはできません。どうしても上と下の関係の中で、プロジェクトに関わることになってしまいます。本書の執筆者たちは、このような国際協力の構造の中で、プロジェクトのステークホルダーとコミュニケーションをとりながら、プロジェクトで活動をしてきました。

図１－１に示すように、国際協力にはさまざまな組織がステークホルダーとして重要な位置取りをしています。図１－１の縦軸はレベルを示します。国際的なレベルでは、ＯＸＦＡＭ、アクションエイド、セーブザチルドレンなどの国際的なＮＧＯ、そして世界銀行、ＯＥＣＤ、国連組織（ＵＮＥＳＣＯ、ＵＮＩ

CEF）の国際機関があります。国レベルには、企業や途上国のNGO、途上国政府、そしてJICA、DFID、GIZ、USAIDなどの先進国政府の援助機関の現地事務所が位置づけられます。州・県レベルには、地方政府、そしてコミュニティレベルには学校や家庭が位置づけられます。そして横軸は、公共性が高いほど右に位置づけられ、奥行きはそれぞれの組織のキャパシティの強さを示しています。教育開発のプロジェクトを俯瞰すると、このように多様なステークホルダーが存在し、関係し合っています。

教育開発には、このようにたくさんの組織や人たちが関わり活動を展開しています。これらのステークホルダーと連携をして、教育の多様な目的を満たすためには、ステークホルダーの間の十分な対話が求められます。一方的な押しつけによる教育開発ではなく、対話を尽くしてステークホルダーの合意のもとでプロジェクトを進めていくためにはどうしたらよいでしょうか。教育を最も必要としている人に届くプロジェクト活動とはどのようなものでしょうか。本書の第2部の事例をもとに考えてもらいたいテーマです。

【注】

1　OECDのホームページ　https://www.oecd.org/tokyo/about/（accessed 2020.9.26）。

2　途上国に資金を贈与し、途上国が経済社会開発のために必要な施設を整備したり、資機材を調達したりすることを支援する形態の資金協力のこと。支援内容としては、病院建設、給水施設の整備、学校建設、灌漑施設の整備などの基礎生活分野や、道路や橋などの社会基盤の整備、環境保全を推進するための設備や人材育成など、開発途上国の国づくりの基礎となる活動を支援している。この案件では、建物の建設と教育のための資機材の導入が行われた。

3 江原裕美（2001）『開発と教育――国際協力と子どもたちの未来』新評論。
4 萱島信子・黒田一雄（2019）『日本の国際教育協力――歴史と展望』東京大学出版会。
5 西方憲広（2017）『中米の子どもたちに算数・数学の学力向上を――教科書開発を通じた国際協力30年の軌跡』佐伯印刷株式会社 出版事業部。
6 市民による非政府団体を指す。国際的なNGOとして、OXFAM、セーブザチルドレン、ワールドビジョンなどが挙げられる。
7 山田肖子（2009）『国際協力と学校――アフリカにおけるまなびの現場』創成社。
8 澤村信英（2008）「EFA政策の推進と教育の質――ケニアの学校現場から」小川啓一・西村幹子・北村友人（編著）『国際教育開発の再検討――途上国の基礎教育普及に向けて』東信堂。
9 澤村信英（2007）「エチオピアにおける初等教育の普及と質的改善――地方分権化と国際援助のインパクト」『国際教育論集』第10巻第2号91‐102頁。
10 小塩隆士（2003）『教育を経済学で考える』日本評論社。
11 ヘンリー・レヴィン、パトリック・マキューアン（2009）『教育の費用効果分析――学校・生徒の教育データを使った制作の評価と立案』日本評論社。
12 アマルティア・セン（1999）『不平等の再検討――潜在能力と自由』岩波書店。
13 マイケル・W・アップル、ウェイン・アウ、ルイ・アルマンド・ガンディン（2017）『批判的教育学事典』明石書店。
14 津久井純（2014）「ドイモイを謳歌する教師の群像――ベトナムにおける教育の社会化・標準化・新教育運動」上野正道・北田佳子・申智媛・齊藤英介（編著）『東アジアの未来をひらく学校改革――展望と挑戦』北大路書房。
15 内海成治（2012）『はじめての国際協力――変わる世界とどう向きあうか』昭和堂。
16 廣里恭史・北村友人（2008）『途上国における基礎教育支援(下)――国際的なアプローチと実践』学文社。

第2章 教育開発に関わる

岸　磨貴子

途上国と出会い・魅了される

1998年の大学3年生の夏、ゼミのフィールドワークでわたしはフィリピンマニラの郊外にあるパヤタスというバランガイ（地区）でホームステイをしました。パヤタスは、もともと谷だったのですが、マニラ市街から運ばれるゴミが集積されてゴミ山となり、そこから自然発火した煙が常に見えることからスモーキーバレー（smoky Valley）と呼ばれていました。ホームステイ先の家族は、日本からの客人を歓迎してくれました。家には勝手に電線を分岐させて（盗電して）利用していた電気はありましたが、水道とガスはなく、トイレは簡易な柵で隠されているだけで垂れ流しでした。しかし、家には清潔な水がバケツに準備され、料理のために必要なポータブルのガスコンロがありました。ホームステイ先には夫婦と2人の娘がいました。寝るだけのホームステイでしたが、朝には塩パンをお皿にたくさん出してくれ、好きなだけ食べていいと言われました。そして小さな姉妹からは、ゴミとして捨てられた広告の紙で作った美しいネックレスをプレゼントにもらいました。この家族と過ごした時間はとても楽しく、美しく、幸せでした。最初は、見た目の「貧しさ」から、わたしは、彼らに何かしてもらうことに申し訳なさを感じ、差し出されるものに手を出すことを躊躇しました。しかし、手にとった塩パンはとてもおいしく、もらったネックレスはわたしにとって宝物になり、彼らとわたしを温かくつないでくれるものになりました。

開発途上国や発展途上国という言葉を以前は違和感なく使っていましたが、今ではその言葉を使うことに抵抗があります。そもそも、途上国という言葉は、経済発展や開発の水準が先進国と比べて低く、経済成長の途上にある国を指します。しかし、読者の皆さんも容易に想像できるように、わたしたちの生活の質（Quality of Life）は、経済的豊かさだけではありません。途上国に行ったことがある人ならば目にしてきたと思いますが、彼らの生活は、経済的に豊かといえなくても、コミュニティが成熟し、相互が助け合いながら苦労や困難を乗り越え、笑顔があふれ、生活がとても豊かに見えます。

特に途上国に対するわたしの考えが大きく変わったのは、中東のシリア・アラブ共和国（以下、シリア）での2年間（2002～2004年）の生活経験です。わたしはＪＩＣＡの青年海外協力隊員としてシリアの国連機関で、パレスチナ難民の教育開発に関わりました。シリアに行ったことがある人

写真２-１　アレッポ郊外の村での生活
左 自然が子どもの遊び場　右 家族みんなで収穫

ならば、多くの人が経験することですが、道を歩いていると「日本から来たんだな。お茶でも飲んで行きなさい」「食事でも食べていきなさい」「泊まっていきなさい」と声をかけてもらい、気づいたら何日も誰かのご家庭にお世話になっていた、ということがあります。経済的に裕福な家族だけではありません。わたしにとって思い出深いのは、写真２－１のアレッポ郊外の村の家族です。２００２年に出会い、それから２０１１年までの８年間、家族のようにわたしをいつも迎えてくれました。電話がない家だったのでいつも突然訪問します。わたしの日本の家族や友達を連れていっても歓迎してくれました。彼らの現金収入は月に数千円で、家族７人が生活をしていました。村を訪問するときはいつも、お母さんの家事のお手伝いや農作業の手伝いをしました。彼らはわたしに経済的な支援を求めたことはありません（他の出会った人たちも皆そうでした）。彼らがわたしに求めたことは、一緒によい時間を過ごすことでした。「やってあげること／やってもらうこと」ではなく、やりたいことを「一緒にやること」で、みんなが幸せだと感じることができました。

　シリアも途上国といわれますが、人々の生活はとても豊かでした。

人々は、自分が持っているものを分かち合い生活をしていました。自分にあるものを使って、問題を解決しようとしていました。「いま、ここ」に「ある」もので楽しい時間を作り出そうとしていました。それまでわたしは、できるだけたくさんのもの（知識、技術、お金、経験など）を持っていたほうが将来、自分にも人にも役に立つし、安心だと思っていました。しかし、彼らと一緒に過ごす中で、「いま、ここ」にあることから何か新しいものを作っていくこと、知らないことを一緒に始めていくことの楽しさを知りました。その経験が土台となり、専門家として教育開発に携わるようになったとき、わたしは現地の人に教えたり、与えたりするのではなく、お互い持っているものを出し合って彼らと一緒に作っていくという立場で関わるようになりました。

わたしが、彼ら――つまり、途上国の人たちを、支援の対象として見ない、いえ、見たくないと思う背景には、上述したシリアでの2年間での生活経験もそうですが、それより前のバックパッカーの経験があります。20代前半にわたしは、アフリカ、中東、アジア、中米を一人旅しました。途上国といわれる国の、特に少数民族や貧困地域、過疎地域を訪れました。そこで、たくさんの人々と出会い、共に時間を過ごし、彼らの声を聞き、「いつか、こんなこと一緒にしたいね」と未来を語りました。彼らの悩みもたくさん聞きましたが、彼らはわたしに「助けてほしい、支援してほしい」とは言いませんでした。いいえ、最初は、この日本人からお金もらえるかも、と思って近づいてきた人も多くいたと思います。しかし、彼らと仲良くなればなるほどに、持つ者／持たざる者、支援する人／される人という関係がなくなりました。彼らの強さ・知恵・賢さがどんどん見えてきました。彼らに対する見方が、関わりの中で全く違うものになりました。その気づきから、わたしは彼らを支援の対象として見たくないと思いましたし、支援する／されるではない関係を築き、一緒に何かを始めていけるような形で、途上国に関わりたいと思うようになりました。
彼らと一緒にできること／やりたいことは無限です。世界の見方、考え方が大きく広がりました。世界はおもしろい。世界を舞台として、彼らと何をやっていこう、何を生み出していこう、といつもワクワクしながら現地に行きます。わたしはすっかり人々や文化に魅了されました。同時に、彼らが直面する問題や葛藤を同じ場所と時間で共有することで、わたしは何ができるようになりたいかを考えるようになり、徐々にはっきりとしてきました。そんなバックパッカーでの経験を書いたのが次の２つのコラムです。

コラムⅠ　グアテマラのトドス・サントス・クチュマタンの人々が守ろうとした言語との出会い

２００２年春、グアテマラのトドス・サントス・クチュマタン（Todos Santos Cuchumatan）を訪れました。メキシコからグアテマラに行くバスの中でこの町のことを聞いて、とても興味を持ったので、行き先を変えて、そのまま標高２５００メートルのロス・チュチュマタン山脈に位置するこの町にやってきました。舗装されていない霧の深い道をグングンと古いバスが登っていきます。窓から見る景色は絶景でしたが、そのすぐ下は崖で、落ちてしまう危険性も覚悟しながら長い道のりをドキドキしながら移動したのを覚えています。トドス・サントス・クチュマタンに到着して、最初に驚いたことは、トドス・サントス・クチュマタンの人々は、皆同じ服を着ていました。それは『ウォーリーをさがせ！』の

写真 2-2　トドス・サントス・クチュマタンの町
左上 同じ服をした人たちでいっぱいの町　右上 出会った子どもが家に連れていってくれた　左下 マヤ語で放送するラジオ局の開設　右下 ラジオ局開設に集まる現地の人々

世界でした！（写真2－2左上）。その光景にわたしはとてもワクワクして、バス停や公園、市場に何時間も座り込み、目があった人、声をかけてくれた人、近くで同じように休憩している人と話しながらこの町のことを知っていきました。途上国のおもしろさの１つは、誰か１人親しい人ができればその人を通していろんな人と知り合えるということです。実際、公園で知り合った子どもたちと仲良くなり、いつものように「家においで」と誘われ、ついていって、家に入れてもらい、家族と仲良くなり、家族が他の家族を紹介し、２〜３日もすれば、町中の多くの人と挨拶ができる関係ができていました（写真2－2右上）。

ある日、町にラジオ局が開設されると聞きました。この町のインフラは十分整ってなかったので、ラジオというメディアはこの町の人にとって重要な情報源になるんだろうな、と漠然と考えていました。子どもたちが「ラジオ局開設のパーティがあるから行こう！」とわたしをそこに連れていってくれました。その場所には、年配の男性たち、女性たち、子どもを中心に人でいっぱいでした（写真2－2下）。食事が振る舞われていたので子どもたちはわたしをおいてそっちへ行きました。わたしは、ラジオ局の入り口のところに座ってその様子を見ながら人々の会話に耳を傾けていたのですが何を話しているかさっぱりわかりません。なぜなら、彼らはスペイン語とは違う言語を話していたからです。わたしは「スペイン語ならわかるから、スペイン語で話して」といって彼らの会話に参加させてもらいました。

その日の夜、わたしはこのラジオ局設立の目的を宿の人に教えてもらい驚きました。このラジオ局は、母語に触れる機会を失った子どもたちがマヤ語とガリフナ語に日常的に触れることができるようにと設立されたのです。トドス・サントス・クチュマタンでは、公式にはスペイン語が話されますが、この地域では伝統的にマヤ語、ガリフナ語が話されています。学校ではスペイン語が教えられ、都会で仕事をするためにはスペイン語は不可欠で、雑誌や新聞、テレビの言語もスペイン語です。そのため、若い世代の子たちは、母語であるマヤ語、ガリフナ語に触れる機会が減り、十分に話したり理解したりできない子もいたのです。

トドス・サントス・クチュマタンにいる間、わたし自身も子どもたちに「スペイン語話せる？」「スペイン語で話そう」と話しかけていました。こういったやりとりでさえ、わたしは無意識に彼らにスペイン語という宗主国の言語を押しつけ、価値づけさせていたかもしれません。これをきっかけに、この町の人たちの母語に対する思いや、インディヘナとしてのアイデンティティについて彼らの声を多く聞くことができました。歴史や伝統、文化を守ろうとする彼らの姿はとても素敵だと思いました。トドス・サントス・クチュマタンの人々に出会わなければ、「グアテマラはスペイン語圏」「スペイン語のほうが便利だし合理的」と安直に彼らの文化について理解していたかもしれません。大きな流れに抵抗しながら、その地域やその人たちの生き方を守っていこうとする人々の姿に出会い、わたしの「文化」に対する考え方が大きく変わりました。そして、彼らが大切にしているものをわたしも一緒に守っていきたいと考え始めました。[1]

コラム２　エジプトのヌビアたちの夢い

２００１年の秋、わたしはエジプトにいました。エジプトの南部のアスワンで、「仕事（帆船での橋渡し）を手伝うから、村に連れていって」とわたしが声をかけたのは、ヌビア人のシャハットゥという名の男性でした。エジプトの南部のヌビア地方には、アラブ人とは異なる風貌の人たちが古代から住んでいます。エジプトの遺跡にある浮き彫り細工に、彼らは商人、奴隷、傭兵の姿で描かれており、彼らのことをもっと知りたいと思っていました。アスワンのナイル川沿いの船着場には、彼らの仕事場があります。ヌビア人の多くは、帆船（ファルーカ）で、ナイル川の渡しや観光客向けの船旅をしていました。この船旅には観光客が多くいる市街地からナイル川沿いの観光地を往復するものもあったのですが、そうではなく、人々の本当の生活をじっくり知りたいと、毎日船着場に通い終日彼らの仕事を見たり、時々誰かと話して過ごしたりしました。次第に顔見知りができ、一緒にファルーカで食事をするようになり、船の修理でペンキ塗りなど簡単な部分を手伝わせてもらえるようになり、1週間に一度彼らが村に帰るタイミングで、一緒に村に連れていってもらい、1日だけ村に泊まることになりました。

シャハットゥの家族や村の人は、身なり格好の違う若い東洋人女性（20歳でも日本人女性はとても若く見える）が来たので大騒ぎでしたが、同じものを食べ、同じところで寝て、同じ時間を一緒に過ごしていくうちにすっかり仲良くなりました。最初に仲良くなるのは子どもです。子どもたちが常にわたしのそばにいてくれたので、大人たちも巻き込まれて大きな輪になり、わたしのそばには常に人でいっぱいになりました。あっという間の1日が過ぎ、アスワン市内に戻る朝がきました。

アスワン市内と村の間の移動手段はナイル川を挟むためファルーカのみです。シャハットゥがいなければ、わたしはアスワンの街に帰ることはできません。せっかく仲良くなった家族や隣人との別れを猛烈に惜しんでいると、家族が「次シャハットゥが帰るまでここにいたらいい」というのでそのまま1週間、彼の家に居候させてもらうことになりました。

シャハットゥには、イッティサーラ（以下、サーラ）という妹がいました。わたしは彼女と多くの時間を一緒に過ごしました。一緒に学校の校門まで、帰りも迎えに行き、学校が終わった後はサーラの友達たちと一緒に遊びに行って、多くの人と出会いました。当時はアラビア語ができなかったので、カタコトの英語と身振り手振りでのコミュニケーションでしたが、生活も会話もとてもシンプルでしたので、日々の生活に特に困難はありませんでした。たとえば、「今日の健康は？」「今日の気分は？」「食事はど

写真2-3　エジプトアスワンのヌビア村（2001年と2007年）
左上 遺跡に描かれるヌビア　右上 シャハットゥの家　左下 2001年に出会ったサーラ（左端）右下 2007年に再会したサーラ（中央）

うだった？」「これ好き？」「一緒に食べる？」など単純な会話だけで十分過ごせました。ヌビアの子どもたちは、観光客を相手に仕事をするヌビアの大人が英語で話すのを聞き、片言の英語ができました。会話の中で、一番印象的だったのは、若いヌビアの子たちが「将来の夢は、ファルーカのキャプテンになることなんだ！」とキラキラした目でいうことでした。ファルーカの船乗りは、ヌビアが誇る仕事です。バハル（アラビア語で海を意味する）と呼ぶナイル川で人々をファルーカに乗せていく姿は、ヌビアの子どもたちの憧れでした。

　それから6年後の2007年、わたしは、再びエジプトにいく機会があり、アスワンを訪れました。ヌビアたちが働いていた船着場は、大型ホテルや旅行会社が立ち並び、ヌビアのファルーカが見あたりません。ナイルを渡る船はファルーカではなく、エンジン付きのボートになっていました。「ファルーカはどこにあるか？」と聞くと、「ホテルかツーリスト案内で紹介してもらえる」と言われました。この数年で、観光地化が進み、ヌビアたちはホテルや旅行会社のもとで雇われの身となっていました。

どこを探してもシャハットゥを見つけることができなかったため、わたしは記憶をたどり、彼の村を探しました。ナイル川には東西を結ぶ橋ができ、道路も整備され車で移動ができるようになっていました。おぼろげな記憶をたどって、村を探しました。日が落ちて、あたりは真っ暗になり諦めかけた頃、見覚えのあるサーラが通っていた学校が見えてきました。その場所から記憶をたどりシャハットゥの家を探しました。日が暮れて真っ暗な中歩いていると、わたしの名前を呼ぶ声が聞こえました。振り向くと、そこにはサーラがいました。

サーラからこの数年間にヌビアたちに起こった変化を聞きました。町は急速に観光地化し、ファルーカは観光業の道具となりました。ヌビアの文化が商品化され、貨幣によって売られたり、買われたりする現実に、わたしはとても心が苦しくなりました。

わたしの途上国との関わり方――情報発信から教育開発へ

自分の強みは何か。情報学を学んできた強みを活かして、わたしはメディア制作、情報発信で、何かまずは始めてみることにしました。

開発現場に限らず、わたしたちが生きていくうえで情報はとても重要です。コラム1のグアテマラの事例にも挙げたように、情報は、人々に選択肢を与えます。知らないがゆえに搾取されていた人たちが、知ることで自分たちを守る行動を起こすことができます。だからこそ、人々にとってより良い未来を選択できるような情報を届けることから始めました。

情報は、特に貧しい人々の生活を改善するために重要な役割を果たします。2019年にノーベル経済学賞をとった開発経済学の研究者、アジビッド・バジナーら（2012）は、『貧乏人の経済学』の著書の中で、貧しい人々の生活を改善する方法について5つの重要な教訓を挙げています。そのうちの2つが情報に関わることです。その1つは、貧しい人は重要な情報を持っていないことが多く、間違ったことを信じてしまうことです。たとえば、下痢になったときの適切な処置を「知らない」がゆえに乳児を亡くしてしまったり、安全なセックスを「知らない」がゆえに母体を傷つけたり、エイズに感染したり、命に関わる病気であることを「知らない」がゆえに治療を受けずに命を失ったり、妊娠に対して職場から十分な理解を得られず重労働をしいられ流産するなど、知っていれば防げたということは多くあります。情報が間違っていると、間違った判断を下し、時にはとんでもない結果をもたらします。もう1つは、貧しい人は、人生に関わる重要な判断を十分な情報がないままにしなければならないことです。お金持ちの人は周りにいる誰かが正しい判断をしてくれますが、貧しい人はそうではありません。きれいな飲料水がほしければ、自分で浄水する必要があります。また、退職年金や社会保険に入っていないため、自分で確実に貯金する方法を考えなければなりません。貧しい人の人生はわたしたちよりずっと面倒で、人生において多くの難しい意思決定を自分でしなければなりません。面倒なことは先送りにしてしまうため、事態はさらに悪化します。そのため、正しいとわかっていることをできるだけ実行しやすくすれば、彼らの人生は大幅に改善することができます。

わたしは、途上国の貧困地域で、安全安心に生きるための情報がないために、怪我や病気、さらには命に関わるリスクにさらされている人たちを見てきました。たとえば、2000年大学4年生のときに卒業研究の調査で訪れたニジェールでは、飲み水の中にいるミジンコに寄生するギニア虫で多くの人々が苦しんでいました。村の人々は雨季にたまったため池の水を汲んでそれを飲み水とします。ため池にはギニア虫が寄生したミジンコが生息し、村の人は水を飲むときにミジンコと一緒にギニア虫を体内に入れてしまいます。ギニア虫は体内の柔らかい部分を通りながら成長し、ひざ下あたりまで伸びながら移動をします。そして、村の人がまたため池に入ると、産卵のために皮膚を破って出てきます。皮膚を破って出てくるわけですから激痛です。ギニア虫を体内に入れないためには、ミジンコを含んだ水飲まないようにしなければいけません。つまり、ため池の水を布でミジンコを濾過するだけで防ぐことができます。とても簡単なことですが、それを「知らない」ことで人々は苦しみ続けるわけです。だからこそ、人々が安全安心に暮らせるために必要な情報を必要な方法で伝える必要がありました。

ニジェールの村人は抽象的な啓蒙ポスターを理解することができませんでした。写真2－4は、村の生活改善のために制作されたポスターです。わたしたちは、このポスターを村人がどのように理解しているかを調査しました。その結果、村の人たちはそれをほとんど理解していないことがわかりました。そこで、村の人への啓発活動に取り組んでいた青年海外協力隊員と、抽象的なポスターではなく、劇や写真を使って人々が使う言葉で物語的に伝達しました。人々は自分や知り合いが出てくるメディアに注意を向け、そこで語られる物語を楽しみました。そして自然とその中に含めていたギニア虫を駆除する方法を知っていきました。

写真2-4　ニジェールでの調査

日本国内でも、情報発信に取り組みました。その目的は2つです。1つは、パレスチナ難民の現状など、日本のメディアではなかなか報道されない現実を知ってもらう機会を作ることです。もう1つは、途上国に対するイメージを変えたかったからです。わたしも途上国の人たちと関わる前は、貧困、ストリートチルドレン、売春、スラム、犯罪、戦争などネガティブなイメージを持っていました。このイメージは、わたしたちと彼らとの関係性になんらかの形で作用します。途上国を貧しく、かわいそうだと見てしまうと、彼らは常に支援の対象になってしまい、対等な関係性をなかなか築けません。たとえば、今日本では、外国人労働者受け入れ拡大の動きがありますが、途上国という言葉に付随する日本人のネガティブなイメージが多文化共生を疎外する要因の１つになっています。このイメージを強化するのも変容するのも、わたしたちが接する情報です。ＳＮＳで情報を発信したり、講演をしたり、ＵＮＨＣＲの難民映画祭などで映画を出展するなど[2]、今もなお、情報発信は続けています。

しかし、情報発信には限界があります。いくら情報を提供しても、人は自分がほしいと思った情報しか見ません。特に、インターネットが発達する現代社会ではそれが顕著です。サイバーカスケード[3]という概念が示すように、わたしたちは自分が見たい、知りたい、信じたい、支持したい情報はいくらでも触れることができますが、そうでない情報はなかなか目にとまらないのです。

わたしとあなたたち、報告する／される側、支援する／される側ではなく、現場で、現場と、現場の問題を共に解決していく関わり方が重要だと考えるようになり、現場のことを外から描くのではなく、現場に直接関わりながら現場のことを共に理解し、課題を解決していく教育開発に関心を持つようになりました。

教育開発を学ぶ中で、わたしが最も影響を受けたひとりは、パウロ・フレイレです。フレイレはブラジルの教育思想家・実践家で、教育が抑圧と貧困からの解放を果たすと、彼の著書『被抑圧者の教育学』で述べています（フレイレ１９７９）。人々が抑圧と貧困から解放されるには「対話」が重要であると強調しました。フレイレは、教育者が学習者に一方的に教え込む銀行型教育（banking concept of education）を批判し、教育者と学習者が対等な関係にありながら、学び合い、対話と学習を通して、自分の世界についての見方、考え方、感じ方を広げ、主体的にその世界に働きかけていけることを重視しました。識字教育を通して、被抑圧者が文字を読めるようになることで自分の周辺世界の状況を読み解けるようになることをめざしました。彼らが主体的に自分の抑圧された不平等な現実を読み解くことができれば、それを変えていく行動を起こせると考えたのです。フレイレは、銀行型教育が、社会が求める人材を生産し、決められた運命から逃れられない人々を生み出すという問題意識を持ちました。フレイレから学び、わたしは、人々がなりたい自分を見つけてなっていくこと、作りたい社会／未来をイメージして実現していくことをお手伝いする関わり方をしたいと思いました。さて、どのように？　実際には、そう簡単ではありませんでした。

問題解決パラダイムの束縛

「対話」を通して現場の人たちと共に変化を生み出す関わりをしていきたいと言いながらも、なかなかそれを実行できませんでした。２００２年から２０１１年までの9年間取り組んだ、シリアのパレスチナ難民キャンプでの教育開発のプロジェクトを事例に挙げます。

わたしは教育工学を専門とする大学院の仲間とＵＮＲＷＡ（The United Nations Relief and Works Agency for Palestine Refugees in the Near East: 国連パレスチナ難民救済事業機関）の同僚たちと、難民キャンプの学校でＩＣＴを活用した学習者中心型教育（Learner Centered Approach: LCA）推進のプロジェクトを始めました。ＬＣＡは、子どもが中心となった授業づくりのアプローチで、子どもに「一方的に知識を教え込む」のではなく、「教師と児童生徒が共に学び知識を構築する」教育をめざします。ところが、

写真2-5　授業研究の様子

教師自身が一方的な知識伝達での教育しか受けてこなかったため、知識伝達の教育の何が問題で、LCAにどんな意義があるかイメージできませんでした。教師中心の教育（Teacher Centered Approach: TCA）を単に批判し、LCAを推進してもうまくいきません。大切なのは対話です。ところが、実際には対話をなかなか始めることができませんでした。なぜでしょうか。少なくとも次の2つの側面があることがわかりました。

1つは、現場では知識中心の問題解決が行われることです。教師は長い間、専門的知識を持っているとされるスーパーバイザー（いわゆる視学官）やシニアの教師から指導を受けて授業を改善していました。授業の問題を見つけるのも、解決するのも、専門知識のある人たちです。より良い授業方法を知っている人の言葉が優先されました。教師はいつも、より知識や経験のある人から正しい答えを得ようとしていました。

もう1つは、アカウンタビリティ（説明責任）です。教育開発の現場では、データをもって成果を説明することが求められます。説明は常に求められるため、結果を出して、見える形にしていく必要があります。現場の教師も連携先のUNRWAも、明確なゴールを理解したうえで、効果的・効率的にそれに向けて授業改善できる方法をわたしたちに求めてきました。つまり、現場のニーズは、対話するよりも、やり方を教えてもらうことだったのです。

ＬＣＡ推進プロジェクトを始めて2年後、わたしたちは、学校で授業研究（Lesson Study）を始めました（写真２－５）。ＬＣＡを実践することを目的とせず、教師は挑戦したいこと、実現したい授業について語り、それを実現するためにどうお互い力になれるかをみんなで考えました。教え／教えられる関係ではなく、質問し合い一緒に考えていくスタイルです。教師らは会話するのを楽しんでいました。そして、共に教え学び合い、教材を共有するなどして、一緒に授業づくりをするようになりました（今野・岸・久保田 ２０１１）。しかし、同じような考え、価値観を持った教師たちだけで話し合うだけでは、変化はなかなか起こりません。知っていることについて情報を交換したり、知っている人が知らない人に情報提供したりすることが中心となっていました。どうすれば、教師が授業についての新しい問いを生み出す対話になるのか。それは、わたしが追求したい「問い」になりました。

国際教育開発における専門家の現場との関わり方

シリアでの教育開発に取り組むと同時に、２００８年から２０１１年の3年間、ミャンマーで「児童中心型教育強化プロジェクト（フェーズ２）（The Project for Strengthening the Child-Centered-Approach phase 2: SCCA2）」にＪＩＣＡの長期専門家／業務調整として関わることになりました（ＪＩＣＡ ２０１２）。第8章の著者、伊藤拓次郎さんがプロジェクトリーダーとして始めた案件でした。

教育開発に長年関わる伊藤さんは、対話を生み出すプロでした。伊藤さんは、現地にとっての「当たり前」を異化し、対話が生まれやすい環境を作っていきました。そこで、伊藤さんは、日本人であること、つまりミャンマー人でない自分の存在を利用して、常に現地のカウンターパートたちに「わたしは知らないので教えて」と問いかけていきました。彼らが伊藤さんの問いに答えると、伊藤さんは、さらになぜ？　どのように？　と次々に質問をしていきました。そのプロセスを通してカウンターパートたちが授業改善に対して当事者意識を持つようになっていくのを見て、すごいな、と驚きました。たとえば、教育方法のための教材開発をするとき、カウンターパートは、伊藤さんに「どうすればいいですか？」と聞きにきました。すると伊藤さんは「あなたはどうしたいの？」と返しました。カウンターパートは「わからないので伊藤さんに教えてもらいたい」と言うと、伊藤さんは「ミャンマーのことはあなたたちのほうがよく知っているから、教えてほしい」と返しました。困ったカウンターパートは、仲間たちと考えて、「では、○○をしたいです」と言うと、伊藤さんは「なぜそれをするの？」「どうやってそれをするの？」と次々に質問します。カウンターパートは混乱し「それがわからないから聞いているのです！　教えてください」と伊藤さんに不満を言います。伊藤さんは、「あなたたちが何をわたしにしてほしいか、ちゃんといってほしい。わたしはどのように力になれますか？」と返しました。このようなやりとりをずっと見てきました。こうしたらどうか、と提案すればすぐに進むことも、伊藤さんは、彼らが何をしたいか自分たちで提案してくることを待ちました。そして、彼らから「やりたいこと」が出てくれば、それを全力で実現しようと力を尽くしました。効果的・効率的に進めるよりも、時間がかかっても、彼らがやりたいことをやっていけるようにするのが大事、と伊藤さんはわたしに教えてくれました。

伊藤さんは、カウンターパートに何がやりたいかを聞くだけではなく、彼らがやりたいことを見つけていけるように、環境づくりに力を入れました。たとえば、人が集まって話しやすい場所として職場に調理場と食事ができる場所を作りました。また、インターネット接続のあるパソコンを設置したグループ活動の部屋を作り（当時、ミャンマーではインターネットはあまり普及していなかった）、何でもすぐに調べることができる環境を整えました。プロジェクトのゴールを常に意識できるように、ビジョン、ミッション、目標をわかりやすくイラストで示した大型ポスターや、それぞれのワーキンググループの活動のプロセスや成果が見えるように掲示物などを、職場に貼り出しました。

伊藤さんの現地の同僚たちへの関わり方によって、同僚たちは次第に自分で考え、提案し、動き、お互いにフィードバック、評価するようになっていきました。カウンターパートはいつも対話から「やりたい」を生み出し、新しい活動を始めていきました。

カウンターパートたちが対話を通して自分のやりたいことを見つけ、挑戦していくのをずっと見てきました。ミャンマーでの教育開発の経験を通して、対話が生まれるには、関係性、環境や仕組みづくりが重要だということを知りました。それが、教育開発に専門家として関わるわたしの次の問いとなりました。

教育開発の現場はおもしろい。常に新たな気づきと問いが生まれてきます。教育開発に関わる人たちは、どんな経験をし、どんな葛藤や問いを持って現場に関わっているのでしょうか。本書の著者らから学び、新たな気づきや問いをつくっていきたいと思います。

【注】

1　植民地時代における言語へゲモニーの問題は、教育の分野においても非常に重要な意味を持っている。詳しくは、国際的に著名なケニアの作家クギ・ワ・ジオンゴの『精神の非植民地化』（1987）を参照。

2　2016年度のUNHCR難民映画祭にて『目を閉じれば、いつもそこに～故郷・私が愛したシリア～』を上映した。

3　サイバーカスケードとは、アメリカの憲法学者キャス・サンスティーン（2003）が提唱したインターネット上における現象のことで、集団極性化の一種のことである。同じような考えや思想の人とインターネット上で強くつながることで、異なる意見を排除し、閉鎖的なコミュニティを形成してしまう現象を意味する。

【参考文献】


アビジット・V・バナジー、エステル・デュフロ（著）、山形浩生（訳）（2012）『貧乏人の経済学――もういちど貧困問題を根っこから考える』みすず書房。

キャス・サンスティーン（著）、石川幸憲（訳）（2003）『インターネットは民主主義の敵か』毎日新聞社。

JICA（2012）「児童中心型教育強化プロジェクト　フェーズ2　プロジェクト活動」https://www.jica.go.jp/project/myanmar/0701893/02/index.html（accessed 2020.9.26）。

グギ・ワ・ジオンゴ（著）、宮本正興・楠瀬佳子（訳）（2010）『精神の非植民地化』電子本ピコ第三書館販売。

今野貴之・岸磨貴子・久保田賢一（2011）「教育開発プロジェクトにおける葛藤と介入――パレスチナ難民の学校における授業研究の活動システム分析より」『日本教育工学会論文誌』第35巻第2号、99－108頁。

パウロ・フレイレ（著）、小沢有作（訳）（1979）『被抑圧者の教育学』亜紀書房。

第3章 教育開発を検討する

久保田　賢一

わたしは1980年に青年海外協力隊に参加して以来、途上国の教育開発プロジェクトにさまざまな形で関わってきました。その体験を通して、国際協力の活動をより良くするにはどうするべきか考えてきました。国際協力という用語を使いましたが、その実態は「海外への援助活動」です。援助には、「援助する側」と「援助される側」という関係が存在します。これまで、援助活動をすることによって「上位の人（援助する側）」と「下位の人（援助される側）」という関係性を作り上げ、固定化してしまったように感じます。

しかし、そのような上位・下位という関係性を保持したままにして、望ましい教育開発を実現することはできるのでしょうか。それが、これまで教育開発に関わる中で生じたわたし自身の問いです。

「援助する側」が「援助される側」に一方的な支援をするのではなく、する・されるという関係性を乗り越え、社会・文化的な背景が異なる人々が協働して活動するにはどうしたらよいのでしょうか。この章では、わたし自身の体験をもとに援助とは異なる教育開発のあり方について検討していきたいと思います。

途上国の人との接し方

まず、わたしの途上国での体験から始めたいと思います。最初に訪問した途上国ネパールでのトレッキングは、ヒマラヤの山々を背景に、数日間のんびりと山歩きをした楽しい体験でした。ヒマラヤの美しい山々は今でもわたしの心にしっかりと刻み込まれていますが、それとは別に強い衝撃を受けたこともありました。それは、外国人の旅行者とネパール人との貧富の差を目のあたりにしたことです。ネパールにはトレッキングをしに欧米から多くの人が来ていました。トレッキングをする人たちは、ポーターに荷物を運んでもらい手ぶらで山歩きをします。わたしが見たのは、３世代６人の白人の家族でした。山登り用の立派な服装を身にまとった６人には、ガイドと料理人、そして10人以上のポーターが同行していました。料理人は白人の家族よりも一足先に出かけ、次の休憩所で火を起こしてお茶の準備をします。家族が到着する頃には、温かいお茶とクッキーの準備が整っています。家族の後には重い荷物を運ぶポーターが続きます。急な階段やでこぼこの道を歩くため荷車は使えません。ポーターは直接荷物を担いで運びます。ポーターには十代半ばの少女も混じっていました。粗末な服を着て裸足で荷物を運ぶ人もいました。裕福そうに見える白人の家族とすり切れた服を着て喘ぎながら重い荷物を運ぶネパール人とのコントラストが、わたしにはショックでした。もちろん、白人の家族はポーターたちと契約を結んで、相応の賃金（当時でどのくらいもらっているかわかりませんが、たぶん一日数百円でしょう）が支払われていたと思います。双方が納得しているのですから、誰が悪いわけでもありません。しかし、この光景を見て、わたしは先進国の人と途上国の人との富の差に衝撃を受けました。

白人の家族とポーターたちの光景を横目で見ながら、わたしたちはさらに高度を上げアンナプルナのベースキャンプまで足を運びました。高度４０００メートルほどの場所ですから、雪もちらついていました。早速、テントを張り夜に備えました。薄暗くなった頃に、別のグループが到着しました。ポーターを１人連れている白人のカップルでした。到着後、彼らもテント設営の準備をしました。テントを張り終わるとカップルはすぐにテントに入りましたが、ポーターは外に残されたままです。一緒にいた友人はわたしに「このままではポーターは外に残されたままだから、彼をわたしたちのテントに入れてあげよう」と言いました。わたしは、雪が降り積もっているこの寒さの中で、まさか置き去りにはしないだろうと反論をしましたが、暗くなってきても一向にポーターをテントに呼ぶ気配はありません。十分な防寒具を持たないまま外に置き去りにされたならば大変なことになると思い、そのポーターをわたしたちのテントに招き入れ、一夜を共に過ごしました。

初めての途上国でのこのような体験をしたことは、わたしにとってとてもショックでした。もちろん、西欧人すべてが途上国の人に対してこのような態度を示すとは思いませんが、それでも強く考えさせられました。

このようなネパールでの体験の後、再び途上国の人たちに対する傲慢な態度を目にしたのは、わたしが青年海外協力隊員としてフィリピンに派遣されたときでした。フィリピンでは当時１００人ほどの隊員が活動していました。首都マニラ近郊に派遣されている隊員は、週末にマニラの隊員用宿舎に集まってきます。そこでは、配属先での活動について先輩隊員に相談にのってもらったり、国際協力のあり方について隊員同士でとりとめのない議論をしたりしていました。

多くの隊員はフィリピンの文化に適応しようと頑張っていますが、中にはフィリピンの人たちを見下すような隊員もいました。赴任当初は「わたしがフィリピンの問題を解決してあげる」と勢い込んでいたのだと思います。そして、隊員が新しい技術を導入して職場改革してあげようとフィリピン人の同僚に働きかけをしても、同僚は誰も動こうとはしませんでした。結局、彼は職場で孤立していきました。任地ではフィリピン人の友達ができず、毎週末にはバスで3時間かけてマニラにある協力隊員用の宿舎に通うようになりました。隊員宿舎での彼の口からは「わたしがフィリピンのためにこんなに頑張っているのに、フィリピン人は怠け者ばかりで一緒に仕事ができない。お金を貸したら絶対に返ってこないし、時間を守ったことがない。どうしようもない国だ」とフィリピンに対する悪口しか出てきません。こういう隊員の話を聞くと、一体この人は何をしにフィリピンに来ているのだろうか、早く帰ったほうがよいのではないかと思いました。

協力隊員は、ＯＤＡの予算を使って途上国に派遣され、現地滞在中はカウンターパート（一緒に働く途上国の同僚）よりも高い額の手当を受け取ります。つまり、現地の人たちよりも余裕のある生活を送ることができます。ですから日本人は豊かな国から来た人と途上国の人からは見なされます。ODAの活動では、先進国から専門家が資金を持って途上国を訪れ、外部者として援助をする立場から活動をしますが、同様の構図は、海外青年協力隊にもあるのではないでしょうか。隊員も自分自身を、援助をしてあげる「上位の人」と捉え、尊大な言動や振る舞いをしがちになるのかもしれません。

わたしが大学で教鞭をとるようになってからも、国際協力はわたしのライフワークでした。大学の教室で講義をし、ゼミ指導をするだけでなく、わたし自身が教育開発のプロジェクト形成や評価の調査団の一員として途上国に出かけたりしました。調査団として途上国を訪問するときは、1週間から10日ほどの滞在になります。同行したコンサルタントの中に、ホテルから一歩も出ずに、毎日ホテル内にあるレストランで日本食を食べ、部屋で報告書を書くのに専念する人がいました。調査団として現地を訪問する際は、時間が限られているために滞在中はいかに効率的に情報収集をすることができるかが勝負です。統計資料を集めたり、インタビューの予定を立てたりして、短期間で情報を集めなければなりません。インタビューも多くの人から聞くことは難しいため、途上国の管理職クラスの人や現地に滞在する日本人専門家と話をするだけになり、その情報をもとに報告書にとりまとめていくことになります。

そういった活動を振り返ったときに、わたしは現地の社会・文化的な背景をどれだけ理解することができたのかと自分自身に不満を持つようになりました。フィリピンに滞在していたときは、現地で友人ができ、食事を共にし、時には一緒に旅行にいくなど仕事だけでなくプライベートな付き合いが多くありました。そうした時間を共に過ごす中で、現地で大切にされている価値観や慣習、人間関係のあり方に対する理解が自然と深まっていきました。しかし、調査団の一員としてのわたしの現地への関わり方は、非常に表面的であり、わたし自身が限られた情報を取り繕うようにまとめているような気がしたのです。調査内容のほとんどは現地側が用意し、調査団はそれをとりまとめるものでした。それは、わたし自身が「上位の人」として振る舞っているのではないかと気づき、愕然としたのです。国際協力の活動は、先進国が途上国に対して資金援助や技術援助をするものです。つまり、国際協力の活動は、先進国の「上位の人」から途上国の「下位の人」に対する援助をするという本質的に上下関係を含んだ活動であるということを改めて認識しました。国際協力では、「技術移転」という言葉がよく使われます。技術を持つ側（上位の人）から技術を持っていない側（下位の人）に、「技術」を「移転」するという枠組みからの発想になります。当時のわたしは、「援助機関の一員として国際協力に携わるということは、『上位の人』として振る舞ってしまわざるを得ない」のだと自分に言い聞かせていました。

これではいつまで経っても「援助する側」と「援助される側」の関係性は変わらないだけでなく、依存関係をさらに深めていってしまいます。たとえば、２０００年代に入り「参加型開発」という概念が広がり、途上国の人たちの主体的な取り組みを大切にするためには、対等な関係性を作らなくてはいけないと言われるようになりました。[1] 参加型開発の提唱者であるロバート・チェンバースは、開発専門家は自身の専門性に慢心し、先頭に立って開発活動を指示するのではなく、「上位の人」自身が意識的になり、実際に開発に関わる人たちを一番前に位置づけ、その背後から支援するべきであると主張しました。[2] しかし、ＰＲＡ[3]やＰＬＡ[4]と呼ばれる参加型農村調査法は広く普及しましたが、参加型という理念は置き去りにされたまま手法だけが一人歩きし、「上位の人」に「参加型開発」を行っているという理論的根拠を与えてしまっただけのように思えます。援助機関のシステマチックな枠組みと、途上国の社会・文化・歴史的な文脈との間には大きなギャップが横たわっています。

それでは国際協力のこのような課題にどのように取り組んだらよいのでしょうか。教育開発に関わる課題は、大きく分類すると２つあると思います。１つは、プロジェクトのマネジメントに関するものであり、もう１つは教育開発に関する基本的な考え方や態度に関するものです。まず次節において、援助機関のプロジェクトのマネジメントについて検討を加えたいと思います。

プロジェクトの進め方

●ＰＣＭ手法

プロジェクト・サイクル・マネジメント（Project Cycle Management: PCM）手法は、国際協力機構（ＪＩＣＡ）を中心に、国際協力プロジェクトに広く導入されているマネジメント・ツールです。この共通したマネジメント・ツールを使うことで、プロジェクトを効率的に運営していくことがめざされています。しかし、どのツールを使うのか（手段）ということは、どのような教育開発をするのか（目的）ということと直接つながります。つまり、手段と目的の関係は簡単に切り離すことはできません。ですから、どのツールを使い、何を達成するべきなのかを検討することは大切です。

わたしは、１９９０年代始めの頃、ＰＣＭ研修に参加しました。当時、ＰＣＭ手法はまだ普及して

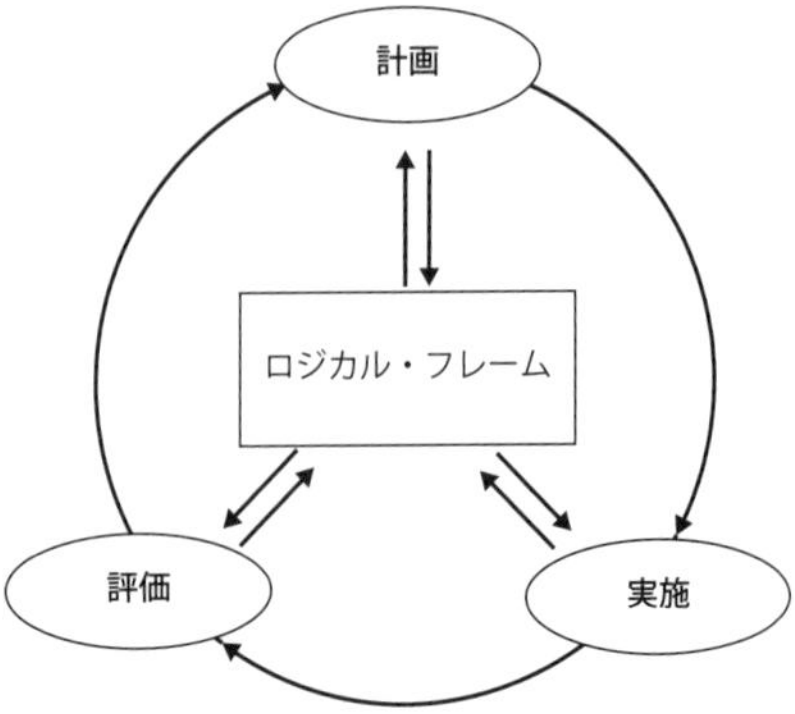

図3-1　PCM手法

いませんでしたので、ドイツから講師をわざわざ招いて5日間の研修が行われました。PCM手法は、ロジカル・フレームという「理論的枠組み」に基づいて構成されています。PCM手法の論理構造は「活動→成果（アウトプット）→プロジェクト目標→上位目標」の連鎖で構成されており、この一連の活動を通して目標が達成されると考えられています。成果を出すことでプロジェクト目標が達成され、それが上位目標を達成することにつながるというロジックです。このロジックに基づき、計画を立て、実施し、評価をしていきます。その中心にロジカル・フレームがおかれています。計画、実施、評価のサイクルは常にこのロジカル・フレームを参照することで確認することができます（図3－1参照）。PCM手法ではロジックが明確に示されるので、プロジェクトに参加する人たちの間で目標を共有しやすく、活動がどこまで進み、どこに問題があるのか、明確に示しやすくなると考えられています。研修に参加したわたしは、プロジェクトを運営していくうえでわかりやすいツールだと思いました。

　ロジカル・フレームは、PCM手法ではプロジェクト・デザイン・マトリックス（Project Design Matrix: PDM）と名づけられ、プロジェクトの主な構成要素を1つの表にまとめたものを指します（表3－1参照）。[5]

表3-1　プロジェクト・デザイン・マトリックス（PDM）[6]

PDM

プロジェクトの要約	指　標	入手手段	外部条件
上位目標 プロジェクト目標が達成されたことによりもたらされる、より上位、より長期の問題改善効果。 プロジェクトのインパクト。	上位目標の達成目標値をしめす指標。	上位目標の指標の情報源。	プロジェクトによる改善効果を持続させるために必要な外部条件。 持続性に関するリスク。
プロジェクト目標 プロジェクト終了時までに達成されることが期待される、プロジェクトの直接目標。 ターゲット・グループへの便益、受益者の行動変容、システムや組織の業績改善など。	プロジェクト目標の達成目標値をしめす指標。	プロジェクト目標の指標の情報源。	上位目標を達成するために必要な外部条件。 プロジェクト目標と上位目標をつなぐ外部条件。 上位目標の達成に関するリスク。
成果 プロジェクト目標を達成するために、プロジェクトの活動によってもたらされる中間目標。 プロジェクトの戦略。	成果の達成目標値をしめす指標。	成果の指標の情報源。	プロジェクト目標を達成するために必要な外部条件。 成果とプロジェクト目標をつなぐ外部条件。　プロジェクト目標の達成に関するリスク。
活動 成果を達成するためにプロジェクトがおこなうおもな活動。	**投入** 活動をおこなうために必要な人材、機材、資金などといった資源。		成果を達成するために必要な外部条件。 活動と成果をつなぐ外部条件。 成果の達成、および効率性に関するリスク。 **前提条件** プロジェクトを、あるいは活動を、開始するために必要な前提条件。 活動の実施に関するリスク。

ＰＤＭは、階層別の目標、指標、入手手段、外部条件など、プロジェクトの構成要素を網羅的に整理し、論理的整合性がわかりやすく提示できる優れた点を持っています。表３－１の左側の欄は、「プロジェクトの要約」には、どのような目標を持ったプロジェクトが実施されているのか記載されています。「上位目標」は、プロジェクト終了後の長期的な目標です。どのようなインパクト（長期的な目標）を達成できるか記述します。「プロジェクト目標」は、プロジェクト終了時の目標です。「成果」は、プロジェクト目標を達成するために、どのような戦略をとるのか記述します。「活動」とは、成果を達成するためのプロジェクトが行う具体的な活動のことです。

次の欄には、「指標」が書かれています。「指標」とは、それぞれの目標が達成できたかどうかを示す基準です。「入手手段」は、指標を得るためには、どこからデータを入手するか、その手段のことです。「投入」には、目標を達成するために投入するべき人材、機材、資金などを記述します。「外部条件」とは、台風や地震などの自然災害、革命やクーデターなどの政治の急変、急激な株価の下落など予測できない経済的活動の変化など、プロジェクトを運営するにあたって、プロジェクト関係者の力の及ばない事柄を記載します。「前提条件」には、プロジェクトを始めるにあたって、必要な条件を記述します。プロジェクトをこのＰＤＭに沿った形で進めていくことで、プロジェクトに関わる多くの人たちの理解を得ることができ、計画・実施・評価のプロセスに一貫したロジックを提供することができます。

現在では、ＰＣＭ手法は多くの国際協力プロジェクトで使われるようになり広く共有されています。この手法は、建物を建てたり道路を作ったりするインフラ整備のプロジェクトでは、明確な目標が設定できるために使いやすいと思いました。現状を論理的に分析し、目標達成のための一覧表を作成する、望ましい手法のようです。しかし、さまざまな教育開発プロジェクトに関わる中でPCM手法に問題を感じるようになりました。

PCM手法では、必ず中心となる問題を1つ特定します。その問題の解決が、最終ゴールにつながるからです。プロジェクトに関わる人に集まってもらい、何が最も重要な問題かを話し合い、問題として特定するための合意を形成します。しかし、人間の社会的な活動には矛盾する多様な問題が絡み合っていますので、簡単に問題を特定することはできません。また「子どもの識字率が低い」という現状を問題提起するにしても、どの範囲の子どもを指し、識字率の高・低をどう定義するのか、その要因を学校の教員に求めるのか、家庭教育に求めるのかなどは、議論する人の立場や観点によって異なります。現状分析を行う中で、プロジェクトに関わる人々のさまざまな想いや思惑が衝突します。そこでキーとなる問題を1つに特定するのは極めて困難なのです。

加えて現実性に鑑みると、プロジェクトに関わる人たちが一堂に会して話し合いをすることはなかなかできません。途上国の高級官僚と地域コミュニティの人たちが一緒になり、時間をかけて話し合いをすることは基本的にあり得ません。また、たとえ一緒にテーブルを囲んだとしても、権力関係には大きな違いがありますから、対等に話し合いができるとも思えません。わたしは「コミュニティの人たち」とひとくくりにしましたが、コミュニティには貧困のシングルマザーや少数民族、裕福な地主などさまざまな人が含まれます。誰を代表にするかを決断することも簡単ではありません。たとえ話し合いの場を得られたとしても、合意を形成するには時間がかかるでしょう。

ＰＣＭ手法のプロセスでは、問題を1つに特定したうえで次にそれを目標に変換します。しかし、教育に関わる目標を1つに設定することには無理があります。目標を1つに絞り込むことで、また新たな問題が生まれることもあります。たとえば、識字率が低い地域で子どもを学校に登校させるよう行政指導をすると、教員が不足してしまいます。大勢の子どもが学校に通うようになると、教員の負担も増してきます。そういったことを無視してプロジェクトを進め、単純に目標を1つに設定してプロジェクトを実施したとしても、良い成果（アウトプット）は出てきません。逆に負の成果が生まれてしまいます。

ＯＤＡの現場において、プロジェクトを担当するコンサルタントは関係者にヒヤリングを行いその内容をとりまとめて、途上国側のプロジェクト担当者と話し合いを通してプロジェクトを立案していきます。そしてプロジェクトの資金を拠出する組織の方針と整合性のあるプロジェクト計画書が提出されます。この本を手にとっている皆さんも、一度ＪＩＣＡなどのホームページにアクセスし、プロジェクトの報告書を読んでみてください。それらの報告書を読み、一体プロジェクトが何を問題として提起しており、何を目的に設定しているのかを知ることは、そのプロジェクトの必要性や成果を議論するうえで重要な意味を持ちます。

●エビデンス・ベースの評価

ＰＣＭ手法においてもう1つの重要な要素は「指標」です。プロジェクト目標や成果を達成することができたかどうか評価するときに基準となるのが指標です。「Plan（計画）－Do（実施）－See（評価）」の一連のサイクルの中で最後の評価によりプロジェクトの成果を判断しますが、指標は目に見える明確なものが求められます。最もわかりやすい指標は数値です。たとえば、新しい教育プログラムを展開するプロジェクトでは、成果指標の１つとして「子どもたちの学力テストの成績」が設定されることがあります。たとえば、60点以上が合格点の場合は、何人が合格点に達したのかを数値で示し、それが成果（アウトプット）になります。しかし、このアウトプットを成果指標にしたとしても、教員の教え方を変えたことが、そのまま子どものテストの点数に影響したことを示すのは簡単ではありません。そのような場合は、インプットを成果とすることもあります。実際、従来のプロジェクトではインプットを成果として挙げていることが多々ありました。つまり、教育開発の目標として、「子どもの学力が向上する」というアウトプットを示すことは簡単にできないので、代わりにインプットを成果として挙げるのです。たとえば、教員研修の実施回数、教員の研修への参加人数、開発した教材の数などです。

しかし、そういった数値を指標にしても、必ずしも目的を達成したことの根拠にならない可能性があります。たとえば、教員研修に参加した教員がたくさんいたとしても、それが教員の能力向上につながるとは限りません。管理職に言われ半強制的にいやいや参加しても、能力向上にはつながりません。それでは教育の成果を判断する指標は、どのようにして決めればよいのでしょうか。

教育は、息の長い活動です。新しい教育方法を導入したからといって、それがすぐに成果としてテストの点数に反映されるとは限りません。また、新しい教育方法の導入がテストの点数につながるという因果関係を示すのは簡単ではありません。教育の成果が見えるようになるのには、10年、20年かかるかもしれません。短期的なプロジェクトにおいて成果を急ぐと、かえって問題を起こす可能性があります。それでも、プロジェクト終了時には、なんらかの結果を示さなければなりません。そこに、教育開発の難しさがあります。

指標を使って分析することは、プロジェクト活動の成果を知るための手段ですが、指標を重視しすぎてしまい、それがプロジェクトの目的そのものになってしまうことがあります。つまり、手段の目的化です。そういった現象は、教育開発だけでなく教育に関わるさまざまなところで起こっています。

たとえば、ＯＥＣＤ諸国では、ＰＩＳＡと呼ばれる国際比較テストが定期的に行われるようになってきました。日本はいつもＰＩＳＡでは上位に位置していますが、２００３年に順位を大きく落としたときは、ＰＩＳＡショックと呼ばれました。当時、教育改革として実施していた「ゆとり教育」が影響しているのではないかととりざたされました。すると教育関係者は、順位を上げるための対策を練り、ＰＩＳＡの点数を上げるための教育を行います。ＰＩＳＡは先進国であるＯＥＣＤ諸国の国際比較ですが、こういう指標を使って順位を出していくと次第に順位を上げること自体が目的に変わっていきます。国によっては、生徒のテストの点数で学校に配分する予算に差をつけたり、教員の給与に反映させたりします。ＰＩＳＡで各国の順位が公表されることで、競争心が煽られ、学力を高めることではなく、テストの点数を上げ順位を高めることだけに関心が向いてしまいます。他国との順位がどう入れ替わったのかではなく、子どもの学びがどう深まったのかを議論することが重要なのではないでしょうか。

先進国の教育で起こっていることと同様のことが、途上国での教育プロジェクトでも起こります。

教育開発プロジェクトの成果をテストの点数という指標を使って評価すると、プロジェクトに関わる教員は指標にしか目がいかなくなります。指標に示されたテストの点数を上げるためには、成績の良くない子どもに対してテストのある日は学校を休むように暗に指示したり、試験監督中に答えを教えたりする教員が出てきたりします。そういう状況では、「子どもたちがより深く学ぶことができるように」という本来のプロジェクトの目的から外れ、「プロジェクトは成功したとドナーから評価される」ことが主たる目的になりがちです。

教育活動において、明瞭な基準や定量化できる指標だけで教育の成果を把握するのは難しいことです[7]。つまり、どのような指標を作ったとしても、その指標で確認できるのは教育という社会・文化的な活動のほんの一部にすぎません。ところが、指標をいったん設定すると、それを絶対視するようになり、その指標の値を上げることだけに注力するようになり、それが目標を達成つながるという錯覚をしてしまいがちになります。そして、それによって多くの問題が生じることになります。これまでに関わってきた教育開発のプロジェクトで、わたしはそういった現場を数多く見てきましたし、そこに関わる一人の人間としてもどかしさや自分の責任を感じてきました。

もちろん、教育開発の成果を明確に示すことは大切なことです。教育活動が適正に機能しているかどうかを知るには、学校数、教員数、教科書の充足率、教員1人あたりの生徒数、留年率、退学率などの指標をしっかりと把握しておく必要があります。そういった基礎的なデータをもとにプロジェクトの運営が行われるからです。わたしが問題として取り上げているのは、いくつかの指標のみに焦点をあて、その指標の数値を上げることだけに集中してしまうことです。手段として取り入れたことが、次第に目的に変容し、その目的をめざして突き進むことの危険性を指摘したいと思います。

教育開発に取り組む方法として、国際協力の現場で使われるPCM手法というマネジメント・ツールを紹介し、その特徴と課題について検討してきました。ここでは、ツールについて批判的な立場から検討しましたが、だからといってそれに代わる万能な成果検証の術をわたし自身が持ち合わせているわけではありません。どのようなツールにも良い点と問題点があります。使っているツールの問題点を常に意識しながら反省的な使い方をしていくことが求められます。ツールはあくまでもプロジェクトを運営していくうえでの手段であり、どの手段を使うべきかを考える前に、どんな目的を達成するべきかを検討しなければいけません。それでは、プロジェクトの目的はどのようにしてできていくのでしょうか。次に検討していきたいと思います。

「児童中心型教育」というスローガン

どのような教育開発が望ましのかという統一された見解があるわけではありませんが、先進国の教育改革と同様に、世界的に人気のある教育活動を途上国の教育開発にも導入しようという傾向は見られます。たとえば、児童中心主義の教育思想は先進国だけでなく、途上国の教育開発プロジェクトに多く取り上げられています。また、日本の得意分野でもある「理数科教育」もアジアやアフリカの国々のプロジェクトとして幅広く取り入れられてきました。先進国で好意的に受け入れられている教育実践だからといって、途上国に一方的に移転しようとすることは押しつけになったりします。また、教育開発プロジェクトにおいて、同じ名称が使われてもその国の社会・文化的な状況に合わせるように内容が変形されたりします。

これまでほとんどの途上国では、伝統的に宗教を前提とした教育が行われてきました。宗教教育における学習方法は、暗記暗唱をすることです。暗唱する文章の内容がわからないまま、ひたすら暗唱を繰り返すことで、子どもたちは知らず知らずのうちに暗唱できるようになっていきます。わたしは以前ミャンマーの教育開発に関わったとき、地方の学校を訪問し授業を見学することがありました。多くの教室では、子どもたちが教科書に書かれている文章を一斉に大きな声で唱和します。それをどのクラスでも行っているので、授業中はとても騒がしいものでした。しかし、このような授業に対して教員は問題視しているわけではありません。彼らもそのように教わってきたのですから、同じように子どもたちに教えているのです。このような教育方法を変えようと教育開発プロジェクトが始まりました。それは外部の視点からの問題認識でした。

2000年の初め頃は、「児童中心型教育」が多くの途上国に導入された時期でした。わたしは、ボリビアとミャンマーのプロジェクトに関わりましたが、そこでは「児童中心主義の教育」や「子どもが主役の教育」といったスローガンが使われていました。教育開発プロジェクトは3年とか、5年の期間限定ですから、新しい教育方法を導入するといっても、教育システム全体を組み替えるわけではありません。既存の教育システムのうえに、新しい教育方法を取り入れ、教科書を改訂するといった部分的な修正にとどまります。暗記中心の伝統的な教育方法の代わりに、「児童中心」の教育方法を導入する試みです。

もともと「児童中心型教育」は西欧で生まれ、広がったものです。一方的に知識を伝達する従来の教育方法へのアンチテーゼとして出てきたものです。子どもの内側から出てくる興味や関心を重視して、環境を整え教育内容を子どもの関心に合わせて活動を組み立てていこうとする考え方です。学習は、グループワークや体験型の活動を取り入れたりします。しかし、教育開発プロジェクトでは、一般的に従来の枠組みをそのままにして、新しい手法だけを導入するので、従来の枠組みと整合性をつけなければなりません。

１クラスに60人を超える子どもが学んでいたり、教科の枠はそのままであったり、教育制度についても従来のまま、手法を変えるだけでは、新しい教育実践はなかなか定着しません。もちろん、生徒に発言の機会を与えたり、グループワークで意見交換をさせたりすることで、子どもの意欲が高まることはあると思いますが、西欧で広がった子どもの自発的な学びを重視する教育がそのままの形で移転されるわけではありません。

新しい教育の考え方や方法を他の場所に持っていくことにより、もとの思想が変質してしまうことはよくあることです。それ自体は悪いことではありません。西欧で生まれた「児童中心主義」の教育は、途上国ではその国の実情に合った形で修正されていきます。わたし自身、短期の専門家として教育開発プロジェクトに関わりカウンターパートと協働して授業案を検討し、研修会を開催してきました。その活動を通して、児童中心の教育を導入するということは、単に教え方を変えることだけではできないということを学びました。

従来の「教科書を教える」授業では、教員の手元に教材は教科書しかありませんから、授業は教科書に沿って行われます。子どもたちには教科書の内容を丸暗記することが求められ、暗記することでテストの点数がとれるようになっています。そういった伝統的な教育に対して「児童中心主義」の授業を導入するには、単にグループワークを導入する以上のことをしなければいけません。たとえば、授業の準備としてどのような学習活動を取り入れるか考えたり、実験を取り入れるための準備をしたりします。子どもたちが自由に発言するようになると、教科書に書かれている内容だけでは子どもの質問に答えることはできません。想定外のことが起きても対処できるように心の準備と十分な知識を持っていることが求められます。

ミャンマーのプロジェクトで次のような体験をしたことがあります。高学年の理科で生物の分類を教える単元を事例として研修会で取り上げることになりました。カウンターパートは授業案を準備して、それに沿った授業研究会を開くので話し合いたいとやってきました。授業の内容は、腔腸動物について説明する単元です。その例として、クラゲのイラストが教科書に載っていました。彼女が作成した授業案は、まさに教科書に書かれていることに沿って展開していくものでした。これでは子どもは理解できないのではないか、もっとクラゲの例を示すならば、クラゲについての話を入れるべきではないかとアドバイスしました。いろいろと話をしているうちにわかったのは、カウンターパート自身が、クラゲやイソギンチャクを実際に見たことがないということです。彼女の持っている知識は、教科書に書かれているイソギンチャクのイラストだけなのです。教える人が見たことのない生物について説明するわけですから、教科書に書かれていること以上のことを説明することはできません。

教科書には簡単なクラゲの説明しか書かれていませんが、従来の授業では、教科書に書かれていることを読ませるだけです。教員は子どもに教科書を読ませて、それを全員で復唱させるだけです。このような授業では、授業準備をする必要はありません。プロジェクトでは「児童中心主義」の教育を導入するために事前準備が必要ですが、教科書以外の情報源を持っていない教員にとって、授業の準備をするにしても、どうしてよいかわかりません。なぜ、クラゲを腔腸動物の例として教えるのかということを理解しないままに、教科書の内容を教えることになります。

ミャンマーの首都ヤンゴンは海の近くにありますが、彼らは海に行った経験はほとんどありませんでした。もちろん近くに水族館もありません。海から少ししか離れていないところで暮らしていますが、海の生物を実際に見たり、触ったりした経験がないのです。インターネットを使って、クラゲの写真や動画をカウンターパートに見てもらいましたが、それでも子どもの自由な発想を促すには十分とはいえないと思いました。

このような状況は、多くの途上国に共通している課題だと思います。わたしたちは、アフリカには野生動物がたくさんいると思っていますが、多くのアフリカの人たちは、キリンやライオンなどの野生動物を自然公園で見たりしていません。自然公園に行けるのは、先進国から観光に来た裕福な人に限られます。日本には、博物館、美術館、動物園、水族館などが整備されていますが、途上国ではこれらの施設が十分に整備されていません。教員も子どもの教科書に書かれているイラストから想像するしかありません。児童中心主義の教育を行うには、単に教え方を変えるだけでなく、水族館、博物館などの文化的なインフラを整えることも含めた学習環境を整えていく必要があります。言い換えると、「児童中心主義」の教育を実践するには、単に「教え方」を変える以上の改革が求められます。

そして教員には、幅広い知識と高い専門性が必要です。

ミャンマーで児童中心主義の教育を導入したときに教員たちが困ったことは、子どもたちから積極的に質問が出てくるようになってもそれに答えられないことです。これまでの授業では、教科書に書いていていないことを説明することはありませんでした。教科書に沿った授業では、子どもは教科書の文章をそのまま覚えるだけですから、質問は出てきません。しかし、子どもの思考力を育てようとするならば、いろいろな物事に関心を向け、なぜという疑問を持つことの大切さを育てることが求められます。しかし、教員自身が新しい教育に必要な知識・技術を十分に持ち合わせていなければ、このような指導は十分にできません。こういう状況をどう打破するか、多くの途上国に共通している課題だと思います。近年は、インターネットを使って調べることもできますが、地方の学校には電気もインターネットも届きません。学習環境をどのように構築していくか、児童中心主義の教育は単に「教え方」を変えるだけでは実現できないことがわかります。同様のことは、日本でも起きています。日本の事例として、大学改革の実践を振り返ってみましょう。

アメリカ式を輸入する日本の大学改革の迷走

海外の教育実践を導入する試みは、日本が明治維新からやってきたことです。列強の植民地にならないためには欧米に追いつかなければなりません。日本には、外国文献の日本語への翻訳や外国人講師の招聘など、欧米の教育実践を輸入してきた長い歴史があります。そしてそれは、現代にも脈々と受け継がれているようです。

近年は、アメリカの大学のいろいろな教育方法が輸入されています。文部科学省主導の大学改革の政策が矢継ぎ早に打ち出され、やる気のある大学に資金を回すという競争原理に基づいた資金配分が行われています。たとえば、シラバス、学生による授業評価、ＦＤ（ファカルティ・デベロップメント）などです。

しかし、海外の優良な教育実践を参考にすることは大切であると思いますが、大学教員や職員自身が主体的に取り入れたいと考えていたわけではありません。文部科学省からの指令があり、大学は受け入れる方向で検討せざるを得ない状況でした。わたしもＦＤ委員会の委員長を担当していたとき、会議で「学生が主体的になる授業の重要性」を紹介したことがありましたが、実際に授業を行う教員自身が、主体的に取り入れようと思わない限り、新しい授業方法は定着しません。「グループワークばかりさせている授業のどこが大学教育なのか」などと囁かれていたことを覚えています。

現場で教育を担う教員の意思に関係なくＦＤが進められるようになった経緯には、大学と文部科学省の関係性が大いに影響していると考えられます。大学は、文部科学省が打ち出す大学改革の補助金を獲得するために、申請書を作成します。特に、国立大学は補助金獲得の有無が自分たちの研究費増減に関わるので死活問題です。補助金を申請する際に記入しなければならない項目の１つ、シラバス公開があります。

アメリカの大学では、教員が学期のはじめに授業の計画や内容の説明資料を学生に配付します。それをシラバスと呼びます。それは、大学から指示されたものではなく、教員の裁量で作成されたものであり、読書課題などを含む詳細なものもあります。アメリカの大学では、シラバスとは教員と学生の間のインフォーマルな約束事としての性格を持っているものです。日本では、そのようなインフォーマルな性格を持つシラバスが、フォーマルな制度として強制力を発揮するようになりました。

アメリカの大学では、教員と学生との間の柔軟性のあるコミュニケーションのツールとして機能してきたものが、日本の大学ではフォーマルで画一的なツールに変わってしまったわけです。アメリカの教育方法を導入しているつもりが、日本の大学に取り入れられることで全く別物になってしまいました。

文部科学省はシラバスのように目に見えやすいツールの整備を大学に促してきました。大学は文部科学省に忖度をして、過剰に反応しシラバスの他にも「学生による授業評価」「オンラインによる授業公開」など多くの取り組みを導入します。しかし、教員はこれらの取り組みに意味を見出していませんから、適当に記述したり、無視したりします。一方、文部科学省はこれらのツールが大学で整えられれば、大学改革が推進できたという指標として提示することができると考えます。しかし、シラバスがしっかりと機能するためには、大学を運営するシステムがシラバスと整合性のあるものでなければなりません。大学運営のシステムにあたるものとは、財務や施設設備、人事政策、カリキュラム、学位規定など大学全体の運営に関わる仕組みです。しかし、実際にはそういう仕組みには手をつけず、個々のツールを導入するだけに終わるために、すぐに形骸化していくことになります。文部科学省がトップダウンで導入した大学の教育改革は、補助金と抱き合わせの飴と鞭を使う方法です。大学や教員は、補助金を獲得するためには嫌々従わざるを得ない状況におかれます。その結果、大学は改革の流れの中で翻弄され疲弊していきます。

「日本型教育」を途上国へ輸出するという考え方

国際協力プロジェクトでも、日本の文部科学省と大学の関係と同様のことが行われていると思います。教育開発は、教育を取り巻く社会・文化的要素を理解し、現場で教育に関わる人たちが主体的に取り組みに参加することで初めて効果を発揮します。日本の教育が日本文化、国民性や価値観、その時代背景と切り離して考えられないように、学校という普遍性の高い教育であっても、その地域の社会・文化・歴史的な文脈と密接な関わりの中で機能するものです。しかし、国際協力という枠組みの中では、援助する側の教育制度や組織を優れているものとして、途上国に「優れている教育経験」を「技術移転」しようとなりがちです。文部科学省が打ち出した「日本型教育を輸出する」という発想からは、日本のことにしか目がいかない、一方的に支援をしてあげるという態度が見え隠れしています。[8]

これまで欧米に追いつこうと必死に欧米の教育実践を取り入れてきましたが、日本の優良な教育実践を海外に輸出しようとする政策が打ち出されました。この動きは、国際協力の政策というよりも、内閣官房が主導している日本の経済発展を推進するために「インフラシステム輸出戦略[9]」からきているようです。港湾や鉄道、上下水道などのハードなインフラに加え、教育システムなどのソフトインフラも積極的に輸出し、海外における日本のプレゼンスを高めていこうとする政治的な動きです。2016年には文部科学省を中心として官民協働で取り組む「EDU-Portニッポン」（日本型教育の海外

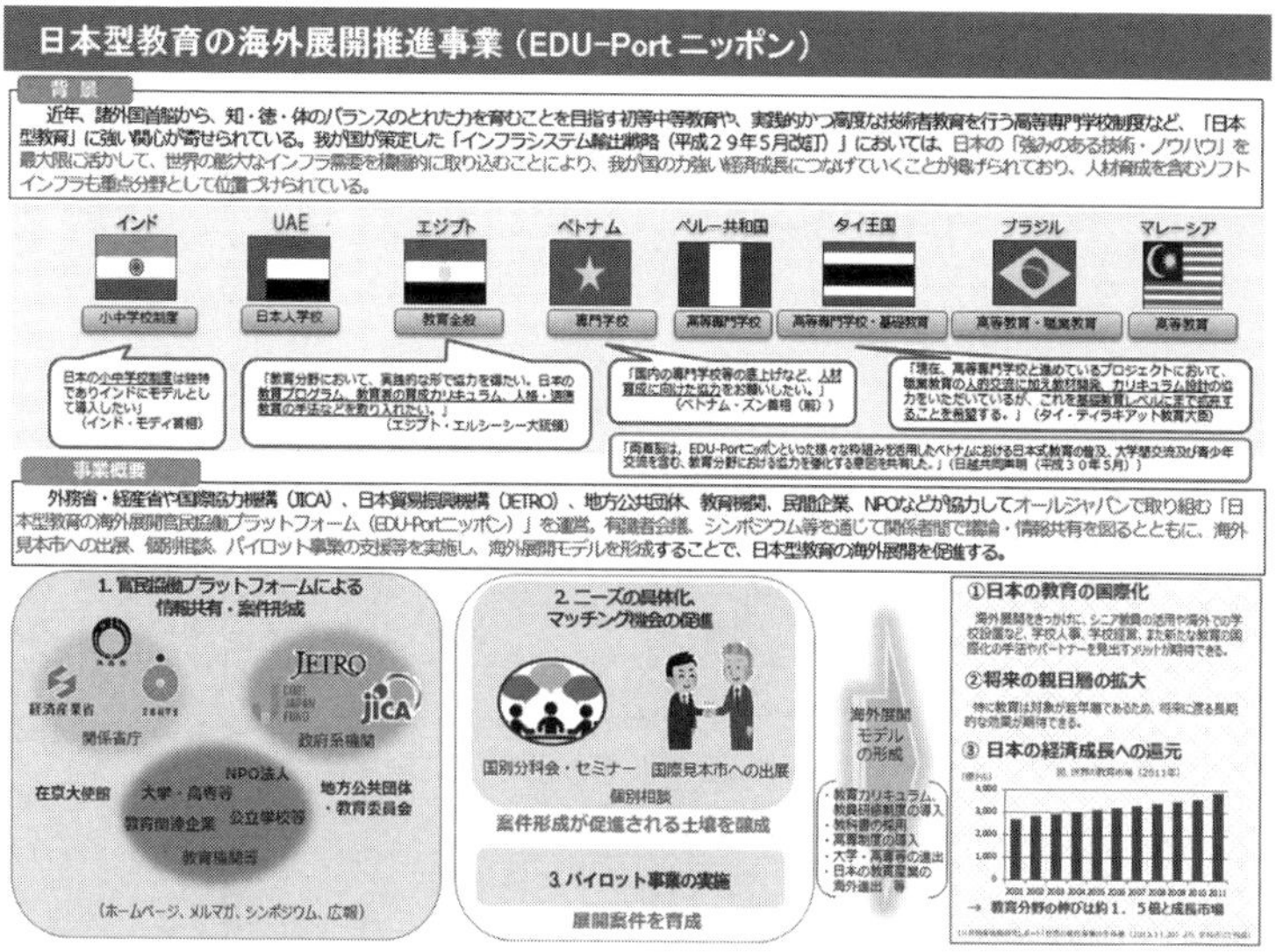

図3-2　日本型教育の海外展開事業（EDU-Port ニッポン）[10]

展開事業）が始まり、日本の教育における強みを前面に押し出し、世界に打って出ようとする試みです。たとえば、初等中等教育における高い学力や規律ある生活習慣の育成、質の高い理数科教育、高等専門学校に代表される産業人材の育成、保育園や学習塾など、日本が世界に誇れる教育コンテンツを「輸出」することで、日本の教育関連企業や団体を育てて経済発展につなげていこうとするものです。

　この日本型教育の輸出は、「日本型教育は素晴らしい」と日本側から途上国に働きかけ、提案するものです。もちろん中には途上国からの要請を受けて始まるプロジェクトもありますが、途上国政府側からすると、日本からの支援を受けられるという提案に対して、NOという返事はできない状況があるように思います。途上国ではただでさえ資金やノウハウがないのですから、教育を良くするためには何でも受け入れようという態度になります。

わたしはこの「日本型教育を輸出する」という発想そのものに問題意識を持っています。たとえ、途上国政府からの申し入れがあったとしても、その国のトップレベルにいる人とその国の教育現場で子どもたちと接している教員との間にある問題意識には大きなギャップがあります。日本でうまくいっているからといって、社会・文化的な背景が異なる文脈に給食当番や掃除当番などをそのまま移転してうまくいくとは思われません。

「日本型教育を輸出する際には途上国の文化や歴史的な背景を考慮する必要がある」という話は、教育開発に関わる人の間ではよく耳にします。しかし、そのように説きながら、実際には日本の教育実践をそのまま途上国に移転しようということが行われているのです。単に政府のトップが導入を決めたからといっても、実際に途上国の学校で、教員や子ども自身が日本型教育を、実践する当事者として「日本の良い教育実践を取り入れたい」という気持ちがない限りうまくいくことはないでしょう。文部科学省やＪＩＣＡの事業として、教育企業、塾、高専、大学などが自主的に途上国と関わり、活動を行うことは、途上国との交流を深めるという点では評価することができます。しかし、これが「日本型教育は素晴らしい」という発想からスタートすると、日本の教育実践をいかに途上国に根づかせるかという一方向的な流れになってしまいます。それでは、途上国の社会・文化的な側面に考慮したり、対話を重ねて合意を形成したりすることはできないのではないでしょうか。

持続可能な教育開発に向けて

これまで説明してきたように、教育開発プロジェクトにおいて新しいツールや指導法を導入すれば、教育が良くなるというわけではありません、小道具をいくら導入しても、子どものおかれている学習環境そのものが変わらなければ、新しいツールはすぐに飽きられ、使われなくなってしまいます。

日本では、一時期「百ます計算」というツールが一世を風靡しました。縦横10ずつのマス目を作り、マスの左と上の列に数字を入れて、それぞれが交差するマス目に指定された計算方法で答えを書き込む計算トレーニングのツールです。教育にはいろいろなツールが導入されますが、ツールだけ導入しても効果は上がりません。「百ます計算」というツールも現在ではほとんど使われなくなってしまいました。ツールを導入し、それが効果を上げるには、子どもの学習環境を作り替えることとセットになっていないといけません。学習環境とは、教員の考え方や教員間の協働性をはじめ、時間割やカリキュラムなどを含む広い概念です。従来の学習環境にツールを単に付け足すだけでは、すぐに飽きられ、使われなくなっていきます。

途上国での教育開発プロジェクトも同様です。プロジェクトが実施されている時期には、いろいろなツールが導入されますが、プロジェクト終了後にはほとんど使われなくなってしまいます。それでは定着するにはどうしたらよいでしょうか。それには大きく2つのことが考えられます。第1に、教員が信念を変えることです。教育に関する信念は、それぞれの教員がこれまでの経験をもとに形成してきたものです。その信念を変えるには、これまでの信念は通用しない、新しい信念のもとに教育を変えていかなければならないと、教員自身が考えるようにならないといけません。教員中心の授業から生徒中心の授業に変えるにはどうしたらよいか、教員自身がなんとかしなければと考えることから始まります。

第２に、教室の環境に加え学校を取り巻く環境を変えていくことが求められます。たとえば、ＩＣＴ機器を教室に入れる、机の配置を変える、といった物理的な環境を変えることも重要です。また、教室内での子どもと教員の約束事を変えることもしなければなりません。もちろん、機器の導入だけでなく、教員の役割や学校の規則も教員自身が変えていくことです。校長の役割から教育委員会、保護者との関係性も教員の合意のもとに変えていくことです。

日本においても途上国においても、教育活動を改善していくための取り組みには、さまざまな困難が伴います。なぜなら本章で検討してきたように、教育は多様な目的を持ち、単純に１つの目的に沿ってだけの実践ではないからです。教育プロジェクトは、経済的な観点から捉えるだけでなく、基本的人権や公正という観点からも捉えていくことが求められます。第２部では、教育の専門家として途上国の教育開発に関わっている人たちが、一人称の観点から教育開発に関わる困難さとともやりがいについて語ってもらいます。アジアやアフリカの国々において、各人が多様なステークホルダーと折り合いをつけながら、教育開発のコミュニケーションについて体験してきたことをシェアしてもらいます。

【注】

1 斎藤文彦（2002）『参加型開発――貧しい人々が主役となる開発へ向けて』日本評論社。
2 ロバート・チェンバース（2000）『参加型開発と国際協力』明石書店。
3 Participatory Rural Appraisal（住民参加型農村開発査定）の頭字語。チェンバースらが提唱した参加型調査手法の1つ。住民がプロジェクトを企画立案、実施、評価にいたるすべての過程において主体的に参加する手法。
4 Participatory Leaning and Action（住民参加型開発実践学習）の頭字語。外部者と住民がともに学びあい住民の主体的参加の実現を目指す参加型調査手法の1つ。農村だけでなく、都市部も含む途上国のすべての地域で参加型開発を行う手法。
5 NPO法人PCM Tokyo（2016）「PCMハンドブック」。
6 JICA研究所（2007）。調査研究「事業マネジメントハンドブック」JICA。
7 広田照幸（2019）『大学論を組み替える――新たな議論のために』名古屋大学出版会。
8 佐藤郁哉（2019）『大学改革の迷走』筑摩書房。
9 インフラシステム輸出戦略（令和元年度改訂版）内閣官房https://www.kantei.go.jp/jp/singi/keikyou/dai43/siryou2.pdf（accessed 2020.9.26）
10 https://www.eduport.mext.go.jp/summary/index.html（accessed 2020.9.26）

第２部

具体事例から学ぶ教育開発

第4章

教育開発に関わるわたしの位置性

——パレスチナ

岸 磨貴子

シリアでパレスチナと出会う

パレスチナはわたしにとって特別な国の1つです。わたしは、2002年から2年間、JICAの国際ボランティアとしてシリアのUNRWA（The United Nations Relief and Works Agency for Palestine Refugees in the Near East: 国連パレスチナ難民救済事業機関）の教育開発センターに赴任し、帰国してからシリア危機がはじまる2011年までの7年間、UNRWAと連携した教育開発プロジェクトに関わりました（岸 2017）。シリアには、シリア人だけではなく多くのパレスチナ人に友人がいます。

その中にはまるで家族のように親しい人たちが大勢います。シリア危機が始まってからはシリアへ渡航できなくなりましたが、講演などでシリアや彼らのことを話すたびに感謝と尊敬の気持ちでいっぱいになり、９年の月日が経ちますが、今も変わらず、彼らのことを想い続けています。

シリアでパレスチナ難民は、わたしにパレスチナについて多くを語ってくれました。彼らに出会う前、わたしは、世界史で学んだ中東での出来事――たとえば、中東戦争、インティファーダ、自爆テロ、分離壁、入植地など――から、この地域に対して怖いイメージを持っていました。しかし、彼らの言葉で語られるパレスチナはとても美しく、温かく、豊かで、華やかでした。パレスチナの歴史の詳細を本章では述べず、ここでは、わたしが彼らから聞いた語りに触れながら、パレスチナについて紹介をしたいと思います。

１９４８年イスラエルの建国宣言を受けて第１次中東戦争が勃発しました。勤務先だったＵＮＲＷＡの教育開発センターの上司であり、わたしが父のように慕ったアブ・アラー[1]は、その頃まだ幼く、パレスチナの小さな村に住んでいました。ある日、突然、兵士がやってきてトラックに乗れと言われ、両親は家の鍵を閉めアブ・アラーの手をとって、着の身着のままトラックに乗せられたそうです。アブ・アラーの家族を含む村の人はよくわからないまま長い間不安を抱えながらトラックに揺られ、トラックから降ろされた場所はレバノンだったそうです。パレスチナの村に戻ることができず、アブ・アラーの家族は家を出るときに手にしていた鍵だけを手にしてシリアに行き、そのままシリアで保護され、その後70年以上ずっとシリアで難民として住んでいます。

アブ・アラーと同じように、イスラエル建国後、70万以上のパレスチナ人が周辺国に逃れ、難民として生活をしています。避難した周辺国でパレスチナ難民は３世代、４世代目となり、シリア危機が始まった２０１１年の段階ではすでに５００万人を超える難民がシリアなどの周辺国の難民キャンプなどで暮らしていました。当時シリアはパレスチナ人をはじめとする難民にとても寛容で、さまざまな権利を認める政策を行っていました。シリア国内にはダマスカスをはじめ、アレッポ、ラタキア、ホムス、ハマ、ダラーと大きな町の郊外に難民キャンプがありました。難民キャンプといってもテント村などではなく、商店とマンションが建ち並ぶ普通の町です。学校の教育環境も整備されていました。校舎はコンクリートの２階建以上で、地域によって多少の差はありますが、学校には、校庭や理科室、音楽室やパソコンが設置されていました。

彼らは難民ですが、シリア国民と同じように暮らしていました。しかし、同じではないと感じることが度々ありました。たとえば、「祖国に帰る権利」や、教育を「唯一奪われない財産」だと聞いたときです。

「祖国（バラディ）」という言葉をどれほど多く聞いたことでしょうか。自分の「国」があること、自分に「国籍」があることに対して、わたしはこれまでにないほど意識するようになりました。彼らには、自分が誰であるかを公的に証明する国籍やパスポートがありません。自分が生まれ育った地域だけで生きていくならば、これらは気にならないかもしれませんが、テレビやインターネットの情報に触れる若者たちは、外の世界に興味津々です。いろんな職種や働き方があり、開かれた世界を知っています。しかし、彼らは難民であり、その開かれた世界に出ていくことができません。ある日、いつも仕事で力になってくれていた親友に「いつもわたしのお手伝いばかりしてもらってごめんね。あ

写真４-１　シリアのヤルムークパレスチナ難民キャンプ
左 シリアの首都ダマスカスにあるヤルムーク難民キャンプ　右 パレスチナ難民キャンプの学校（フランス語）

なたは、わたしよりも技術もあるし、何か国語も話せるから、この時間を自分のために使えたほうがいいよね」と言いました。彼は、「そうだね。ただ、僕にはパスポートがないし、君みたいに海外で働きたくても、働けないから、この町で今自分にできることをやっているだけだよ」と答えました。わたしは、そのときから、とても言葉に気をつけるようになりました。彼らが難民であることを知っているだけでは、彼らと共に生きるといえません。共に生きるためには、彼らの立場から見える世界も見ていかなければならないと思いました。

そして、最もわたしのキャリアに影響があったのは、パレスチナ難民の、教育を「唯一奪われない財産」とする考えです。何もかもを失ったとき、教育が生きていくうえで自分たちの財産になったという彼らの経験は、教育について考え直す大きなきっかけとなりました。これは、シリア危機が始まり、他国で難民として生きるシリア人たちを見ていても同様のことを思いました。教育を受けてきた彼らは、難民として異国の土地で過ごすことになったとき、生きるうえで必要な情報を収集し、問題を協働的に解決し、異文化の中で多様な価値観や考え方を学びながらうまくやっていけるように関係を築いたりしていました。学校教育をその視点で見直してみると、教室には多様な子どもたちがいて、学校のルールを学びながら、そのルールに従い共に生活し、時には自分たちに合わせてそれを変化させたりします。子どもたちは、教科書を学んでいるように見えて、教科書をきっかけとして関心を広げ、自分で情報を調べるようになっていきます。教室では、自分の考えを述べたり、人の意見を聞いたりすることも、一緒に考える機会もあるでしょう。こういった学校教育の当たり前の中で、人は多くのことを学んでいるのです。わたしは学校教育に特に関心はなかったのですが、パレスチナ難民の彼らと出会ってから、学校教育の可能性に気づき、生きるための力を高めていける教育方法に関心を持つようになりました。

パレスチナで自分の生き方を考える

シリアでパレスチナ難民と出会い、生きるための力を高めていける教育方法に関心を持ちましたが、その段階ではまだ何をするか漠然としていました。具体的なイメージが持てるようになったのは、実際にパレスチナに行ったときでした。

わたしはパレスチナに対して特別な想いを持っていたので、いつかパレスチナを訪れたいと思っていました。そんな折、シリアでの２年間の国際ボランティアを終えて、帰国後すぐに、パレスチナを訪問する機会を得ました。パレスチナ国内の教育支援をしている日本のＮＧＯから依頼を受けて、ガザ地区で聾者とその家族のための手話教材を作ることになったのです。

当時、わたしはシリアを拠点にして活動をしていましたので、パレスチナ渡航にはリスクがありました。なぜなら、イスラエルに入国したことがシリア側で把握されると、シリアへ再入国できないからです。そのため、シリアから直接イスラエルに入国するのではなく、一度ヨルダンに入国して、出入国の記録がされないヨルダンのキングフセインからバスでエルサレムに入りました。

国境近くでは、英語とヘブライ語が話されていましたが、街に近づくと、アラビア語も聞こえてきました。ひとりの老人がわたしをチラッと見て「أهلاً وسهلاً بكم في فلسطين（パレスチナにようこそ）」とアラビア語で声をかけてくれたとき、ここは地図上ではイスラエルだけれど、パレスチナに来たのだと感じることができ、感動で胸がいっぱいになりました。

訪れたエルサレム、ヘブロン、ラマッラ、ベツレヘム、ガザ、どの街も美しく、市場は活気があり、人々は笑顔で声をかけてくれました。同時に、検閲所、銃を持った兵士、銃弾の跡、分離壁がどこにいても目に入ってきます。戦争を経験していないわたしにとって、戦争とは過去のものでした。しかし、「いま、ここ」にあります。たった飛行機で10数時間離れているだけで、これほどまでに生きる世界は違うのか、と思いました。戦争は「いま、ここ」にあることを、わたしを含むどれほどの人が現実として感じていたでしょうか。「知る」ということはそれについての知識があることだけではなく、「関わること」だと気づきました。

わたしは、パレスチナ人にもユダヤ人にもたくさん出会いました。正直にいうと、最初はイスラエルに対して否定的なイメージを持っていました。長くパレスチナ人と一緒にいたため、パレスチナ人の視点からイスラエルを見ていたからです。しかし、イスラエル人にも多く出会い、関わり、その考えは変わりました。どちらも素敵な人たちばかりです。でも両者ともに相手を理解することがなかなかできません。「共に生きる」ためにはどうしたらいいんだろう？　それがわたしが現地で持った「問い」でした。

「生きるための力」とは、人が多様な価値観や考えを持つ人たちと共に生きていく関係や環境を自分たちで作っていくことだと考えるようになりました。そのためには、「安心、安全に出会い、関わる」機会が必要です。日本人としてのわたしは、パレスチナ人にとってもイスラエル人にとっても中立な立場にいます。このような第３の立場の役割について考えたい、「共に生きる」をめざした教育活動を行いたいと、自分のやりたいことを具体化できました。そして、その問いを持って、大学院に進学しました。

教育工学を学ぶために大学院に進学し、異なる文化間で生まれる学びをテーマに研究をしました。「知る」ということは「関わること」であるという気づきから、異文化理解やグローバル市民教育の一環として、子どもたちが多様な文化、価値観、見方、考え方に出会える活動としてインターネットを活用した交流学習を学校の先生と連携しながら実施しました（岸ら２００９、岸ら２０１１）。子どもたちはインターネットを通して、多様な文化、考え方、感じ方に触れて、視野を広げていきました。この取り組みを通して「知る」ということは「関わること」だけではなく「共に活動を生み出すこと」だと気づきました。交流学習をしていた初期の段階は、お互い自国や他国に対して固定的な文化的イメージの交換が多く見られました。たとえば、「日本は寿司が有名です」「シリアには世界最古の首都ダマスカスがあります」などです。固定的な文化的イメージの交換も、他の文化に関心を持つという点で意味がありましたが、その後、子どもたちは一緒に映像を作ったり、壁画制作をしたり、絵本を制作するなど協働学習へと活動を発展させ、彼らの知ることの質が大きく変わりました。言い換えると、子どもたちは、作りながら知り、知りながら作ることを何度も繰り返すことで、自分たちの強みや才能を互いに見つけ、それらを発揮・発達させながら、自分と相手のことをさらに深く知るようになっていきました。たとえば、絵本の協働制作（岸ら２００９、岸ら２０１１）では、絵本を一緒に完成させるために、子どもたちは自分にできること、やりたいことについて会話を始めました。そして、絵本を完成させるために人に力を貸したり、人の力を借りたりする中で、相手の立場になって考え動いていくようになりました。わたし自身も現場の教師や子どもたちと共に活動を生み出すことで多くを知り、いろいろなことに挑戦し、できるようになりました。

大学院を修了後も現場と関わり続け、「現場で生み出す知」にこだわりながら研究を行いました。２０１１年にシリア危機が始まってからは、シリアでの活動はすべて中止になりましたが、国内はもちろん、ヨルダン、トルコ（岸２０１９ａ）、ギリシャ（岸２０１９ｂ）などさまざまな国や地域で、現地の人と共に知を生み出し続けました。研究者であると同時に実践者として現場に関わり、現地の人たちと共に実践を作るわたしの研究スタイルができました。

パレスチナでの教育案件に関わる

２０１９年に、パレスチナの教育開発に関われる機会を得ることができました。それは、ＪＩＣＡ

の案件で、パレスチナの理数科教育改善のための現地調査と改善のための介入の提案でした。その機会をくれたのは、その案件に応募しようとしていたコンサルタント企業で働く友人でした。パレスチナに思いを持っている人に是非案件に関わってほしいと声をかけてくれました。パレスチナで、現地の人と一緒にまたいろんな活動を生み出せるとワクワクしました。「是非！」と即答をしましたが、応札準備のプロセスで、参加を見送りたいとコンサルタント企業に伝えました。なぜなら、コンサルから提案されたわたしの役割を見たところ、わたしが参加する意義が見出せなかったからです。

その役割は、パレスチナの学校の授業ビデオを分析し、実践的課題を明らかにし、介入策の案を出すことでした。言い換えるなら、全体の案件のうち「分析の部分」のみだけ依頼をされたわけです。単に授業ビデオを分析するなら、現地に関わらなくてもできます。先方がいうには、パレスチナや文化に精通しており、アラビア語がわかり、中東での教育開発に関わっていた経験を活かして分析をしてほしい」ということでした。確かに一理はありますが、わたしはパレスチナ自治区の公教育に関わったことがないため必要条件ではありません。わたしは、この案件に声をかけられたときに持っていた自分の現地での関わりのイメージと全く違い、全体の一部（授業分析と介入策の提案）だけしか関われないことを知り、「その内容と方法であれば、別の専門家にお願いしたほうがいい」とコンサル側に伝え、辞退を申し出ました。事前に決められた業務をただこなすだけであれば、わたしにとってこの案件に関わる意味がないと判断しました。このような理由から辞退を申し出ましたが、ビデオの分析だけではなく、現場になんらかの形で「関わりたい」というわたしのこだわりを考慮した形で受け入れていただけることになり、本案件に参加することになりました。

わたしにとっての現場に「関わる」というのは、現場の教師らと共に授業を見て、そこでおきている子どもの理解をともに解釈し、教師や子どもたちが作りたい授業を一緒に考え、作り上げるプロセスに参加するということです。現場の教師と多く会話し、一緒に考え、授業づくりができることに、わたしはとてもワクワクしながら案件に参加することになりました。

パレスチナでの教育案件を始める

本案件のパートナーは、パレスチナ自治政府の教育省です[2]。パレスチナ自治区（以下、パレスチナ）は、1994年に設立し、ヨルダンに接するヨルダン川西岸地区と、西側のガザ地区に分かれています。パレスチナは紛争地域としての政治的特殊性・脆弱性を抱えており、学校教育は複雑で困難な状況にあります。2000年のインティファーダ以降、イスラエルの占領政策が強化され、分離壁や検問所による人や物の移動制限や、入植地の近くでは農地の破壊や土地の没収が頻繁に起こり、パレスチナ人は経済的・精神的に困窮し、常に緊張状態の中で生活しています。パレスチナは対処すべき多くの課題を抱えていますが、特に人的資源開発に重点的に取り組んでおり、2017年の初等教育の総就学率は94%に達しています（日本ユニセフ協会2017）。その一方で、2018年のUNICEFの調査によると、パレスチナでは15歳までに男子の約25%、女子の約7%が学校を中退している現状があります。学校を中退する主な理由として、教育の質の問題、特に実生活と関連がないと思われがちな教育内容、校内での教師や生徒同士による身体的・精神的暴力、そして武力紛争が挙げられています。武力紛争は、パレスチナ特有の教育上の困難を生み出しています。西岸では通学時に多くの子どもが検問所で足止めされたり、閉鎖された道路を迂回して、イスラエル人の入植地を避けて通学したりする必要があります。実際、わたしが現地で調査をしている間にも、イスラエル兵が指名手配のパレスチナ人を探すために、道路を封鎖して訪問予定の学校にいけなくなることがありました（時間をずらすことで道路の閉鎖が解除され訪問ができたのですが）。ガザ地区では、２０１３年の情報では学齢期の子どもが１３０万以上いますが、学校数は６４５校のみで、全体の49・１％が二部制の学校に通っています（西岸では、０・３％が二部制に通っています）。校舎が不足しており、一般の建物を借り上げるなどして対応していますが、カリキュラムに応じた実験室などの設備や教育機材は十分ではありません（独立行政法人国際協力機構人間開発部２０１５）。パレスチナでは学校へのアクセスや学習時間が十分に確保されていない状況下であるがゆえに、子どもは授業についていけなくなったり、学習意欲が低下したり、特には不安や恐怖が抑えきれず暴力的になるなどの問題が生じています。UNICEF（２０１８）は、授業についていけなくなった生徒は中退する傾向が高いため、パレスチナの子どもが安全な学習環境で質の高い教育を受けることができるようにすることを求めています。

そんな中、日本の技術協力として、パレスチナの「教育の質」改善の以下の案件、２０１６年に「パレスチナ日本初等理数科カリキュラム・教科書改訂協力プロジェクト」、２０１９年からはわたしが参加することになった「パレスチナ理数科教育の質改善プロジェクト」が始まりました。

コラム　教育開発における「教育の質」とは？

「教育の質」に対する議論は、2000年「世界教育フォーラム」をきっかけとして行われてきました。戦後、国際的な教育開発がはじまり、1990年には国際機関や各国政府、非政府組織が集結した「Education for All（EFA）世界会議」で、初等教育の就学率の向上が国際的にめざされました。年限として定めた2000年にはその目標群は達成されませんでしたが、その後に開催された「世界教育フォーラム」で採択された「ダカール行動枠組み」には、「教育の質」の文言が含まれ、これが何を意味するか議論されるようになりました（外務省 2016）。

教育の質は達成すべき国際的な政策目標としてめざされるようになりましたが、何を意味するかは必ずしも明確にされていません。しかし、国連関係機関で採択された目標は国際的に合意された目標であり、途上国政府もまたこれをめざすことになります。そして先進国や国際機関は、この目標を達成するために途上国政府の教育政策や教育の質的側面に関与することが正当化されるようになりました。

教育開発に関わるうえで何をもって「質」とするかの説明をする際によく参考にされるのが国際学力標準と呼びうるPISA型学力です。PISA型学力は、各国・地域の義務教育政策や制度設計の中に組み込まれ、達成すべき目標としてめざされることがあります（橋本 2018）。

OECDは、知識基盤社会を担う子どもたちに必要な能力を主要能力（キーコンピテンシー）として定義づけ、国際学力調査（PISA）を実施し、その結果を統計的に処理し、比較した結果を表示しました。OECDは分析結果を表示しているだけですが、これが、国際学力標準とされる能力と見なされ、それが各国・地域の達成すべき目標に設定されるようになりました。パレスチナはＯＥＣＤのメンバーではなく、またＯＥＣＤも途上国に対してＰＩＳＡ型学力を達成せよと言っていませんが、パレスチナの教育省はＰＩＳＡに関心を示していました。

一方で、国や地域によって、教育の質としてめざすものは多様です。シリアのパレスチナ難民キャンプで働き始めた２００２年、「教育の質とは何か」について同僚たちとインフォーマルな場で語り合ったことがあります。そのとき、彼らは子どもたちが「希望」を持てる教育をめざしたいと述べていました。彼らが教育で価値をおいていたのは「希望」。ならば、わたしは彼らが大切にするその質を軸に教育開発に関わらなければと思いました。

写真４-２　パレスチナ難民キャンプの学校に貼られていたポスター

パレスチナの教育の特徴と課題を分析する

　わたしは、2019年4月にパレスチナの小中学校で撮影された20の理数科の授業ビデオを日本で分析し始めました。わたし以外にも3人の研究者が分析を行い、相互に確認し合って進めました。授業ビデオの分析だけでは教師の意図が読めず、解釈（考察）はかなり難航しました。ただ、わたしとしては、パレスチナの学校でどのような授業が行われているか関心があったので、授業を見るのはとても楽しいものでした。

　パレスチナの授業は、全体的に教師が完全に主導権を持った一斉授業です。いわゆる、教師中心の教育が行われていましたが、グループワークやゲーム、実験など子どもが参加する学習活動も取り入れられていました。しかし、子どもに考えさせる場面はほとんどありません。また、授業に無関心、無気力、ついていけていない子どもも少なくなく、子どもの学力や意欲・関心には大きな差があるようでした。特に気になった問題は、教師が授業で導入している活動が、授業の目的から外れている点でした。途上国の教育開発の現場では、海外から紹介された教育方法や道具を無批判に受け入れ、形だけの実施になっているという問題があります（田中 2008）。たとえば、算数の確率の授業で、1人の子どもが郵便屋さんになって教材を配付するというロールプレイ的な導入が、複数の学校、複数の授業で見られました。おそらく、事例として紹介された方法が、その本質的な意味や意義が理解されないまま、元々の意味や理念から切り離されて授業に導入されたのでしょう。

「ここで、子どもが郵便屋さんになって教材を配付したのはなぜ?」と聞いてみたかったです。もし授業者と話ができるなら、どんな会話をするかな、と想像しながら、わたしは授業ビデオの分析をしました。わたしは、分析対象の教師と話したことはなく、その学校が何を重視し、どういう地域独特の強みや課題があるかわかりません。どんな子どもが通い、教師が何を重視して授業をしているかも知りません。ただ撮影された授業ビデオの分析だけを行うのは初めてです。授業ビデオからわかることは多くありますが、授業者の視点がどうしても欠けてしまいます。そのため、できるだけ、パレスチナの教師の立場を想像しながら分析をしました。

わたしと分析チームは、次頁の表４－１に示す通り、授業ビデオの分析結果であるパレスチナの授業の課題を提示しました。

パレスチナの教育者のまなざしを知る

わたしがパレスチナに渡航、滞在したのは２０１９年4月（6日間）と8月（10日間）の２回です。第１回目の渡航ではほとんど学校にもいけず、授業者と話ができませんでしたが、２回目の渡航では、10の学校を訪問し、21の授業を見て、21人の教師と話をしました。校長先生や子どもの声も聞くことができました。２回目の渡航では、授業ビデオの分析だけでは見えてこなかった、授業の雰囲気、教師の授業に対する考えや思い、子どもとの関係、学校組織がとてもよく見えてきました。

２回目の渡航で学校を訪問し、授業を見て、教師と会話する中で、わたしは授業の見えや解釈をよ

表4-1　授業ビデオの分析の結果見られた特徴と課題

	授業の特徴	課 題
導入	(1) 前時の理解の確認	【課題】 (1) 発言する生徒の回答でしか生徒の理解を確認していない (2) 生徒は自分で前時とのつながりを確認できない
	(2) 教育目標のデザイン	【課題】 (1) 到達目標が不明確である
展開	(3) 生徒を授業に参加させる工夫	【課題】 (1) 断片的な学習に終わり知識の積み重ねが十分にできず、活動という手段が目的化されている (2) わかっている生徒を中心として授業が進んでしまっている
	(4) 発問の技法	【課題】 (1) 知識を問う質問が多く、生徒の思考活動を促進させる質問が少ない (2) 発問後、生徒に十分な思考の時間を保証していない (3) 教師による発問の反復や言い換えが多い (4) 発問を主とする教師の発話の場面が多く、生徒の発話が少ない
	(5) 説明の工夫	【課題】 (1) 問答法を用いた説明が多く、教師の説明が中心で生徒の発話が限定的である (2) 授業の展開が早く、生徒は新出概念や重要なポイントをつかめていない
	(6) 修正フィードバック	【課題】 (1) 教師による言い直しが多く間違った生徒はどこでなぜ間違えたのか間違いを修正できないままになっている (2) なぜ間違えたのかを考える時間が確保されていない (3) 間違いが修正されるプロセスが全体で共有されていない (4) 間違いを学習のリソースとした授業展開がなく単なる修正にとどまっている
まとめ	(7) 理解の確認	【課題】 (1) まとめの時間がとても短いため、生徒1人ひとりが問題に向き合い自力解決できていない (2) 授業のねらいが不明確であるため、「何をもって学んだこととするのか」「何をもって授業の目標を到達したとするのか」を生徒が自己評価できない

＊表の中における「生徒」は、小中学校の児童生徒を意味している。

写真４-３　パレスチナの学校の様子

り広げる必要があることがわかりました。たとえば、表４－１の⑶に示す「生徒を授業に参加させる工夫」についてです。わたしは、日本での授業ビデオの分析では「断片的な学習に終わり知識の積み重ねが十分にできず、活動という手段が目的化されている」「わかっている生徒を中心として授業が進んでしまっている」と問題を指摘しました。しかし、パレスチナを訪問し、授業後に教師と一緒に振り返りをすると、わたしの指摘は適切でないことがわかりました。パレスチナの教師は、これらの活動を、必ずしも授業の目的に即して導入しているわけではなく、子どもが遊ぶように授業に参加し、楽しみ、小さな成功体験から自信を持てるようになってほしいと実施していたのです（岸２０２０）。現場の教師が、何に対して問題意識を持ち、何に関心を持ち、どんな経験から授業実践を作っているかにちゃんと耳を傾けて、授業を共に見る必要があると改めて思いました。そして、授業を見る視点を重ね合わせて初めて、わたしはその授業で、その教師と何ができるか、何ができそうかを具体的に考えることができました。

わたしの現場への関わりに対する批判的省察

２回目の渡航で学校を訪問し、授業を見て、教師らと会話するのはとても楽しく、授業や子どもについて多く話しました。机の配置、手作りの教材、教室の掲示物について、たくさん教えてもらいました。教師たちは、多くを語ってくれました。教室の奥に設けられたスペースが、授業に集中できない子どもが休憩できる場所であることを教えてもらいました。なぜそういうスペースが必要なのかも、会話の中で知ることができました。そして、彼らもわたしに問いを投げてきました。「低学年の子どもたちが遊びながら掛け算を学べる活動が何かあれば教えて?」「グループ分の実験道具がないときはどうやる?」彼らの問いについてわたしも一緒に考え、意見交換しました。

このように参観した授業をもとに、教師との会話から問いを生み出して、その問いを一緒に探究するやり方は、わたしの教育開発の基本的なやり方です。ところが、本案件では、次の２つの点において、いつもと違う立場で現場への関わり方をしました。１つ目は、撮影された授業ビデオだけで課題と改善のための介入策を提示したことです。２つ目は、個別具体的で多様なパレスチナの授業から、課題「パレスチナの教育」というカテゴリーを作って、一般化した課題を示したことです。

これが、わたしが本案件で感じたモヤモヤの主な理由です。学校現場は多様です。多様であるがゆえにその可能性も無限です。学校現場には、教師や子ども、そしてそれぞれの地域の文化や歴史に関わる強みやリソースがあります。当事者ではないわたしは、現場を客観的、分析的に見えるようにする役割を担うことができる。教師はいつもの授業について外の人に説明することで、「いま、ここ」にある強みや可能性、改善できる授業の可能性に目を向けます。そして、わたしと教師との対話から生まれてきた問いから、わたしたちは「現場で生み出される知」の探究を始めることができます。そうすることを通してわたしと教師たちは、一緒に成長していくことができます。しかし本案件では、一般化された方法を現場に適用して、問題を解決するアプローチです。それは教育開発の案件で多く取り入れられる方法です。専門家といわれる外部の人が問題を把握、その原因を明らかにして解決するというものです。一般化された方法の適応による問題解決は現場の個別具体的な問題に目を向けにくくなり、現場を置き去りにしてしまうことがあります。

とはいうものの、本案件のやり方を否定しているわけでは決してありません。一般化された方法での問題解決にはメリットもあります。全国展開をめざす場合、モデルやマニュアルを作り、カスケード方式で伝達すれば、早くに効率的に普及することができます。これは、日本でも例外ではありません。特に緊急性が高く、多くの現場が共通して必要としている場合、このやり方が有効です。たとえば、新型コロナウイルス感染症の拡大防止のためにはじまったオンライン授業の方法を全国の学校に届けるため、その方法をモデルやマニュアルにして全国に届けられました。これらの情報は現場がオンライン授業を開始するうえでかなり有用に活用されています。しかし、一般化された方法での問題解決のデメリットは、それがすべての現場でうまくいくわけではないことです。オンデマンド授業がうまくいく学生、そうではない学生、できる環境、そうではない環境など学校現場は多様です。その多様性をカバーできる一般化された方法はありません。実際に、介入策として提案した板書技術に対して、「自分にはそれ（板書技術）は必要がない」といって反発した授業者もいました。もっともだと思いました。

現場で生み出される知

わたしがパレスチナの教育開発に関わるということは、パレスチナの子どもたちの「生きるための力」を育てることをめざしたいからです。そのためには、パレスチナの人たちと「共に生きる」ということを実践する必要があります。今回のわたしの活動は、教育開発の一部に関わることでしたが、そのように細切れにした分業では、「共に生きる」ことはできません。「共に生きる」ためには、相手をまるごと受け入れ、わたし自身を相手にまるごと受け入れてもらう必要があります。そういう関係があって初めて「共に活動を生み出すこと」ができるようになります。このように教育開発を捉えると、今回の案件はわたしのパレスチナとの関わりが部分的なものであり、十全的に関わることができなかったことが悔やまれます。

これまでの議論を踏まえつつ、わたしの経験と反省から、現場で知を生み出していく教育開発における専門家の位置性として以下の２つを検討していきます。

第１に、実践への関与の仕方です。わたしがめざしたい現場との関わり方は、教師と対等な関係で、それぞれの見えを交差させながら、現場の知を生み出していくことです。専門家は、第三者として客観的に現場を観察することで、授業を改善する方法を提案することが期待されています。新しい教え方を提示し、効果の高い教材を使い、プロジェクターやタブレットなどのツールを提案したりします。しかし、このような専門家による提案が、絶対的に正しいわけではありません。ですから専門家の外の目と教師の内の目の両方を交差させながら、授業を解釈する目を共に発展させ、理解を深めていくことが重要です。

共に現場で知を生み出すことを志向する教育開発は、わたしの、そして現場の教師たちの資質能力の発達にもつながります。一緒に活動を生み出す喜びや感動を共有することが変化を生み出す原動力になります。本案件では、教師の問題意識や問いからスタートする授業改善ではなく、国の政策として全国展開するため、授業者ではない（日本人）専門家が問題を見つけ、改善に向けた方法を提示しました。言い換えれば、わたしと彼らの関係は「支援する側／される側」でした。専門家の現場への関わり方、現場との関係性は、活動そのものを左右します。かつて、シリアの教育開発で、わたしは現場の教師との間に支援する側／される側の関係がありました。支援する側／される側の根本的な問題は、授業改善の当事者である教師が主体的に授業改善のプロセスに関与しにくいことです。専門家が授業の問題を指摘し解決策を提示し指導してくれるので、それに従えばいいという態度を生み出します。専門家は常に自分の現場での位置性が、どのような作用を生むか意識しなければなりません。支援する／されるという関係を壊し、専門家と現場の教師が相互に影響し合いながら、彼らが教育開発の主体‐実践を通して新たな実践を生み出す主体、あるいは実践の創造者――に「なっていく」ように、知を生み出す生産過程を共有することが重要です。

第2に、現場の理解から始める変革です。教師が自分の授業をより深く理解し、問いを生み出し、その問いを探究しながら授業改善ができることをめざします。そのためには、教師が一般化された方法を単に授業に適用することをめざすのではなく、現場で何が起こっているかを教師自身が読み解くことと、その方法や道具を使う意味を自分たちで作り出し、納得がいく形で利用するようになることが重要です。たとえば板書技術の活用を事例に考えてみましょう。本案件では、授業改善の方法として板書技術を教師に紹介しました。しかし、新しい板書技術を導入したからといって授業が改善されるわけではありません。日本の教室環境では板書技術は効果的に活用されています。なぜなら、それは教師自身が子どものときから板書を使った多様な授業を受けてきた経験があること、板書を通して教師と子どものコミュニケーションを土台とした授業をしていること、教室環境が以前とそれほど変化していないため長年培ってきた板書の経験が活かせること、ノートやペン、消しゴム、ワークシートなど子どもの学習環境が整っているからです。一方、パレスチナの教室環境は、わたしが授業分析した限り、それとは異なっていました。たとえば、パレスチナの学校には、十分な印刷紙やインクを補充できないため、子ども全員に印刷したプリントやワークシートを配付できません。そのため、ノートは教師が子どもたちに教科書以外の問題を解かせるために使われています。教師は板書しながら教科書の内容を教えますが、教える内容は教科書に書いてあるため黒板は主に練習問題を示すために利用します。他にも、限られた時間の中で教科書の内容を教えなければならないため、子どもが黒板の内容をノートにとる時間を確保できず黒板はあくまでも口頭説明の補助的な道具として使われます。また、ノートやペン、消しゴムといった文具を十分に揃えることができず、ノートを破って友達に分けたりするため、日本のように板書した内容を子どもに書かせ、それを1人ひとりの学びのプロセスとして蓄積することも容易ではありません。

この事例が示すのは、板書を使えば学力が上がると考え、いわゆる技術決定論的に方法を取り入れるのではなく、板書の導入によって教師と生徒、そして生徒同士のコミュニケーションがどのように変化するのかなどの視点を持ちながら、現場に合った理論と方法を生み出していくことの重要性です。

パレスチナの案件で、わたしは教育開発について改めて考える機会を得ました。もし、シリアでの教育開発に関わっていなければ、もし、パレスチナ人と出会っていなければ、「共に生きる」という意識を持って教育開発に取り組むことはなかったかもしれません。今後も、教育開発の現場に関わることは多くあるでしょう。「共に生きる」という意識をどう教育開発に活かしていくことができるかを考え続け、実践していきたいと思います。


【注】

1　アブは父親、アラーは名前。アブ・アラーの本名は、ムハンマッド・ザラーだが、アラブでは、本名以外に親しみを込めて「(長男の名前)の父親」と呼び合う。長男がいない場合は、いつか長男が生まれた時に名付けるであろう名前を使ったりする。

2　パレスチナの教育は基本的に教育省管轄で提供されているが、それとは別にパレスチナ国内のパレスチナ難民に対してはＵＮＲＷＡが教育を提供している。パレスチナには、国内避難民としてのパレスチナ難民がいる。もともといた場所がイスラエルによって占領され、行き場を失い、他の町に流れ着き、そこで着の身着のままの生活をすることになった。たとえば、村に住んでいたパレスチナ人が、イスラエルとの抗争でその村から逃げ、都市に避難したとする。これが国内避難民である。

【参考文献】

独立行政法人国際協力機構人間開発部（２０１５）「パレスチナ自治政府教育セクター基礎情報収集・確認調査報告書」 http://open_jicareport.jica.go.jp/pdf/12268884.pdf (accessed 2020.9.26)。

外務省（２０１６）「万人のための質の高い教育 ―― 分野をめぐる国際潮流」外務省 https://www.mofa.go.jp/mofaj/gaiko/oda/bunya/education/index.html (accessed 2020.9.26)。

橋本憲幸（２０１８）『教育と他者 ―― 非対称性の倫理に向けて』春風社。

岸磨貴子（２０１７）「『教育は唯一奪われないもの』パレスチナ難民の思いに応える」*Meiji.net*『明治大学発、社会への提言』第4巻、85－88頁 https://www.meiji.net/international/vol127_makiko-kishi (accessed 2020.9.26)。

岸磨貴子（２０１９ａ）「異文化理解と交換」香川秀太・有元典文・茂呂雄二（編）『パフォーマンス心理学入門 ―― 共生と発達のアート』新曜社、１２１－１３８頁。

岸磨貴子（２０１９ｂ）「難民の子どもの支援」『心と社会』第50巻第2号、91－98頁。

岸磨貴子・三宅貴久子・久保田賢一・黒上晴夫（２００９）「ＩＣＴを媒介とした国際間協同物語制作学習による異文化理解」『日本教育工学会論文誌』第33巻Suppl.号、１６１－１６４頁。

岸磨貴子・今野貴之・久保田賢一（２０１１）「インターネットを活用した異文化間の協働を促す学習環境デザイン ―― 実践共同体の組織化の視座から」『多文化関係学』第17巻、１０５－１２１頁。

岸磨貴子（２０２０）「多様性を尊重するパレスチナの教育と映像メディア」ＪＡＭＣＯ国際シンポジウム　一般財団法人　放送番組国際交流センター　https://www.jamco.or.jp/jp/symposium/28/4/ (accessed 2020.9.26)。

独立行政法人国際協力機構（２０１７）「パレスチナ日本初等理数科カリキュラム・教科書改訂協力プロジェクト」 https://www.jica.go.jp/project/palestine/007/index.html

日本ユニセフ協会（２０１７）「世界子供白書２０１７」１７０頁、表5教育指標　https://www.unicef.or.jp/sowc/2017/pdf/05.pdf (accessed 2020.10.28)

田中義隆（２００８）『ベトナムの教育改革 ―― 「子ども中心主義」の教育は実現したのか』明石書店。

UNICEF (2018) *State of Palestine: Country Report on Out-of-School Children* https://www.unicef.org/mena/sites/unicef.org.mena/files/2018-07/OOSC_SoP_Full%20Report_EN_2.pdf（accessed 2020.9.26）

第5章

理科研究授業支援プロジェクトが生まれるまで
――ザンビア

鈴木　隆子

はじめに

2005年にアフリカのザンビアで産声を上げた、理科教員のための研修を行う国際協力機構（JICA）の教育プロジェクトは、その後何度も更新されて、いつのまにかザンビアモデルと呼ばれるようになり、JICAの技術協力プロジェクトのグッドプラクティスの1つとなりました。しかし、そのプロジェクトが生まれるまでには、立ちふさがるさまざまな開発コミュニケーションの壁があったのです。この章では、このプロジェクトがどのようにしてできていったのか、無事生まれるまでの

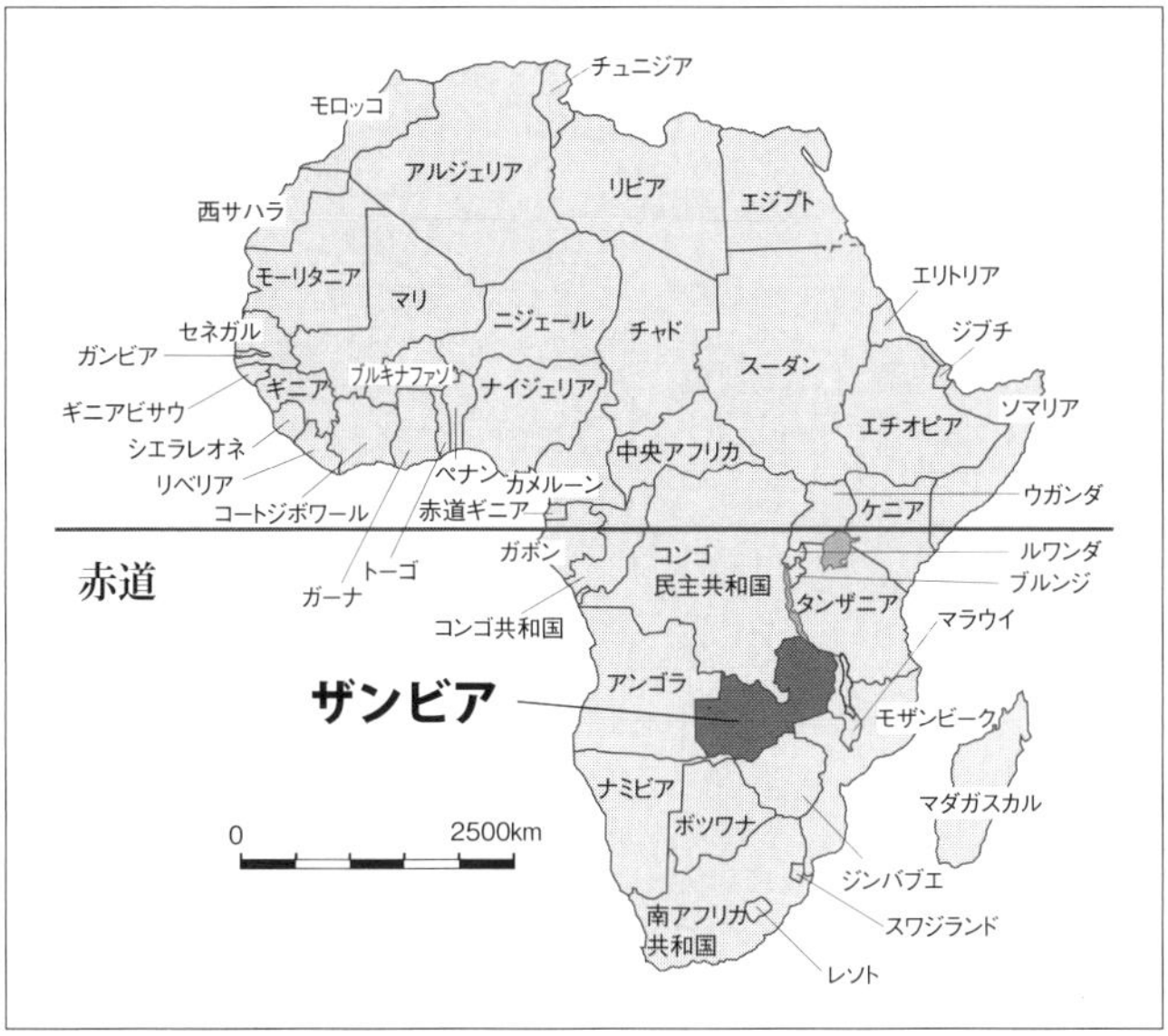

図５-１　ザンビアの地図

2年間の悪戦苦闘のプロセスを述べたいと思います。

ザンビアは、日本から遠く離れたアフリカ南部にある内陸国です。１９６４年にイギリスから独立しました。国境は植民地支配に基づく政治的な線引きによるため、国内にはベンバ（北部、19％）、ニャンジャ（首都周辺および東部、16％）、トンガ（南部、11％）、ロジ（西部、6％）をはじめとした数十の民族が共生している多民族国家です（MOE 2003）。国土は日本の約2倍ですが、人口は1千万人強に過ぎないため、広大な国土に散在する人口密度の低さが、行政や支援の届きにくい1つの要因となっています（鈴木２０１２）。

わたしはこのザンビアに２００４年から２００６年までの2年間、ＪＩＣＡから教育分野の専門家として派遣されました。わたしの仕事は首都ルサカにあるＪＩＣＡ事務所に籍をおき、関係者と対話をしながら日本がどのようにザンビアの教育の向上に貢献することできるかについて提言をすることでした。

ちょうどわたしが赴任した頃、世界では国際協力の分野で、考え方の大きな転換がありました。もともと開発援助は、第２次世界大戦が終結して多くの植民地が独立国家となる中で、戦後復興や国家の経済開発のために、先進国や国際機関などの援助機関によって支援されてきました。そのため戦後直後は、経済成長を最優先課題としていました。したがって、どんどん近代化や工業化を進めて国家を繁栄させようという「近代化論」や、国民を教育して国力をつけようとする「人的資源論」が、援助活動の基盤になっていました（浜野 ２０１６）。ですから、効率性を優先する先進国の各国や国際機関によって、個別に単発のプロジェクトがたくさん実施されてきました。その多くは外国である先進国のやり方を模倣する「外来型開発」が基本で、援助機関から途上国へのトップダウン型が主流でした。したがって援助を受け取る側の途上国は受け身で、途上国に主体性のない場合が多く、外部者が実施するプロジェクトの活動は持続性が乏しくなりがちでした（NORAD 2004）。１９９０年代以降、グローバリゼーションが拡大していきましたが、ものや人の流れが国境を越えるだけで、トップダウン型の経済開発は変わりませんでした（西川 ２００６）。

しかし、貧困や格差が大きな問題となり出した１９７０年代頃から、教育を含む社会開発の重要性や、援助を受ける側を含む関係者がみな参加して計画や実施をしようという「参加型開発」や、当事者が主導的に動く「現地主導」などのトップダウン型ではない概念が少しずつ出現してきました（佐藤１９９６)。１９７５年には、先進国から途上国への一方的なアプローチはかえって対外依存を招くため、それぞれの伝統的な社会文化から発展を求めるべきだという「内発的発展論」が発表されました（江原２０１６)。２００５年には、途上国のオーナーシップを重視する「パリ協定」が合意されました（OECD/DAC 2005)。これらの考え方は、現地の課題は当事者自らが問題を発見し、現場から解決方法を見出して改善していくというボトムアップの考え方です。そのためには、現地の事情やニーズを把握するために、関係者全員の間で対話が不可欠になります。教育分野の専門家としてＪＩＣＡザンビア事務所に派遣されたわたしには、さまざまな関係者と対話をしながら、教育プロジェクトを企画することが期待されていました。

日本の援助体制

２０００年に入って、当時の小泉首相が「3年間で対アフリカＯＤＡの倍増」を発表し、第3回東京アフリカ会議においてアフリカ支援重点の方針が打ち出されました。その中でも教育支援は、経済成長を通じた貧困削減や平和構築とともに、人間中心の開発として、対アフリカ援助の方針の１つを担っていました。

赴任当時、ザンビアには、在ザンビア日本大使館とＪＩＣＡザンビア事務所の2つが日本の国際援助を実施する機関として存在していました。具体的な実務の担当は、援助手法の違いによって担当が分かれていましたが、日本からザンビアに対してどのような援助をするのかを現地で決めるのは、在ザンビア日本大使館が権限を持っています。ですからプロジェクトが採用されるためには、大使に承認してもらう必要がありました。

教育プロジェクトを支援することが現地の大使館で採用されても、現地の判断だけでプロジェクトの内容が決められるわけではありません。最終決定をするのは東京です。大使館は外務省本省、ＪＩＣＡでは東京本部になります。ＪＩＣＡ東京本部にはアフリカを担当する「地域部」と教育課題に対応する「人間開発部」の２つが主にザンビアの教育分野を担当していました。さらに、当時、現地に根ざした援助実施のためにＪＩＣＡアフリカ地域事務所がケニアに創設され、アフリカ地域全体の教育分野を管轄する専門家が派遣されていました

そのＪＩＣＡ本部の構造とは別に、アフリカにおけるＪＩＣＡ教育案件の成功例だと賞賛される、草分け的な存在の「理数科中等教育プロジェクト」がケニアで大きな力を持っていました。技術協力プロジェクトは多くの場合、日本人専門家数名とカウンターパートと呼ばれる現地の担当者たちで構成されています。このプロジェクトが賞賛される理由の１つは、日本人専門家が主導的にプロジェクトを実施するのではなく、ケニア人たちが主体となってプロジェクトを実施しているということでした。そのため、ケニア人関係者たちが比較的大きな権限を持っていました。

そのプロジェクトチームがケニア国内を超えて、ザンビアを含めたアフリカ全土にケニア型の理数科教育を広めようとしていました。最初はケニアだけを対象にしていましたが、後にその対象をアフリカ全土に広げ、成功した自分たちの素晴らしいプロジェクトのモデルをアフリカ中に広げたいと考えていました。アフリカから遠く離れたＪＩＣＡ東京本部も、ケニアで成功したプロジェクトに絶大

な信頼を起き、それがアフリカ全体に拡散していくのを期待していました。

このような背景のもと、最終的にザンビアで「理科研究授業支援プロジェクト」が形成され、２００５年10月から実施されることになりました。ここでは、これらの関係者とどのような対話を経てプロジェクトが形成されて実施に至ったのか、２００４年１月から２００５年10月までのプロセスについてお話ししていきます。

プロジェクトの立案形成プロセス

●ザンビア人との開発コミュニケーション

もともと、ザンビアには熱意あるザンビア人教師が担当科目ごとに集まって、問題共有したり授業改善したりすることを目的とした自主的な集まりの「教師会」が結成されていました。教師会を率いていたのは、教師に寄り添い、真にザンビアの教育の向上を願い、皆に慕われてアンクル（叔父さん）と呼ばれる教育省の担当役人の初老のザンビア人でした。わたしが着任する前は、ザンビアの元青年海外協力隊の理数科教員であった日本人専門家が、理数科科目の教師会と協力して理数科の質の向上に努めていました。そして前任者、アンクル、ザンビア人教師会が主体となって教材を作成するなどして、教室活動の向上をめざしていました。さらに前任者とアンクルが主導して、中心的な教師たちと共に地方を回り、ザンビア全国で理数科教育の質の向上に関する勉強会が開催されました。これらの個別の活動とともに、教師会の年次会合が毎年９月に開催され、教師会として理数科をどう向上していくか年次計画案が策定されていました。

当時、ケニアのプロジェクトは近隣諸国の理数科関係者を招待して、教室での指導方法について指導を行う第三国研修という研修を実施していました。ザンビア人教師たちのやる気と教育向上にかける情熱は、わたしも参加した２００４年にケニアで開催された第三国研修においても評価されたほどです。参加した7か国のうち、主催者の日本人専門家からもケニア人プロジェクトチームメンバーからも最も評価が高かったのはザンビア人教師たちでした。ザンビアからは7か国中で最多の10名が参加しました。彼らは研修中の積極的参加はもちろん、研修後も毎晩自主的に集まって帰国したらどう応用するか自分たちだけで熱心に議論していました。

彼らは帰国後も何かあるたび、私費で全国から集まり議論していました。このようにやる気と熱意は大いにあったザンビア人教師たちですが、前任者は教師会主体というザンビアのオリジナリティと主体性を損なわないため、プロジェクトのような大規模支援ではなく、あくまでも教師活動を陰から支えることに徹して、ザンビア人教師たちの主体性を損なわない方針をとっていました。しかし前任者が帰任した以降、アンクルが中心となって２００３年と２００４年に理数科教育の改善のための年次計画を策定するものの、教師会活動はほとんど計画通りに実施されませんでした。その大きな理由は、理想的な計画は壮大になりがちで、実現可能性が伴わなかったことでした。教師会は現職教員の独自の集まりのため、それを実施するほどの時間的にも金銭的にも余裕がありませんでした。教師たちの活動はボランティアだったので、休暇以外は皆本職の教職に追われていました。全国組織なので地方在住の教師も多数います。ささやかな教師会会費だけが収入源なので、交通費もほとんど私費でした。教師会は教育省監督の下にあるが行政組織ではないので、行政的な後ろ盾はほとんどなかったのです。

アンクルは、首を長くして後任であるわたしのザンビア到着を待っていました。わたしが着任するや否やわたしに救いを求めてきました。しかし、オーナーシップと自助努力を重視していたわたしは、自らが積極的に動こうとはしませんでした。結局、わたしは着任した２００４年１月から８月まで彼らの動きを傍観し続けました。しかし、全国の教師たちに理数科教育の授業方法を改善するように意識の改革を進める活動以外に目立った活動はありませんでした。わたしはこの人たちは口ばかりで自分たちにはできない夢ばかり語っているなあとがっかりしました。一方、物事が硬直して動かない状況にザンビア人教師たちの苛立ちは募り、ＪＩＣＡの専門家なのに資金援助しないわたしに対して不満に思ったのでしょう。ついにわたしとアンクルは衝突しました。まず、それまでわたしに届いていたアンクル率いる教師会の会合への招待状が届かなくなり、教師会の動向が一切わからなくなりました。どこからか噂を聞きつけてわたしが駆けつけても、アンクルはあからさまに嫌な顔をしました。慌てたわたしは、教師会の計画案のうち、教材を作成するという第１段階の計画までをなんらかの形で実施して実績ができれば、その拡大ができるかどうか検討すると言いました。それで、地元企業のスポンサーを募るなどしてお金を集めて、なんとか自力で教師会が教材を作成するようにするとアンクルは約束しました。しかし、彼らはケニアのような大きな研修をイメージしていたため、現実的に身の丈にあった活動をすることができませんでした。

そこへ、日本に留学していた若く志を持ったひとりの教師が帰国してきました。彼はわたしの前任者がいた頃、リーダーシップをとって教師会をまとめていた人でした。なんと彼は、もともと自分たちがめざしていたのは、ケニアのやろうとしていることではないと言いました。そこで、その若い教師リーダーとアンクルとわたしの３人で、一体ザンビアの教師会は教育を改善するために何が必要なのか話し合いをしていきました。最初、アンクルは援助機関の専門家だからとわたしに気を遣っていましたが、留学の経験から日本の社会や文化を理解しているリーダーが架け橋となって、３人で腹を割って話し合いを重ねました。

そのうち、いろいろなことがわかりだしました。わたしの着任前にＪＩＣＡと揉め事があって、もともと不信感があったことが判明しました。また、リーダーが日本に留学している間に教師会が低迷していたことを知りました。アンクルはザンビアの教育の質を向上したいという熱い気持ちはあるが、教育省という大きな行政機関と、学校現場の教師たちの間に挟まれて、どうしたらいいのか実は途方に暮れていることがわかりました。また、教師会のメンバー同士のいざこざや細かい人間関係などもわかってきました。次第にわたしは２人を自宅に招いて一緒に食事をするようになりました。アンクルは日本人の家を訪問するのは初めてでした。アフリカの多くの都市は犯罪が多く物騒だったのですが、ザンビアの首都ルサカもまた危険で、外国人とザンビア人の居住地域はほぼ完全に分かれていたのです。次第に、彼らも食事をご馳走してくれたり、お土産を持ってきてくれたりするようになりました。

こうして公私ともに親交を深め、言いたいことを言い合って完全にお互いを出し合った後、わたしたちは強い信頼関係を得ることになりました。当初わたしのことを苗字で呼んでいたアンクルは、そのうち信頼を込めてドック（博士、ドクターの意味）と呼ぶようになりました。わたしが国際開発の博士号を取得していたからです。日本では博士号は一般の人にとって身近ではありませんが、イギリスの制度が根づいているザンビアでは、博士は価値のあることでした。ドクター鈴木ではなく、ドックと呼ぶのは親しみもあるでしょうし、鈴木さんではなく、あえて博士と呼んだのは、単なる称号保持者というだけではなく、専門的に信頼できると認めてくれたからだと思いました。

わたしたちはどうにかして膠着した今までの活動を前に進ませようと、どうしたらいいのか何時間も喧々囂々議論を重ねました。そのうち教師会は、やる気はあるものの、具体的にどうすればいいのかわからず、堂々巡りしているのだと気づきました。つまり、全国の教員の授業の質を高めるために何をすればいいのかを実際にどう実施すればいいのか技術的にわからないことが、次の段階に進めない原因のようでした。また金銭的にも、教師会は教師の独自のボランティア組織のため、中央政府の教育省と直接関係がないので国家の教育制度にのらず、教師会の活動のための予算がつかないようでした。

そこで、わたしは教師会の活動を教師の日常業務として位置づけ、そのための予算が確保できるように、教師会の活動を教育省の教育計画に組み込むことを思いつきました。２００３年にザンビア政府は、支援する援助機関は政府が策定する１つの教育計画とそれに付随する国家の予算に沿って、教育省が主体となって教育政策を実施することを宣言しました（MOE 2003）。そのため、援助機関によって「コモンファンド」が創設されていました。コモンファンドとは、援助機関が個別のプロジェクトを実施するのではなく、それぞれが拠出するＯＤＡ援助資金をお金のまま、すべて１つの銀行口座の中に入れて、そのお金をザンビアの教育のためにみんなが使用できるようになる共同口座のことです。２００５年の教育分野のコモンファンドは、８億１３４２万アメリカドルでした（鈴木２００９）。このファンドが創設されたことによって、ザンビア政府の国家教育予算とコモンファンドが合算されて１つの教育予算となったため、ザンビアの教育にかけられるお金はある程度潤沢にありました。

ですから、その予算を教師会の活動に使えるようにしようと考えました。そのためには、政府の教育計画に教師会の活動が記載されていなければなりません。そこでアンクルの出番です。教育省では、次年度の教育計画のたたき台となる計画案は、各担当部署から上がってきます。たとえば、学校建設は教育設備の担当の部署から、教科書配付は教材開発の部署から、という具合です。アンクルは教師を管轄する部署に所属していたので、教師の質の改善として理数科目の教師会の活動を計画案の中に盛り込んでもらいました。政府は教師の質を高めたいのですから、教師の自主的な活動が認められないはずはありません。その結果、２００５年度の教育計画の中の、教育の質の改善に関する欄のあちこちに、「教師会」「理数科」「授業改善」「研修」など、わたしたちがやりたいことのキーワードがちりばめられることになりました。

こうして教育計画の中に大義名分ができたので、そこから先はわたしの出番です。コモンファンドに出資したドナーの人たちは、お金は大量にあるものの、それがなかなか順当に支出されないので、困っていました。それぞれの国の税金によって政府開発援助（ＯＤＡ）は捻出されているのに、きちんと使用されないと、それぞれの国民に説明責任が果たせないからです。そこで、教育の質の改善のための理数科教育の強化の部分をＪＩＣＡが実施管理してあげましょうと提案しました。なぜ理数科だけ？という疑問もあったかもしれませんが、国家承認された教育計画に堂々と理数科強化と記載されているのですから、文句の言いようもありません。こうしてＪＩＣＡが教師会と協力してプロジェクトを実施することが教育省から認められ、その活動を行うための予算がザンビアの国家予算から配分されることになりました。

教育計画の一環としてプロジェクトを実施するのですから、予算確保だけではなく、ザンビアの教育制度を利用することも可能になりました。これで、教師会の活動は彼らの通常業務の一環となります。ザンビアには、もともと現職教員訓練としてスプリントという名前の研修制度がありました（鈴木２０１２）。１回限りの単発の研修ではなく、学校を基盤として継続的に研修を実施して、教師の質を高めて持続的な授業の改善をしていくという制度です。スプリントにはいくつかの種類の研修制度がありましたが、高校教員を対象とした研修会は、学年ごとあるいは教科ごとに教員が集まり、日頃の教室における問題を解決する場となっていました。また教員が模擬授業をして意見交換をする研究授業も、１学期につき６回程度実施されることになっていました。

しかし、こうした教員研修制度は存在しているものの、学校によっては実施しなかったり、実施しても何をしたらよいかわからず、ただ集まるだけになっていたり、待遇の悪さを愚痴り合う会のようになっていたりして、実際には教育活動の改善に役立っているとは言いがたいものでした。これは、制度自体の問題ではなく、制度が機能していないという問題と実施の質の問題なので、これらの定期会合を活発化し、教室活動の質を向上させていくことが必要でした。そのため、この研修の成果を高めるために、教師の授業の改善を行うプロジェクトを作ることにしました。日本から理数科の教員研修の専門家にアドバイザーとして来てもらい、ザンビア人の教師リーダーにカウンターパートになってもらって、２人を軸に、今は形骸化しているこの研修制度を、授業改善のためにうまく機能させようというのです。

こうして、ザンビア人教師会の今までの実績に基づきそれを主体にしたまま、ザンビアの既存の教育研修制度と教育予算を使って、足りない部分だけを補う技術プロジェクトの構想を、アンクルとリーダーと一緒に練り上げていきました。わたしたちの企画案の実現に向けて、リーダーは全国の教師たちをまとめ上げ、確実に実践ができるよう、一番ボトムの学校現場で実務的な活躍をしました。アンクルは国内の教育計画案に反映されるよう、教育省という国内の行政機関の中で尽力しました。わたしは予算が配分されるよう、援助機関とザンビア政府からなるハイレベル会合で他の援助機関や政府高官に働きかけました。その結果、後は日本からアドバイスをしてくれる専門家を待つだけ、というところまでプロジェクトの構想は完成しました。

●現地の日本大使館との開発コミュニケーション

現地で、日本からザンビアに対してどのような援助をするのかを決めるのは、在ザンビア日本大使館が権限を持っています。ですから、日本が教育のプロジェクトを援助するためには、大使に承認してもらう必要がありました。わたしが着任したときの大使は民間人で、アフリカが専門の大学教授だったのでアフリカに造詣が深く、また研究者だったので国際援助の潮流に関しても理解がありました。しかしまもなくその大使は帰国してしまい、代わりに着任したのは生粋の外務官僚でした。オーストラリアから異動してきて、アフリカはおろか途上国に全く関心も知識もない人でした。彼は現地で日々調査やザンビア人と協働している各分野の専門家の知見に耳を貸そうとせず、貧しいアフリカにはとにかく経済開発が必要だと考え、教育を支援することは全く眼中にない人でした。前の大使には直接お会いしてお話しする機会が頻繁にありましたが、この大使は敷居が高く、ＪＩＣＡ事務所長以外は滅多にお目にかかることすらできませんでした。ですから、直接お会いできるのはその下にいる担当責任者だけでしたが、その人はどういうわけか、ＪＩＣＡが関与するどんな議題にも理不尽に難癖をつけて反対する人でした。このような環境の中では、大使館にわたしたちのプロジェクトを承認してもらうのは容易なことではありませんでした。

大使館はザンビアの中で日本に関わるさまざまな仕事をしていますが、国際協力に関する実務を行うのは経済協力班です。班には4名の大使館員が所属していて、経済、インフラ、農業など、さまざまな分野の国際協力について担当していました。運悪く当時の経済協力班の教育担当以外の3名は、他省庁から出向してきた役人たちで、開発援助の専門家ではありませんでした。教育担当の大使館員は国際関係の大学院を修了した直後に派遣された女性で、教育開発に関する専門知識がありました。ＪＩＣＡ事務所長以外のわたしたちＪＩＣＡの担当者は大使館で行われる議論には参加することが叶いませんでしたから、大使館の交渉はもっぱらこの教育担当の大使館員に託されました。しかし、役人たちは議論の中で帰国後の自分の出世のための手柄を優先し、現場のニーズよりもそれぞれの省庁に関する分野の案件を通そうとしていました。教育担当は、調査に基づいた教育プロジェクトを一生懸命推してくれましたが、彼女は新卒の契約職員の若い女性だったので、おいそれと意見を通すことはできませんでした。さらに不幸にも、やがて任期が終わって帰国した彼女の後任で赴任した若い女性は大使に取り入る人だったので、教育プロジェクトに全く協力してくれませんでした。それどころか、あえて教育支援に否定的だった大使に迎合して、自分が気に入られようとしているかのようでした。もはや、せっかくザンビア人関係者たちと構想を練ってきた教育プロジェクトの存命も危うくなってきました。

このような環境の中で、教育案件を通すということは至難の技でした。まだ、直接大使館の議論の場に入れてもらえれば説得を試みましたが、ＪＩＣＡは蚊帳の外、大使と直接会うことすらままなりませんでした。ＪＩＣＡ所長が何度も大使と交渉してくれましたが、ことは一向に前に進みません。教育の課題やニーズをいくら実証的に訴えても、最初から教育支援そのものに反対なのですから、なすすべもありません。

大使は教育だけではなく他の分野の現場の声も聞かず、他国の大使たちとのネットワークにもほとんど入らなかったので、ザンビア現地で起こっている援助の議論に耳を傾けませんでした。そのため次第に不満の声はザンビアの教育以外の他の分野の日本人担当者からも次々と上がり始めました。ＪＩＣＡ事務所の皆、誰も手も足も出ず、悶々とする日々が続きました。ザンビアの現地で大使館と直接交渉の余地がないので、わたしたちはＪＩＣＡ東京本部と現状を共有することにしました。所長が所員全員にＪＩＣＡ東京本部に報告を逐一上げるよう指示したので、所員は次々とＪＩＣＡ東京本部に向けて現状報告を発信するようになりました。またＪＩＣＡ東京本部とのビデオ会議があるたびに、矛盾や理不尽さを浮き彫りにしました。さらに東京出張のたびに、皆がＪＩＣＡ本部に出向いてザンビアで起こっていることについて説明しました。こうして根気よく発信しているうちに、次第に、ザンビアで何かおかしいことが起こっているらしいとＪＩＣＡの東京本部の隅々までに伝わるようになりました。しかし、その声はなかなか外務省には伝わりませんでした。そこでわたしたちは所長のリーダーシップのもと、一丸となって辛抱強く発信を続けました。その結果、その声はついに外務省のアフリカ地域を管轄する部署の責任者である審議官の耳にまで届いたのです。そして鶴の一声が大使館に届きました。するとどうでしょう、ある日突然、今までのことが嘘のように、まるでオセロがひっくり返るように、わたしたちを押しとどめていた圧力が消えました。急に大使が教育プロジェクトを援助することに許可を出してくれたのです。それどころか、前からずっとわたしたちの望んでいた方向で進んできたかように、今まで反対されてきたという事実はなかったように、スムーズに教育プロジェクトは採用になりました。あまりの急展開にわたしはとても驚きましたが、一番面食らったのは、ずっと大使のいいなりでわたしたちに横槍を入れ続けてきた大使館の教育担当官でした。いきなり大使からハシゴを下ろされたので面目をなくし、それ以降わたしたちのやることに口出しすることはなくなりました。こうして、ようやくザンビアで教育プロジェクトを形成することに大使館からゴーサインが出たのです。

●ＪＩＣＡ援助関係者との開発コミュニケーション

さて、ようやくザンビアで教育プロジェクトを支援してもよいとの承認は大使館からおりましたが、その内容をどのようにするかは、ＪＩＣＡ本部の承認を受ける必要があります。

当時、世界各国でＪＩＣＡの支援による理数科教育のプロジェクトが実施されていました。プロジェクトで教員研修をする場合、その内容は教科に関する知識を深めることや、生徒中心の授業のやり方、実験などを通じた体験学習の奨励、それに必要な教材の作成などだいたい同じですが、研修をどのように広めていくかの方法は大まかにいって、２つに分類することができます（鈴木２０１２）。

１つ目はカスケード方式です。カスケードは滝という意味で、まさしく滝の水が上から下へと流れていくように、おおもとのトレーナーからサブトレーナーへ、研修内容を伝言ゲームのように伝えながら、研修を広めていく方法です（Dove 1986）。まず、中央のマスタートレーナーが、各地域で研修を行う地方のトレーナーに指導法を伝授する研修をします。その受講者がさらに狭い地域のトレーナーや学校の教師に研修内容を伝授する研修を行います。このように、中央、州、郡、学校というように、中央レベルから学校レベルへと研修の内容を伝える研修を行っていき、最終的に研修の内容が教員に伝授されるという仕組みです。つまり、中央から末端へと伝えるトップダウンです。カスケード方式は、比較的少ないお金で早く大量の受講者に研修を行うことができます（McDevitt 1998）。

２つ目はクラスター方式です。学校内もしくは近隣の学校の教師が定期的に集まり、教員同士の授業研究や問題の共有をする話し合いなどを通じて、授業の改善に必要なことを習得していく研修です（Ashrafuzzaman 2018）。現場の教員から問題が提起され、それをみんなで共有して全体の問題を解決していこうとするやり方なので、ボトムアップといえます。一般的にクラスター方式による研修は単発のイベントではなく継続的に実施されて、１人ひとりの教員が直面している特有の問題を、教師主体でゆっくり解決していくことが多く、たとえば当時はフィリピンのＪＩＣＡ理数科プロジェクトがクラスター方式を採用していました。

ケニアのプロジェクトは、カスケード方式を採用していました。しかし、ザンビアの教育制度の中の研修制度は、クラスター方式でした。その制度を使ってプロジェクトを行う予定だったので、ザンビアのＪＩＣＡプロジェクトはクラスター方式での実施を希望しました。それに、クラスター方式がザンビアの実情に合っていました。当時エイズなどの病気による教員の死亡率が非常に高く、また近隣諸国への移住や大学に復学をするため、教員の離職率が非常に高かったので、カスケードで行うようなワークショップ式の短い研修は、お金をかけて研修を実施しても効果が低かったのです（鈴木２０１２）。それに、カスケード方式はねずみ算式に研修内容を伝播していくので経済的でしたが、伝言ゲームのように複数層で伝授していく間に研修内容にずれが生じる場合が多く、中央政府など学校現場から離れた場所から発するので、研修内容が実際の教室のニーズや課題とかけ離れている、もしくは現実的に使えないケースがあるという短所がありました。また研修内容が一方的に伝授されるので、教員が実際に教室でそれを使用するモチベーションが一般的に低いのです（鈴木２０１０）。そして最も大事なことは、ザンビアのプロジェクトは、教育省が主体のトップダウン型ではなく、教師会から出発している、教師主体で始まった草の根運動が出発点だということです。教師たちが自主的に自分たちの教室活動を良くしていこうとしているところへ、新たにトップダウン型で行政主導のカスケード方式を導入することは、せっかくのオーナーシップの芽を摘んでしまうことになると思いました。

ところが、当時のアフリカでは、ケニアのプロジェクトがグッドプラクティスとされて絶対的な信頼を得ていました。アフリカからはるか遠い東京本部では、アフリカの理数科教育はケニアに任せておけば間違いないという感覚を持っていました。ですから、当時東アフリカ各地で立案が上がっているJICA理数科プロジェクトは、現地の事情がどうあれ、ケニアの焼き直しが半ば当たり前になっていました。つまり、東京が求めていることは、ケニア型のプロジェクトをアフリカ中に広めることでした。

当時のアフリカ地域はまだ日本から遠い僻地という印象が否めない時代だったので、アフリカは赴任してくれるだけでありがたいと思われていると言っても過言ではありませんでした。ですから、アフリカに慣れている海外青年協力隊員の経験者のJICA職員や専門家が大変多くいました。当時のザンビア事務所の所長も元隊員でしたし、他にも元隊員の事務所員や専門家がたくさんいました。一方で、その頃アフリカで隊員が終わってからイギリスの大学院で国際開発の勉強をする人が、うなぎのぼりで増えていました。わたしはイギリスの大学院を修了した直後にザンビアに着任しましたが、当時同じ大学院の修了生がたくさん専門家としてアフリカに派遣されていました。ケニア、ウガンダ、マラウイ、タンザニア、エチオピア、モザンビーク、エジプト、ブルキナファソの教育専門家が同じイギリスの大学院の出身で、そのほとんどが顔見知りでした。彼らは、ただ単に辺境アフリカでも住めるというだけではなく、専門的に教育開発学を学んだ人たちでしたので、きちんとニーズサーベイや事前調査をして、赴任国の事情にマッチしたプロジェクトを立ち上げようと尽力していました。

わたしが着任して間もなくのことです。ウガンダの専門家は、ケニアのようなプロジェクトを立ち上げることに消極的でした。当時、ウガンダにＪＩＣＡ事務所はなく、ケニア事務所が統括していました。何度かケニアから同様の理数科プロジェクトを立ち上げるよう圧力がありましたが、その専門家はそれに抵抗していました。するとそのうち、その人の契約は打ち切られ、ケニアのプロジェクトチームが直接ウガンダに乗り込んできました。そしてたちまちケニア型のプロジェクトを形成してしまったのです。

その後、わたしよりも数年前に着任したマラウイの専門家が、わたしよりも一足早くプロジェクトの立案を行いました。そして現地に即したプロジェクトを企画していました。マラウイは隣国で民族的にも文化的にもザンビアとよく似ています。その頃ザンビアではまだどんなプロジェクトにするのか全くアイディアがない段階だったので、勉強させてもらおうと思ってアンクルたちと一緒にマラウイまで視察に行きました。プロジェクトの実施場所や企画書案を見せてもらいましたが、さすが教育開発のプロが現地に長期滞在して検討して苦労して作っただけあるとわかる内容でした。しかし驚いたことに、その数か月後、実際に立ち上がったプロジェクトはケニア型の焼き直しでした。

驚いたわたしが慌ててマラウイに連絡すると、その専門家は「こうするしか仕方なかったんだ」と唇を嚙みました。当時のマラウイは独裁政権から解放されたばかりで国民の声も小さく、日本大使館もなくてＪＩＣＡ事務所は小さかったので、共に戦う仲間がいなかったのかもしれません。その人は離任するときにことの次第を最終報告書に訴えて帰国しましたが、帰国した直後に、ケニア型のプロジェクトと、それを遂行する何も知らないイエスマンの専門家がやってきました。

こうしたケースを目のあたりにしていたわたしは、どうしたらケニア型ではないザンビア型のプロジェクトを認めてもらえるのか悩むこととなりました。ただ単にザンビアはこうしたいといえば、ノーと言われてケニア型に変更させられるか、あっさりわたしの首が付け替えられることでしょう。まあ、無理もない話です。実績もなく、うまくいく保証もないわたしの企画案より、これまでの成功の実績があるグッドプラクティスの前例を導入するほうがよほど信頼できるのでしょう。

しかし、自分たちのやりたいプロジェクトにするために、なんとかしなければなりません。まず、わたしはケニアのプロジェクトの日本人専門家に掛け合うことにしました。彼は教育のベテラン専門家で、しかもアフリカ人が主体となって行う援助をすることで、アフリカの教育界では神様扱いされるような人です。正論をきちんと説明すればわかってもらえるはずだと信じました。そこで、ケニアの首都ナイロビの、広大なサバンナを見下ろす高層インテリジェンスビルにあるプロジェクトオフィスに出向き、率直に相談しました。しかし、ケニアのプロジェクトの存在はまるで宗教のようでした。プロジェクトのやり方には絶対的な信仰がありました。何を言ってもザンビアの事情について耳を貸してくれず、「ケニアからの支援を依頼してください」の一点張りで、ケニア型以外のやり方は眼中になく、それ以外には方法はないといわんばかりでした。想像以上に大きく立ち塞がる壁の高さに、帰りの高層階から下るガラスエレベーターの中、眼下に広がるサバンナの野生のキリンやシマウマを眺めながら、悔し涙がぽろぽろ流れました。そのときはどうすればいいのか全くわからず途方に暮れましたが、とにかく自分でなんとかしなければならないのだということを思い知りました。

次に、ケニアのＪＩＣＡアフリカ地域事務所に泣きつきました。広域を見るベテランの専門家なら、何か助言をしてくれるかもしれません。その専門家はわざわざザンビアまで来てくれました。これにわたしは大いに期待しました。しかし、やっぱりその人もザンビアの現地の事情を援助に反映することに力を貸してくれませんでした。マニュアルにあるような、おきまりの形式的な助言をするばかりです。

そこで仕方なく、とうとうわたしは戦う決意をしました。プロジェクトを立ち上げるにあたって、ザンビアの日本大使館、ＪＩＣＡ東京、ケニアのプロジェクトと敵だらけでしたが、幸運にもザンビア事務所の所長は「好きなよう思う存分に活動してください。責任はわたしがとります」という男気のある人でした。そして相手の気持ちを悪くさせずに自分の主張を通すことができる人でした。そこでわたしは所長の胸を借りることにしました。すべてを所長に逐一報告して情報を共有し、ことあるごとに助言を求めました。何度もＪＩＣＡ東京本部とＪＩＣＡケニア事務所に連絡をして、わたしたちのやりたいことの説明をしました。一時帰国するときには、東京本部の関係部署を訪ね歩いてザンビアに求められていることを繰り返し説明しました。所長もケニアにも出向いて、ザンビア事務所の意向として説明してくれました。

こうして粘り強く各方面への説得を続けていましたが、それでも局面は硬直していました。そんな中、事件が起こりました。ある日、ＪＩＣＡザンビア事務所に、アンクルが深刻な顔をしてやってきました。わたしの顔を見るなり「ドック、大問題が起こった」と彼は深刻な顔で言いました。

ケニアのプロジェクトは、アフリカの理数科関係者のネットワークを形成するために、毎年、近隣諸国の理数科関係者を招いて報告会を開催していました。通常、各国のＪＩＣＡ教育担当者、日本人専門家、各国の教育省役人や教師などが数名ずつ招待されるのですが、わたしたちのリーダーだけが参加を拒否されたのです。彼は教師会のリーダー的存在なので、わたしたちの活動は彼なしでは骨抜きになってしまいます。後にやってくる日本人専門家の現場の相棒になる人です。つまり、ザンビアのプロジェクトリーダーといっても過言ではありません。彼にはどうしても参加してもらわなければなりません。

これはケニア人からのいわば嫌がらせでした。ケニアのプロジェクトは、アフリカの教育は日本人主導ではなくアフリカ人主導であるべきであるという方針を持っていたので、日本人専門家があまり口を出さず、ケニア人の専門家が表に立ってプロジェクトを仕切っていました。そのケニア人たちはアフリカ域内の理数科教育界では絶対王者として君臨していました。それはオーナーシップに基づく素晴らしい考えです。だからケニアのプロジェクトは成功したのかもしれません。しかしケニア人専門家たちは、ケニアだけではなく近隣周辺国の教育関係者をも従えようとしていました。だからケニアの言いなりにはならず、ザンビアがザンビア流でやっていることが気に入らなかったに違いありません。何かと口実を作って、ザンビアのリーダーを除外しようとしたのです。

「ああ、どうしよう」とアンクルは困り顔。もちろんアンクル自身の航空券は送付されてきており、教育省からの許可も出ているので彼本人の参加には問題はないのです。他の参加者の教師数名も問題なしでした。でもリーダーなしではザンビアの理数科教育プロジェクトが崩壊することは、誰の目から見ても明らかだったのです。「アンクル、もしもアンクルも参加できなくなってもいい？」とわたしは聞きました。「ザンビアから誰も参加できなくなってもいい？」アンクルは真正面からわたしの目を見て「もちろん」と言いました。「だったら、ザンビアはボイコットしよう。わたしも行かない。

ザンビアはこんな不当な集会には参加しないと表明しよう」と提案しました。

アンクルからバトンを渡されたわたしは即座に所長室のドアをたたきました。「所長、ザンビアはケニアの年次集会をボイコットしたいのですが、よろしいですか」と、わたしからことの経緯を聞いた所長は「いいよ、ザンビアのためにならない会議だから必要ないってことでしょ」と言いました。所長室を出るやいなや、わたしはＪＩＣＡの東京とケニアに向けて「ザンビアのプロジェクトリーダーが参加できないのなら、ザンビアは全面的に参加しません」と報告しました。わたしたちの希望する参加者が正当な理由もなく拒否されるのは不当です。これは、アフリカで何かおかしなことが起こっているとみんなに知らせることになりました。

片っ端から多方面にあてたわたしの発信はぐるぐる回って波紋を呼び、その結果、数日後にわたしたちのリーダーの航空券が無事ケニアから送られてきたことを、アンクルが再びＪＩＣＡ事務所を訪れ、教えてくれました。いよいよ数日後、わたしたちはザンビアチームとして、ルワンダで開催されたケニア主催の報告会に出席しました。１週間続くその会の真ん中頃、一番大きなメインホールでアフリカ各地の理数科教育に関する報告発表会がありました。ホールの一番後ろのドアからそっと入ったわたしの目に、各国の威勢のいいアフリカ人発表者たちを取り仕切っている元気な若い司会者が入りました。ザンビアのリーダーの彼でした。前のほうは血気盛んな大柄のアフリカ人たちの議論で大騒ぎでしたが、はっと気づくと、大ホールの一番後ろの列の真ん中で静かに腕を組んでその様子を穏やかな微笑みで見つめているアンクルの姿がありました。その横にそっとわたしは腰をおろして聞きました。「あの司会者は出入り禁止なんじゃなかったっけ？　それなのに、どうして大会を取り仕切っているの？」アンクルは首をすくめて、さあね、というジェスチャーで答えるだけでした。ここまでの道のりが嘘のように、わたしたちは年季の入った老夫婦のように穏やかに、今やアフリカの理数科教師たちのカリスマとなっているわたしたちのリーダーを見守りました。

この事件の後、もうケニア人の専門家にも止められないほど、ザンビアのパワーは大きくなっていました。近隣諸国の理数科教師たちも、ザンビアの教師たちに心をつかまれていきました。わたしたちの各方面へのさまざまな働きかけはようやく実を結び、ついにＪＩＣＡ東京本部は、ザンビアの望む形でプロジェクトを立案することを承認してくれました。そしてザンビア政府とも契約締結をして、いよいよプロジェクトを立ち上げられることになりました。

このプロジェクトは、教員の研修を具体的にどう実施すればいいのかについて、技術が欠けていることが問題なので、その技術を導入するために技術系専門家が必要です。さて、誰に頼もうか、あてがなかったので、ＪＩＣＡの東京の担当者に紹介を頼むと、「鈴木さん、やってください」と安易に言います。実は、まずプロジェクト企画の専門家として赴任して、自分の次の就職先として新しいプロジェクトを作る人は少なくありません。わたしにはこの仕事が終わった後の職が決まっていたわけではなかったので、むしろ仕事を斡旋してくれる親切心だったのかもしれません。しかし、クラスター方式を使った研究授業を展開し、ガイドラインを作成して定着させてくれる専門家が求められるので、科目の専門知識のないわたしにはできません。わたしは教育分野の国際開発の専門家なので、プロデューサーとして台本を作ったり演出をしたりキャスティングをしたりして、プロジェクトがうまく回るようにプロデュースすることはできますが、研修の専門知識がないのでアクター（演者）はできないのです。

しかし、誰かあてもなく、仕方がないので専門家名簿をペラペラめくっていると、なんとわたしが理想として参考にしたフィリピンのクラスター方式のプロジェクトが最終年度にあたることがわかりました。フィリピンの専門家にお願いできれば、こんな素晴らしいことはありません。わたしがお手本にしてきたプロジェクトの本家本元の専門家だからです。そんな人はもう次の仕事が決まっているだろうと半ば諦めながら打診してみると、奇跡的にまだ次の仕事は決まっていないとのことでした。早速、ザンビアの専門家のオファーをしてみましたが、その人に二の足を踏んで躊躇されてしまいます。「アフリカには関心があるが、ケニア型の研修を拡散するつもりはない」というのがその理由でした。それを聞いてわたしは、この人はわたしたちのこれまでの苦労を理解してくれる人だとすぐにわかりました。そしてわたしたちの思いを形にしてくれる人だと確信しました。何が何でも絶対にこの人に来てもらわなければならない、そう思ったわたしはすぐさま東京に飛びました。そして、その人にこれまでのプロジェクトを作ってきたプロセスをすべて丁寧に説明しました。決してケニアのコピーではないと、違いを比較しながら半日かけて根気強く説得しました。そして日が暮れる頃、その人はついに専門家としてザンビアの仕事を引き受けることを了承してくれました。

喜び勇んでザンビアに帰ったわたしに、また新たな試練が待っていました。なんとケニアの日本人の専門家がこの人事に反対していて、この専門家は容認できないというのです。つまり、抑えきれない流れの中でなし崩しにザンビア型のプロジェクトはとりあえず承認されたものの、実際にはケニアの意向に沿う専門家を送り込むつもりでいたのでしょう。計画案など、プロジェクトが始まればどのようにでも変更できるからです。そこから、またいくつもの攻防が再開されましたが、最終的にザンビア事務所長が再びケニアに行ってプロジェクトの日本人専門家と交渉をしてくれました。それが功をなしたのか、遂にこの専門家をザンビアに招致することが叶いました。

こうして２００５年10月にザンビア型プロジェクトは産声を上げました。念願叶ってプロジェクトに来てくれた日本人専門家のザンビア人カウンターパートには、あのケニアから報告会への参加の妨害を受けた若きザンビア人リーダーが就任しました。教師だった彼は、その後教育省の役人に昇進していました。新しく着任した日本人専門家は、ザンビアでザンビア人関係者たちと対面して驚きました。なぜなら、オーナーシップなどとわざわざ声に出さなくても、最初からこのプロジェクトはザンビア人のものだったからです。ザンビア人教師会が始め、ザンビアの教育制度の中の研修制度とその予算を使って、ザンビア人教師たちが定期的に集まって集会（クラスター）を開き、継続的に研究授業を行っていく研修は、正真正銘ザンビアのものです。しかしその研修が空回ってしまい十分な成果を上げられないでいたので、その活動の質を向上させるのに少し日本人が手を貸してあげる、それが彼の仕事でした。プロジェクトはザンビア政府の教育計画の中に入っているので、プロジェクトの仕事がそのままイコール政府の仕事でした。プロジェクトデザインは、異国から来たお仕着せの既製品ではなく、ザンビアのみんなと何度も話し合って考えた、ザンビアのためのオーダーメイドでした。使いたい予算は教育省の政府予算に組み込まれていました。他の援助機関との援助協調にも則っています。邪魔をする人は誰もいません。後は計画を遂行してくれる専門家を待つだけになっていたのでした。

プロジェクトがなんとか軌道乗ったのを見届けて、２００６年1月、わたしは任務を終えて帰国しました。

おわりに

このプロジェクトはその後、「授業研究支援プロジェクト」「授業実践能力強化プロジェクト」「教員養成校と学校現場との連携による教育の質改善プロジェクト」と名前を変えながら継続更新されて、２０１９年まで実施されました。ザンビア全国で授業研究を展開しただけではなく、いつのまにかケニアモデルと並行してザンビアモデルと呼ばれるようになりました。かつてのケニアのように、第三国研修でアフリカの他国にザンビアモデルを伝授する研修をザンビアが実施するようにさえなりました。ザンビアのプロジェクトで実施しているような研修を自国で実施したいと願う他の国の理数科教育関係者が出てきたからです。思いを共にするたくさんの同志が手を入れてくれたおかげで、いくつもの進化を遂げ、今ではもうあの生まれたばかりの頃の面影はありません。成長してわたしの手をすっかり離れてしまいました。今日ＪＩＣＡのホームページには「ザンビアは世界及びアフリカ地域における授業研究のハブとして重要な役割を果たしてきている」と書かれています（ＪＩＣＡ２０２０）。

同様に、マラウイの理数科教育プロジェクトも、その後何度も延長され、さまざまな専門家による手直しを重ねながら継続しています。しかし、最近でも関係者から不評を聞くことがあります。出だしから現地の事情を無視してケニア型が押しつけられたのですから、うまくいかなくて当たり前でしょう。

これはザンビアのほうが優れていたからというわけではありません。すべては対話の問題だと思います。プロジェクト起案において、ザンビアのケースとマラウイのケースでは、プロジェクトを作るプロセスの中の開発コミュニケーションにおいて差があったのだと思います。つまり、マラウイのプロジェクトは他国であるケニア型のモデルを取り入れた形からスタートし、ザンビアはスタートからザンビアの既存の教育制度を使ってケニアとは全く違うザンビア独自のモデルで始めたという違いです。このような違いが出てしまう原因となる、そもそもの課題は、現地のニーズや調査に基づいて国際協力をすることよりも、政治的あるいは自己の利益のために国際協力を利用しようとする行為や、日々変動するアフリカの各国の事情や制度に詳しくない遠く離れた東京の人たちの意向や、同じアフリカだからケニアという1つの国で成功したやり方を他の国にも全面的にコピーすることが最善だというトップダウンの考えにあったと思います。

ボトムアップで現地のニーズを汲み取り、現地の人たちのオーナーシップを重視して共に教育を改善していくには、多岐にわたる関係者との多くの忍耐強い対話を必要とします。そのためには多くの時間と労力がかかります。そして、人間同士の関わりなので、コミュニケーションをとるためにはお互いの人間性や信頼が大きく関わってきます。国際援助は効率性を重んじるので、その辺りに矛盾が生じがちです。効率を上げるためには、一から作るよりも既存の成功例をあてはめるほうが手っ取り早いので、そちらに走りがちになるのは仕方がないことなのかもしれません。特に教育は短期的な成果が見えにくいので、安心できる成功例を立ち上げることで実績を上げることが求められやすいのかもしれません。しかし、現地の適性やオーナーシップがなければ、最終的にはその地で教育の成果が出ず、教育支援をすること自体の意味がなくなることになります。

わたしは現在、日本の大学院において国際教育開発を教えています。国際開発や国際協力の座学では、制度の仕組みや技術的な知識などの内容の知識が大きな割合を占めます。しかし実際の援助現場では、制度や技術のような専門知識とともに、開発コミュニケーションという、より人間的な側面が大きな鍵を握っているような気がします。今回、どんな知識や行動がキーだったのだろうかと、プロジェクトが生まれるまでのプロセスを振り返ってみても、特に指南すべき画期的なアクションがあったわけではありません。ただひたすら地道に対話を続け、根気よく発信し続けただけです。しかし、その地味な努力の積み重ねが少しずつ積み上がっていって、その効果がじわじわ届いて、ある時点で物事が限界点に達し急展開する、そんな繰り返しだったような気がします。わたしは国際開発の専門家とは、このような開発コミュニケーションに必要な地味で地道な対話ができ、それを現地の教育の改善につながるような施策につなげていくことができるプロデューサーであると思っています。

【参考文献】

江原裕美（２０１６）「内発的発展のための教育」小松太郎（編）『途上国世界の教育と開発――公正な世界を求めて』上智大学出版。
浜野隆（２０１６）「経済開発のための教育」小松太郎編『途上国世界の教育と開発』上智大学出版。
ジャパンプラットフォーム（２０２０）「南部アフリカ緊急農業復興支援」３月26日　https://www.japanplatform.

org/programs/zambia/（accessed 2020.9.26）。

国際協力機構（ＪＩＣＡ）（２０２０）「教員養成校と学校現場との連携による教育の質改善プロジェクト」４月８日。　https://www.jica.go.jp/oda/project/1300290/index.html（accessed 2020.9.26）。

西川潤（２００６）「開発とグローバリゼーション」西川潤・高橋基樹・山下彰一（編著）『国際開発とグローバリゼーション』日本評論社。

佐藤寛（１９９６）「開発援助と社会学」佐藤寛（編）『援助研究入門 —— 援助現象への学際的アプローチ』アジア経済研究所。

鈴木隆子（２０１２）『ザンビアの複式学級 —— アフリカにおける万人のための教育（ＥＦＡ）を目指して』花書院。

鈴木隆子（２０１０）「カスケード方式訓練の効果に関する一考察 —— ネパールの現職教員訓練の事例から」『国際協力論集』第17巻第3号、49－65頁。

鈴木隆子（２００９）「サブサハラアフリカにおける日本の教育協力に関する一考察 —— ザンビア教育分野を事例として」『国際協力論集』第17巻第2号、81－98頁。


【外国文献】

Ashrafuzzaman, M. (2018) “Impact of in-service training on English teachers’ classroom practice at primary level.” *Journal of Language and Linguistic studies*, 14(3), 77-103.
Dove, L. A. (1986) *Teachers and Teacher Education in Developing Countries*. New Hampshire, Croom Helm.
McDevitt, D. (1998) “How effective is the cascade as a method for disseminating ideas? A case study in Botswana.” *International Journal of Educational Development*, 18, 425-428.
Ministry of Education (MOE) (2003) *Strategic Plan 2003-2007*, Republic of Zambia, Lusaka.
NORAD (2004) *From earmarked sector support to general budget support ? development partners’experience*, Norway.
OECD/DAC *Paris Declaration on Aid Effectiveness: Ownership, Harmonisation, Alignment, Results and Mutual Accountability,* OECD/DAC High Level Forum, Paris, 2005.

第6章

実践コミュニティを通じた組織強化と学びのデザイン

――エジプト

岡野 貴誠

はじめに

「一緒に大学を作ってほしい」。2014年9月、エジプト・日本科学技術大学（Egypt Japan University of Science and Technology: E-JUST）の2代目の学長ゴハリがわたしに言った言葉でした。当時、わたしはJICA専門家としてE－JUST設立プロジェクトに従事して、すでに6年目を迎えていました。「6年前からE－JUSTを作ってきた」と答えるわたしに、ゴハリが真剣なまなざしで言いました。「そうじゃない、本当の意味で大学づくりに一緒に取り組んでほしい」。ゴハリとの出会いはわたしの国際協力専門家としての仕事のあり方を根本から問うことになります。本章では、9年間にわたるわたしの活動を事例とし、日本型工学教育を実践する大学設立プロジェクトにおける国際協力専門家の役割について検討したいと思います。

E-JUSTの設立

●E-JUSTの設立と赴任

「エジプト・日本科学技術大学設立プロジェクト（The Project for Establishment of Egypt-Japan University of Science and Technology:E－JUSTプロジェクト）」は、2008年10月にエジプト北部の地中海都市ボルグエルアラブ市において始まりました。当時、エジプトの高等教育行政は国立大学無償化政策に伴う、大学教育のマス化と教育の質の低下、産業界ニーズと乖離したカリキュラム、欧米への優秀な研究者の流出など、多くの課題を抱えていました（国際協力機構 2006、2007、2009）。このような背景のもと、日本型工学教育を実践する研究中心のモデル大学を両国のパートナーシップで設立できないか、2005年に届いたエジプト政府からの要請でした。そして3年間にわたる協議と調査を経て、JICAの「技術協力プロジェクト」が開始されました。設立に際しては、日本の12大学で構成される「E－JUST支援大学コンソーシアム」が立ち上げられ、東京工業大学、早稲田大学、京都大学、九州大学の4大学が現地に教員を派遣して教育・研究活動を支援することになりました（okano et al. 2012）。そして、2008年10月、わたしはプロジェクトの開始と同時にエジプトの地に降り立ちました。

わたしが到着したエジプトでは、すでに高等教育省第一事務次官であるアハメド・ハイリ（以下、ハイリ）を中核とした「Ｅ－ＪＵＳＴ設立準備委員会」が結成され、急ピッチで大学づくりが進められていました。わたしも着任後すぐに日本の大学からの教員派遣をアレンジし、現地でのカリキュラム開発を支援しました。カリキュラム開発と同時に進められたのが教員の採用でした。日本型工学教育というコンセプトの実現に向け、世界レベルで活躍する教員を採用する、それが両国関係者の思いでした。エジプト政府は、通常の国立大学よりも約３倍の給与を保証、また質を担保するために日本、エジプト共同で教員選定を進めることとしました。２００９年5月に国際雑誌に募集記事を掲載、世界中からの５００名以上の応募の中から12名の教員を選びました。さらに、研究に必要な機材の導入も進めました。エジプト側で作成した機材リストを日本の教員に確認してもらいつつ、実践的な実習授業や各研究室での研究が開始できるよう機材選定を行いました。わたしは機材導入の中心となり、機材導入計画をとりまとめ、調達計画を作成し、日本やエジプトでの調達を実施していきました。並行して、大都市で大学生向け説明会を実施、わたしも各地で大学生にプレゼンテーションを行いました。

こうして、２００９年末に「電気通信工学専攻」「メカトロニクス・ロボティクス工学専攻」「環境エネルギー工学専攻」の大学院３専攻の公募を開始、２０１０年2月、書類審査、面接試験を通じて合格した大学院生30名と共に、Ｅ－ＪＵＳＴは開校しました。２０１０年にはエジプトの国立大学では歴史上初となる公募での学長選定を実施[1]しました。選定委員として日本の有識者[2]も加わり、世界中

写真６-１　第１期生の入学

から80名の応募を対象とした審査を行いました。そして、設立準備委員会を率いていたハイリが、高等教育省を辞して初代学長に就任することになりました。こうして、着任後、大学を立ち上げるための関係者間との調整や、機材導入、教員採用などであっという間に2年間が過ぎていました。

●研究室教育の導入

プロジェクトのアプローチの１つが日本型工学教育の導入でした。もともと、海外の大学と連携した新規大学の設立を検討していたエジプト政府が、日本の大学で実践される研究室教育[3]に関心を持ち、導入を希望しました。そのためＥ－ＪＵＳＴにおける日本型工学教育は、主に研究室教育の導入を意味しました。研究室教育とは、大学院課程において、研究や教育を研究室が中核となって行うもので、一般的には教授、准教授、助教、講師などの教員が配置されています[4]（荒井１９８９）。研究室ごとに研究テーマがあり、教員、学生がチームで研究にあたります。学生は、体系化されたカリキュラムに基づいて学ぶというよりもむしろ、先輩からの教育や後輩への指導など、研究室の中での徒弟的な教育環境の中で学びます（岡野２０１２）。エジプトの大学では研究室というものはないため、通常コース（専攻）に属し、カリキュラムに沿って科目を履修することで教育が進められます。また、学生は指導教員と相談しながら研究を進めますが、基本的に一対一の指導になります。そのため研究室という協働的な学びの場の導入はエジプトでは新しい試みとなりました。

開校当時、研究室教育の導入に中心になって取り組んだのは、各大学から派遣されてきた日本人の教員と、日本で学位をとったエジプト人教員でした。日本で学位をとったエジプト人教員は、日本で自身が学んだ環境をこのエジプトで作れるということに非常に前向きに取り組みました。しかし、研究室教育は、欧米の大学で学位をとった教員にとってはなじみのないものです。彼らは研究室のメンバーで行う輪読やチームで取り組む共同研究は非効率であると感じていました。

「研究室教育を導入すること」は目的ではありません。どのような形でもいいので、研究能力の向上と研究の質の向上が目的です。そのため、わたしたちは「日本式研究室教育はこうである」「これを実施しないといけない」というスタンスではなく、研究室に教員と学生のオフィスを隣接させ、自然と学生と教員が集まる空間を作りました。エジプトでは、教員のオフィスと学生の学習場所は別の建物にあることが一般的ですが、自然に集まれる場を用意することで、気軽なコミュニケーションが生まれ、その場を共有することの良さに気づいてもらうようにしました。また、日本人教員や、日本で学位をとったエジプト人教員を中心に、輪読やゼミ、学会前のプレゼン練習などの実践を行い、研究もチームで取り組むように進めました。また、Ｅ－ＪＵＳＴには博士課程の学生が９か月間日本の協力大学に留学し研究を行うプログラムがありました。実際に日本の研究室での学びを経験した学生たちは、研究室教育のよさを理解してＥ－ＪＵＳＴに戻ってきます。そして、学生たち自身が研究室教育の実践に意欲的に取り組むようになります。このように、研究室教育の導入は環境の整備、日本

写真6-2　研究室の活動

人教員や日本で学位をとったエジプト人教員、そして、学生自身によって進められました。

E－JUSTプロジェクトの開始と前後して、最近では「日本型教育」という言葉が開発援助の文脈でも聞かれるようになりました。もともと「日本型教育」が突然生まれたのではなく、教員同士で学び合う授業研究の実践や、理数科教育での実験実習授業、またE－JUSTでも実践した研究室教育など、日本の教育の良さを活かした取り組みは国際協力の分野では世界中で行われてきました。それらはいずれも日本型を追求したわけではなく、日本の実践を参考にしながら途上国の状況に合わせて試行錯誤してきた実践です。近年、これらの取り組みを日本型という用語で一括りにしてブランド化してしまうことで、市場にあふれる～型教育、～メソッド的なものとの区別がつかなくなってきているようにも思います。実際に、E－JUSTのマーケティング戦略においては「日本型」という言葉だけが実体のないまま先行することもありました。国際協力の実践者としては、教育の質の向上を目的として、日本のモデルを参考にしつつ、現地の人たちと試行錯誤したボトムアップ的な実践が重要で、日本型ブランドを盲目的に良いものとして受け入れて導入をめざすトップダウン型の実践にならないよう、留意する必要があると考えます。日本型でも、何メソッドでも、それは手段であって、目的ではありません。Ｅ－ＪＵＳＴでは研究室教育はこうあるべきと声高に指導するのではなく、日本で学位をとったエジプト人教員と日本人教員、そして学生自身が輪読やゼミなどを研究室という場で実践することを通じて、その価値に気づき自然と導入が進められてきました。そのようなボトムアップ的なアプローチが、結果としてＥ－ＪＵＳＴにおける研究室教育の定着に寄与したのだと思います。

●大学危機と葛藤

大学開校後もわたしは、とにかく目まぐるしい毎日を送っていましたが、３年を過ぎる頃には徐々に研究環境の整備が進み、日本の研究者との連携が始まり、学生への教育活動も活発になっていきました。そんな中、２０１１年に「アラブの春」が起こりました。

アラブの春とは、アラブ諸国における民主化運動を総称したものです。当時エジプトは経済成長を維持していた一方で、若年層の失業率の高さや、貧困格差の増大が社会問題となっていました。また、政治汚職や縁故主義など、若者の多くは政治へ不信を強めていました。そのような中、隣国チュニジアで起こった民主化運動を機に、エジプトでも民主化を支持するデモが全国に広がりました。そして、２０１１年2月、20万人を超える人々がタハリール広場に座り込み、30年にわたるムバラク政権の崩壊を実現させました。その後、ムスリム同胞団を母体とする新政権が誕生しましたが、低迷する経済は立て直せず、反政府デモが再び活発化、２０１３年7月、国防大臣であったシシが事実上のクーデターを起こしました。

アラブの春はE－JUSTにどのような影響を与えたのでしょうか。2011年当時はE－JUSTに大きな混乱はありませんでした。開校したばかりの時期で、また全寮制のため学生たちも研究に集中する環境にありました。しかし、ムバラク政権崩壊後の2013年頃のエジプトは、企業での労働交渉や待遇改善を求める労働者のデモが活発になりました。また、多くの大学で大統領支持派と、反支持派の間での小競り合いが発生しました。さらにアラブの春を経験したE－JUSTの職員、学生たちは、他の多くのエジプト人と同様に、団結することを通じて、正義を成し遂げられるという共通する成功体験を持っていました。そのような社会風潮の中、度重なる政権交代は、設立されたばかりのE－JUSTの行政機能を麻痺させ、教職員への給与や学生への奨学金の遅配という形で直撃しました[5]。学生たちは生活環境や教育環境の改善を大学執行部に要求しましたが、予算不足からほとんど実現できていませんでした。加えて、E－JUSTが依拠する特別立法（E－JUST法）制定が遅れ、準拠すべき会計規定が混乱し、エジプト国会計検査院から経理上の問題[6]を指摘されてしまいました。

このような状況の中、E－JUST執行部は学生や職員の要望に誠実に答えようとはしませんでした。会計検査院からの指摘にも強弁を繰り返しました。アラブの春以前のエジプトでは、それでよかったのかもしれません。しかし、アラブの春を経験した若者たちの変容、社会悪に対する民衆の怒りといった社会の変化に、E－JUST執行部は真摯に向かい合おうとしませんでした。その結果、E－JUST職員と学生の不満が爆発し、学生による授業ボイコット、職員の職務ストライキという形で問題が表面化していきました。そのような中、大学の教育活動が停止するのに時間はかかりませんでした。

Ｅ－ＪＵＳＴは「日本」という冠を持った初めての海外の大学として開校しました。そのためわたしは専門家として、両国間の関係者を調整し、カリキュラム開発、機材選定、教員採用などに取り組んできました。両国代表からなる理事会では、政府間での協議と方針のすり合わせを長い時間をかけて行いました。こうして、両国間での事業を進めていく体制を構築し、大学としての形を作ることができました。しかし、大学の機能が停止したその日、わたしにできることは何もありませんでした。

アラブの春を機としたＥ－ＪＵＳＴの危機は、Ｅ－ＪＵＳＴという組織が脆弱であったからではないかと考えています。組織として危機を乗り越えるのではなく、社会の亀裂が簡単に執行部と教職員・学生との対立を生み出しました。個の集合体が組織だとすると、Ｅ－ＪＵＳＴは個がばらばらに集まっていただけであったように感じます。執行部、教員、職員、そして、ＪＩＣＡ専門家も各々がそれぞれの役割を担うだけで、大学行政を組織として一体となって取り組む体制が脆弱でした。

Ｅ－ＪＵＳＴは日本の協力のもとに設立された大学ではありますが、基本的にその運営責任はエジプト政府にあります。日本の役割は、通常の技術協力プロジェクト同様、エジプト側が主体的に運営する活動を支援することです。このようなプロジェクトには、両国間の調整やコミュニケーションのハブとなる役割は欠かすことができませせん。ただ組織と組織をつなぎ調整するという国際協力専門家の立ち位置は、結局Ｅ－ＪＵＳＴにも日本の大学にも属さず、Ｅ－ＪＵＳＴと日本の大学とをつなぐ接着剤のようなものです。言ってみれば、Ｅ－ＪＵＳＴの外から、外部者としてＥ－ＪＵＳＴの大学としての機能を整備しようとしてたのかもしれません。このような大学設立案件におけるＪＩＣ

A専門家としての立場の限界を感じつつ、漠然とした答えのない葛藤を感じていました。

そこに、２代目の学長として着任したのが、アハメド・エル・ゴハリ（以下、ゴハリ）でした。葛藤を抱えながら仕事をしていたわたしに彼が言いました。「大学運営を一緒にやろう、この文化を変えよう」、その言葉が胸に響きました。

Ｅ－ＪＵＳＴの再生と協働

●ゴハリ新学長との出会い

ゴハリは、カイロ大学医学部出身の医師です。学長を務めたファイユーム大学では、ＪＩＣＡの第三国研修を企画・実施、また研修員としてＪＩＣＡの日本での研修に参加したこともあり、日本的な価値観やＪＩＣＡ事業をよく理解していました。当時ゴハリは自身の年齢や健康問題もあり、激務に追われたファイユーム大学での経営からすでに身をひき、一研究者として教授職についていました。カイロ郊外に住居を構え、子どもや孫に囲まれた静かな生活に満足していたと言います。「Ｅ－ＪＵＳＴの学長公募をしている、考えてくれないか」と声をかけられたきっかけはゴハリと第三国研修の立ち上げた経験のあるＪＩＣＡエジプト事務所長からの突然の依頼だったと言います。工学系の背景がない自分でも務まるのか、家族の同意が得られるのか、体力はもつのか、心配は多くあったそうです。それでもゴハリは、Ｅ－ＪＵＳＴの魅力にひかれ、学長公募に手を挙げることを決意します。そして、世界的にも著名な『エコノミスト（*The Economist*）』誌での学長公募記事が掲載、世界中からの応募の中から、ゴハリが２０１４年6月、第2代Ｅ－ＪＵＳＴ学長に選ばれました。

ゴハリが着任後すぐに取り組んだのが、意思決定プロセスの明確化とオープン化でした。Ｅ－ＪＵＳＴには、大学の最高意思決定機関である執行部会（University Council）、その下に、教育部会（Education Council）、研究部会（Research Council）という部会が形成されていました。しかし、他のエジプトの組織同様、会議での決定よりもむしろ、トップダウンによる指示で物事が決まる傾向が強くありました。ゴハリは、決定を個人に委ねることを避け、部会による決定を尊重することを徹底しました。すべての提案はまず部会で行われ、部会の決定を執行部会に上げて承認するという流れです。こうした部会への決定権の移譲を通じて、これまでトップダウンで進めてきた大学行政を、教員、職員が広く参加する体制に変えました。

写真６-３　E-JUST　２代目ゴハリ学長

さらにゴハリは、ＪＩＣＡチームとの毎朝の定例ミーティングを持つことを提案し、しっかりとした協働体制を求めました。大学の経営や予算計画など、大学行政の中核をＪＩＣＡチームと共に取り組む体制をめざし、毎朝議論しました。ＪＩＣＡの技術協力プロジェクトは、基本的にカウンターパート機関が実施する業務を支援することや、その実施能力の向上にあることはすでに述べた通りです。しかし、ゴハリは、その前提はよく理解しつつも、アドバイスや支援、日本との調整というＪＩＣＡ専門家の役割ではなく、同じ大学で働くスタッフとしてエジプト人教職員との協働を通じて、組織強化と人材育成に取り組んでほしいと考えていました。ゴハリの期待は、「日本側」「エジプト側」という役割分担ではなく、それぞれの立場を理解しつつも協働で大学運営に取り組むことでした。ゴハリのめざす一体となった大学運営、それこそが大学組織の強化なのではないか、専門家としてどのような役割を担うべきか葛藤を抱えていたわたしは、ゴハリの考えに強く共感を覚えました。

当時、E－JUSTの抱える課題の1つが、脆弱なITインフラでした。学生管理システムの導入、教職員ポータルサイトの開発、学内LANの構築など、取り組まなければいけないことは山積みでした。「大学づくりに一緒に取り組んでほしい」、そういったゴハリが具体的にわたしに要請したこと、それがIT課マネージャーへの就任でした。

JICA専門家としてE－JUSTと日本の関係機関との調整を担う役割や「外からE－JUSTを創る」ことへの限界を感じていたわたしは、E－JUSTの組織上の一員となりE－JUST教職員と共に、組織作りに取り組んでいくことを言い換えれば「内からE－JUSTを創る」必要があるのではないかと感じ始めていました。また、E－JUSTの再生に立ち上がったゴハリを支えたいという気持ちもありました。しかし、JICA専門家が、カウンターパート組織の中の一員として業務にあたるというのはいろいろな意味でリスクのあることです。通常のJICA専門家が行わない、カウンターパート機関の予算執行や承認、部下に対する人事権といった責任が生じます。また、これまで組織の外で、カウンターパートとして対等な関係で仕事をしていましたが、組織の中に入ることでカウンターパートと上司や部下という関係になってしまいます。加えて、JICAの専門家の職務内容は政府間の合意に基づいて設定されており、そもそもの政府間合意から逸脱しているといえるかもしれません。

「岡野さんなら大丈夫じゃない、一度そういうやり方もやってみるのもおもしろいかもしれない」、悩んでいたわたしに当時のチーフアドバイザーが言ってくれた言葉でした。そして、ＪＩＣＡ専門家でありながら、Ｅ－ＪＵＳＴのＩＴ課マネージャー職に就任したのです。

●ＩＴ課マネージャーへの就任

ＩＴ課マネージャーとして就任後、わたしを待っていたのは教職員や学生からの毎日のように来るクレームメールでした。「プリンターが壊れたから取り換えてほしい」「寮のインターネットが止まっている」。ＩＴ機器の管理責任はＩＴ課の責任という認識が強く、自分で管理し、トラブルシュートするという意識がありません。またエジプトでよく直面するのが、「It's not my job（それはわたしの仕事ではない）」という言葉です。個々のスタッフの役割は職務規定（Job Description）で規定されており、記載のない業務には手を出しません。ネットワークの問題が生じると、トラブルシュートせずＩＴ課の修理を待つ。ＩＴ課スタッフも、「ネットワーク担当者」が不在であれば、誰もフォローしません。そうして、物事が進まなくなります。当初は、ユーザーの怠慢やスタッフの責任感の欠如と指摘し、腹も立ち、また途方に暮れました。しかし、自分の担当でもないことに手を出して、何か問題が生じたときはその人の責任になります。特に、立場の弱い人たちにとっては、自分の責任にされることをとても恐れます。そのため、決して怠慢や責任感の欠如ではなく、トラブルになった場合の責任問題を避けるための手段でもあるのです。

文化を変えようとは思いませんし、すぐに変えられるわけでもありません。ただ、何がチームとして良い形なのかを考えたとき、個人で仕事をしているのではなく、IT課の一員であるという意識を持つことが大切なのではないかと考えました。そういう意識が醸成されれば、チームとして機能するのではないか。少なくとも、チームの中では仕事を共有しながら進められるのではないか。そして、来訪者や依頼に対して、個別の担当を決めるのではなく、皆が窓口となり依頼を受ける体制にしました。また、それぞれのタスクに担当、副担当も決め、担当者がいないときにフォローする副担当の役割も導入しました。いずれも当たり前のことかもしれませんが、それぞれの役割を尊重しつつ、IT課として仕事に取り組み、チームで共有する、そういう意識づけに取り組みました。

1年も経つ頃には6名程度の人員が配置され、個々の役割を持ちつつも、チームとして徐々に機能するようになっていきました。こうした中、取り組んだ1つの事業がマイクロソフトと連携したマイクロソフトアカデミーの設立でした。

マイクロソフトは教育機関を通じて独自の教育コンテンツを提供し、修了者にCertificate（修了証書）を授与する「アカデミープログラム（当時）」を持っていました。E-JUSTが研修実施機関であるマイクロソフトアカデミーとして認証を受けることで、この教育コンテンツを一般向けに提供し、収益を得ることが可能となります。また学内の学生への教育、職員の研修にも使えます。さらにIT課が実施することで、IT課業務の多様化と学内での認知が広がります。ゴハリに相談したところ、初期投資はかかっても進めてほしいと同意を得られました。すぐにIT課が中心になり、マイクロソフトと協議を重ね認証を取得、学内でインストラクターの公募、学内の教職員向け研修の提供を展開しました。ＩＴ課は企画・運営に回り実際のインストラクターは関心の高い職員の中から選定しました。

Ｅ－ＪＵＳＴの職員自身がインストラクター免許を取得し、研修を学内で実施します。一般向けコースではないので収益にはなりませんが、仕事をしながらマイクロソフトのCertificateをとれるため、人気プログラムになりました。これまでヘルプデスクとして呼び出され、文句を言われていたスタッフが、研修プログラムを企画し実施することができたのです。彼らにとって憧れでもある大企業との連携は、業務へのモチベーションと自信につながっていきました。そして、企業と連携しておもしろいことができる、「自分たちも何かできそうだ」「何かしてみたい」、そんな気持ちを持つようになってきました。もちろんいろいろな課題はありましたが、ＩＴ課の一員としての所属意識が生まれ、仕事にやりがいやおもしろさを見つけたことは大きな成果だったと思います。「It's not my job」もあまり聞かなくなりました。外部と連携したプロジェクトに取り組む実践がＩＴ課の形作りのきっかけになったと思います。

その後も、学生管理システムの導入、ウェブサイトの開発など、多くのプロジェクトをこなすことができました。もちろん、課内の人間関係のもつれ、頻発するハッキング被害、インターネットの度重なる不具合など、多くの課題がありました。しかし、それまで個々で走り回っていたＩＴ課スタッフが、マイクロソフトアカデミーの運営にチームとして取り組み、それぞれの本来持っている専門性を活かせるようになると、大学内におけるＩＴ課の位置づけや役割についてまわりからの理解を得るようになってきます。

写真6-4　IT課スタッフとの打ち合わせ

こうして2年間、「外から大学としての形を作る支援」をするのではなく、大学組織の一員であるＩＴ課マネージャーとしてＩＴ課の組織強化と人材育成に取り組みました。時間はかかりますが、わたし自身が大学組織の一員になることで、何が起こっているのか、どんな感情や人間関係の中で課題が発生しているのか、どこにひずみがあるのか、チームの1人ひとりと職務環境、そして文化を理解するきっかけになりました。彼らから見ても、ＪＩＣＡ専門家としてのわたしではなく、上司であり、同僚であり、同じ大学に勤務する仲間としてのわたしと接するようになっていったと思います。「アドバイザーじゃない、君は1人ひとりに耳を傾け、寄り添い、チームと一体となって、一緒に成長している。今ではたくさんのスタッフがＩＴ課への異動を希望している」とゴハリが笑いながら言ってくれたことを今でも覚えています。

２０１４年から続けたＩＴ課マネージャー職は1年半をめどに退任することとし、後任を公募により選出し、業務を引き継ぎました。今後、取り組む必要があるサーバー管理などにわたしでは技術的に対応できないというのが表向きの理由でしたが、実際の理由はＩＴ課の中にいると、ＩＴ課というチームだけの活動になってしまい、大学組織全体への波及効果は限定的であることに気づいていたからです。そして、ＩＴ課チームの強化の経験を、大学組織全体の強化につなげていきたいとひそかに考えていました。

●人材育成戦略タスク

大学組織強化には、大学職員の育成が必要、それがゴハリとの共通認識でもありました。ただ目標とする人材像は異なりました。ゴハリは「日本人のように時間を守り、丁寧に、文句を言わず、しっかり仕事をする人材の育成に取り組んでほしい」が口癖になるほど「個の成長」を望んでいました。他方、わたしは英語が堪能で、誰が来ても堂々としたプレゼンテーションを行い、専門能力の習得に関心の高いエジプト人職員の良さも多くあることに気づいていました。

Ｅ－ＪＵＳＴに限らずエジプトの大学では職員は各専門分野に分かれて業務にあたるのが通常です。財務であれば財務、広報であれば広報、人事であれば人事。大学職員は財務の、広報の、人事のスペシャリストとして大学に採用され働いています。そのため人事異動もありませんし、大学運営の一部を担っているという意識もありません。彼らの関心は財務、広報、人事といった自分に与えられた担当業務だけでしかありません。しかし、大学の抱える課題は、たとえば学生募集にしても、教育の質にしてもどこかの部署だけで解決できるものではありません。また、それぞれの仕事は、大学の果たす教育、研究、社会貢献（ＪＩＣＡ ２００８）という使命のうえに成り立っています。人事や財務だけ機能しても、研究者だけ研究成果を出しても大学自体の発展にはつながらないのです。Ｅ－ＪＵＳＴでは個々のスタッフが個々の役割を担っているだけで、個々の役割が大学としての使命とつながっていません。つまり、個人の態度や技術ではなく、「個人と組織」との関係が乖離していることこそが課題だと感じていました。

そのため、大学職員の育成のためには、組織全体を幅広く見る視点、組織のあり方の議論を通じて、個人と組織の関係性を見直すことが重要ではないかと考えていました。そこで、ゴハリと相談し立ち上げたのが「人材育成戦略タスクチーム」でした。ＩＴ課を通じて取り組んだ業務の中で、モチベーションの高い若手・中堅職員が多くいることも肌で感じていました。マイクロソフトアカデミーのインストラクター役を務めたスタッフや、組織図作成に一緒に取り組んでいた人事課のメンバー、図書館のデータベース作成に取り組んだ図書館員、1年半のＩＴ課マネージャーとしての日常業務を通じて見つけていたＥ－ＪＵＳＴの未来を担うであろう人たち、そんなやる気のある若手・中堅職員を巻き込み、分野横断型のタスクチームを形成し、多様な専門性を有する人たちで大学の人材育成について検討したいと思いました。その活動が、自身と組織の状況を俯瞰し、自分と組織との関係性の内省を促す機会となり、大学全体を見通せる広い視野を持った大学職員の育成の第一歩になるのではないかと考えました。

２０１５年6月、声をかけていた人材に加え、関心のある人材を広く募りました。人事課、ＩＴ課、技術課、財務課、図書館などから手が挙がり8名からなるタスクチームを結成しました。そして、わたしがファシリテータを務める形で、２０１５年8月から10月にかけてワークショップ形式で、「Ｅ－ＪＵＳＴ人材育成戦略方針（E-JUST Strategy and Policy for Capacity Building）」の作成に取り掛かりました。この方針は、ワークショップのテーマとしてだけではなく、大学の人材育成にかかる方針と計画を定める将来構想になるものです。ワークショップでは、現在のＥ－ＪＵＳＴの人材の強みや課題を抽出する現状分析を行い、大学運営に必要なロールモデルの特徴を明らかにし、現状とロールモデルの違いを確認し、不足している能力や経験、技術をどのような研修や実践を通じて獲得していくか育成計画を作りました。最後に、これらを研修メニューとしてまとめつつ、年間計画を作成しました。

ワークショップで苦労した点は、「強みと弱み」の分析でした。それも「組織と個人」とで分けられます。大学職員は「弱み」を「組織」の中に、「強み」を「個人」に見出そうとします。これでは、「自分のことは棚に上げて、すべて他者（組織）のせいにする」結果になってしまいます。読書をすれば感想文を書き、帰りの会では今日の振り返りをする初等中等教育を受けてきた日本人は、振り返りと内省を幼少期から繰り返し経験させられています。エジプトでの学校教育や生活の中では、このような経験をしていないため、一般的に「振り返り」や「内省」を促すことが大変難しいと実感しました。何度言っても「それはわたしの責任ではない」「わたしは間違っていない」というスタンスに終始してしまいます。それでも議論を通じて、自分自身が組織を構成する一員であること、どうすれば個人が育成され組織の強化につながるのか。また、そのためにはどのような環境や仕組みが必要なのか、それぞれの部署からの観点での議論を通じて理解を深めました。このような実践を通じて、「弱み」を組織に見出すだけではなく、自身の弱みが組織の弱みにつながっていることなどが徐々に見えてきたのだと思います。ゴハリは、ここで作成された計画に基づき研修を予算化することを明言してくれました。そのため、タスクチームの1人ひとりが大学職員の研修に対して責任を担っているという自覚を持ち、真剣に取り組みました。

多様な観点からの議論は深まるものの、それでも同じコミュニティに所属する仲間内の議論では広

写真6-5　ワークショップの様子

がりも限定的です。そこで、以前に大学職員向けワークショップの実施や、E－JUSTのスタッフを研修員として受け入れていただいていた立命館大学の方々の協力を得ることにしました。ワークショップを通じて作成した人材育成計画を、TV会議システムを使い、日本にいる立命館大学の職員の方々とディスカッションをしたのです。

「課題ばかりが分析されているように見えるが、もっと自分たちのよさもあるのではないか」というのが立命館大学の職員の方のアドバイスでした。わたし自身も内省の観点を取り入れようと「課題分析」ばかりに目がいっていたかもしれません、課題の分析は重要ですが、それよりも自分たちのよさに目を向ける重要性を指摘され、わたし自身もはっとしました。大学行政のプロからの「もっと良いところを見つけよう」という言葉に、参加していたE－JUSTのメンバーも驚いたようでした。否定するばかりでなく、よさをもっと見つけ出し、強みを信じて、強みを活かしたチームの形成をすることとの重要性を学びました。否定的な分析は参加していても確かに後ろ向きになります。良い点にもっと目を向ける、その後のワークショップでは楽しそうに議論するスタッフの姿がありました。

こうして「外」とつながることは、単に視野を広げるという効果だけではありません。自分たちが組織全体のマネジメントを考えている、組織を代表して報告しているという経験を通じて組織と自身との関係性を見つめ直す機会になります。そして、外部の人に自身の大学の分析を発表することで、大学への所属意識を高め、一層の自信がついてきます。ファシリテータとして参加していたわたし自身にとっても、改めて考えるきっかけになりました。他者とつながることはわたし自身の学ぶ機会でもあるのです。「国際協力」の活動はいつも何かをしてあげる、何かを教えることではありません。また狭い社会の中で専門家自身の視野も狭くなっていることに気づかなければいけません。そのため、外とのつながりは自分自身も共に学ぶという姿勢が求められます。

こうして最終的な「E－JUST人材育成戦略方針」は、大学職員としての基本知識・技能の育成、各専門分野の知識・技能、マネジメント能力、異文化理解の4つの能力の育成を進めることとし、初任者、経験者、中間管理職、管理職などの職務ごとに必要な知識・技能を整理し、研修計画や研修機会の可能なプランを作成することができました。将来構想の方針は、ゴハリをはじめ他の管理職にも報告され、E－JUSTの基本戦略となっただけでなく、JICAプロジェクトとしても本方針に沿った研修を提供することとしました。JICAが一方的に作った人材育成計画ではなく、E－JUSTとJICAプロジェクトの共通の人材育成方針と位置づけたのです。その後もたとえば、初任者研修はE－JUSTが実施、中間管理職対象の留学プログラムはJICAのスキームを使うなど、一体となった取り組みの実践につながりました。

実践コミュニティを通じた組織強化と学びのデザイン

●実践コミュニティの形成

これまで、E－JUSTにおけるわたしの専門家としての9年にわたる活動の軌跡を振り返ってきました。JICA専門家として日本の大学との連携促進と調整を担った設立時から、ゴハリとの出会いを機にIT課マネージャーとしての組織強化に取り組みました。その後、組織全体を対象とした実践に展開、その一例として「人材育成戦略タスク」の取り組みを紹介しました。本書では触れていませんが「機材コミッティタスク」「組織デザインタスク」「大学マネジメントシステム」など、さまざまなタスクチームの立ち上げを支援し、その実践に参加しました。その際には実際の仕事を題材とした実践とすること、教職員や部署を超えたクロスファンクショナルな実施体制を構築すること、専門家自身も主体的に実践に参加すること、外部組織との相互作用を生み出すことに一貫して努めていました。このようなわたしの活動は「実践コミュニティ（Community of Practice）」の学びをより意識した取り組みであったといえます。

実践コミュニティとは「あるテーマに関する関心や問題、熱意などを共有し、その分野の知識や技能を、持続的な相互交流を通じて深めていく人々の集団」（Wenger et al. 2002）です。特定の職務上のミッションの達成のために必要な人々が集まる「プロジェクト」ではなく、企業内の技術者たちが開催する勉強会や、特定テーマにおける異業種間の非公式な交流など、組織内の部や課、学校やクラスといった伝統的・制度的な枠組みを超えた人々の集まりです。実践コミュニティにおける「学習」とは単なる知識の伝達や技能の獲得ではなく、交流を通じた多様性の理解や、他者理解、ミッションの共有などの経験を通じて、他者と共に学習することの価値に気づくことにあります。さらに、コミュニティへの参画は、「自分とは何か」というアイデンティティを獲得するプロセスであり、学習を通じて社会（組織）とわたし（大学職員）との関係性を再構築します。まさに、組織と個が分断されていたＥ－ＪＵＳＴにおいて、実践コミュニティにおける学びは、他者と学ぶことの価値に気づき、大学職員としてのわたしと大学組織の関係の再定義につながることが期待されます。

このような実践コミュニティは組織の強化を目的として意図的に形成することもあれば、自然発生的に必要と感じた人たちが結びついて結成されることもあります。また組織の枠を超えて形成されていきます。国際協力専門家は、組織内の人間関係や上下関係から一定の距離があるため、組織内にある学びの「芽」を見つけ、実践コミュニティの形成に取り組むことができる最適の人材といえます。このように捉え直すと、わたしの国際協力専門家の役割はＥ－ＪＵＳＴにおける実践コミュニティの形成と活性化であったといえます。

●専門家モデルの脱却と実践コミュニティへの参加

それでは形成された実践コミュニティにおける国際協力専門家の役割とは何でしょうか。国際協力の現場では「技術移転」という言葉が今でも多く使われています。専門家は、正しい知識や技術を有しており、それらを知識や技術を有しない人間に移転することが国際協力であり、専門家の役割として捉えられてきました。それゆえに、現場の専門家は「どうすれば正しいことを伝えられるか」「どうしたら効率的に教えられるか」が関心事項になります。佐藤（２０１０）は、教えるという行為には知識や技能を伝達する模倣的様式と、学習者の態度や生き方に変容をもたらす変容的様式があると指摘します。変容的様式が個人の「個性」や「創造性」の育成を目的とするのに対して、模倣的様式は、大人数の教室における黒板と教科書による一斉授業で行われ、正解と効率が重視されます。このような模倣的様式は日本を含めた東アジア諸国の近代化プロセスの中で取り入れられたものであり、わたしたちが有する「技術移転」という言葉に代表される専門家モデルは、日本の学校教育の中で培われた模倣的様式のうえに、形成された概念ともいえるのではないでしょうか。

途上国で共に仕事をするカウンターパートは知識も経験も有した大人です。日本の技術や経験の知識はなくても、その地域に根差した知識や経験は豊富にあります。実践コミュニティへの参画は、すなわち刷り込まれている専門家モデルから脱却し、カウンターパートを「対象」「彼ら（They）」として捉えるのではなく、「協働者」「わたしたち（We）」として捉え直す第一歩になります。そのため、わたしは、このような実践コミュニティの活動においては、コミュニティの一員として参画するようにしました。もちろん実践コミュニティの活性化のためのファシリテーション（中原２００８）をすることもありますが、それよりもコミュニティの一員として一緒に考え、相談し、課題を模索する。わたしはＪＩＣＡ専門家だから、アドバイザーだから、と一歩引くことは、信頼関係の構築につながらないだけでありません。上層部との交渉や、外部組織との連携、教職員のパワーバランスの調整、多様な観点での知的貢献といった、外国人であり国際協力の経験を有する自分だから担える「コミュニティの一員としての役割」があるからです。自分自身もコミュニティにおける学びのリソースと位置づけ、実践を展開することができるのです。

実践コミュニティの一員としての活動を通じて、これまで「エジプトはこうだから」「彼らはやる気がないから」と一般化していた社会や人々が、コミュニティの一員になることで多様な価値観から形成された複雑な社会にあることに気づきます。そして、誰もが学びたい、いいことをしたい、貢献したいという気持ちを持っていることに気づかされます。このように、多様な観点からの議論と協働は、現地の人たちだけの成長の場ではなく、わたし自身の学びの場、成長の機会でもありました。

●実践を通じた「学び」のデザイン

国際協力の活動では「研修を提供する」ことが多くあります。参加者にとって研修への参加は、自身の履歴書に記載できますし、修了証書（Certificate）ももらえるので人気があります。研修の提供側も、多くの学習者を一か所に集めて実施することで、費用を抑えられ効率性も高くなります。また実施者も「研修実施数」「研修参加者数」が評価の対象とされるため、説明しやすいという側面もあります。

高等教育分野での国際協力では、教育の質の向上や研究能力の向上、入試制度の改善や大学の国際化の推進、産学連携機能の強化や人事戦略の立案などに取り組みます。人材育成の対象は教職員や技術者で、また組織強化の対象は大学や各部門になります。実践コミュニティにおける実践は、このような制度的研修を通じた学びではなく、日常の仕事を通じた学びの実践になります。入試制度の構築、

写真６-６　E-JUST 実践コミュニティ

教育の質の分析、人材育成戦略政策の立案など、実際に存在する課題をテーマとし、その解決を通じた学びの重視です。

その理由として、実存する課題であることでより高い意識を持った取り組み（動機づけ）につながること、状況の改善を共に実体験することができること、また試行錯誤のプロセスと成功体験を通じて他の課題への適応力の育成になると考えるからです。もちろん、研修もワークショップや参加型で行うことでより深い学びにつなげるようさまざまな工夫もされていますし、研修自体を否定するつもりはありません。ただ、仕事を通じた学びの実践は、現地で常駐して比較的長い時間をかけて、現場の人と一緒に取り組める国際協力専門家であるからこそできるアプローチでもあります。

前述したように、このような実践の中で大切なのことは「外とつながること」です。ただし、ネットワーキングは手段であり、目的は、ネットワーク化を通じた学びの活性化と新たな価値の創造にあります。外とつながることを支援するだけではなく、外とつながることを通じて効果が生まれるよう実践をデザインし、つながりの中から新しい価値を見出す。さらに、Ｅ－ＪＵＳＴにとってだけでなく、先方にとっても「価値」を感じるような実践でないと、単なる支援だけで終わってしまいます。つまり外部とのつながりは、双方にとっての学びの場となるよう検討することも重要です。狭い視野になるのではなく、広い視野で全体を見通し、みんなが価値を感じるような実践をデザインしていく。それが国際協力専門家の仕事の本質だと考えています。

おわりに

「支援する側」「支援される側」、「日本側」「エジプト側」、「教員」「職員」といった二項対立的な関係性の視点から脱却し、「対象」「彼ら」から「協働者」「わたしたち」の関係を築くこと。そして、実践コミュニティの形成を通じて多様な知識や価値観に出会い、新しい知識を共創する学びの場をデザインすること。実践を通じて個人と組織との関係性の再構築を促し、個人の能力と組織強化につなげていくこと、さらに専門家自身が実践コミュニティの活動に参画、真摯に学び、自身の成長にもつなげていく。これがE－JUSTにおける9年間を通じて築き上げてきたわたしの国際協力専門家としてのアプローチといえるのかもしれません。国際協力の活動に正解はありません。「専門家はこうあるべき」「こうすべき」といった観点より、重要なことは、活動する職場の環境によって専門家自身が柔軟になって、より良いアプローチを確立していくことが求められます。

わたしは、2017年末に9年間従事したE－JUSTを離任しました。現在、E－JUSTは開校から10年を迎えました。2010年の大学院3専攻の開講を皮切りに、2年かけて大学院7専攻を開講、2016年には工学部を設立しました。教員1人あたりの査読論文数はエジプト国内1位となるなど、エジプト国を代表する科学技術大学としての地位を確立してきました。また、2017年にはビジネス・人文学部も開講し、工学とリベラルアーツ教育を土台とした学際的な総合大学としての道を歩み始めています。そして、その発展を支えているのが、今も続く実践コミュニティの活動であればいいなと思います。

なお、本章では「私」にフォーカスするため、共に活動した素晴らしい専門家の皆さんや大学の先生たち、案件を担当するＪＩＣＡの職員については触れていません。特に同僚であった専門家の皆さん、Ｅ－ＪＵＳＴ開校早々に人事課の改善に取り組んだ安達まり子さん、大学事務職員としてのキャリアをもとに学生課の立ち上げに尽力した田中清子さん、日本への留学生スキームを作り上げた瀬戸口暢浩さん。彼らの取り組みから多くの刺激を受けるとともに、多くのことを学びました。

２０２０年6月現在、マレーシア国の「マレーシア日本国際工科院強化プロジェクト」にチーフアドバイザーとして従事しています。多くの日系企業や日本の大学との連携促進などＥ－ＪＵＳＴとは違う環境の中で大学運営に取り組んでいます。実践コミュニティの形成と学びのデザイン、そんな取り組みをまたこの地でも実践しています。

【注】

1　通常、エジプト国の国立大学学長は高等教育省大臣による任命。
2　白井克彦（早稲田大学総長）、有川節夫（九州大学総長）、松本宏（京都大学総長）が選定委員として参加（すべて当時）。
3　ＪＩＣＡの報告書では「講座制」という用語が用いられているが、本章では「研究室教育」という用語で統一する。

4　当時、旧国立大学の講座制の名残でこのような構成が一般的であった。しかし、現在ではより少人数（准教授が代表であったり、教授と助教だけで構成されたり）で研究室を構成することが一般的になっている。

5　Ｅ‐ＪＵＳＴは高等教育機関としての位置づけではなく、特別国家プロジェクトとして運営され、予算の仕組みや監督体制が通常大学とは異なる。ただ度重なる政権交代と大臣の交代により、正しく理解されず、予算執行の混乱を招いていた。

6　Ｅ‐ＪＵＳＴは既存の国立大法ではなく「二国間協定」に基づく特別プロジェクトとして設立、運営されていた。しかし法制化（Ｅ‐ＪＵＳＴ法）が遅れていたため、会計検査院は通常の国立大学法にのっとった予算執行がなされていない点を指摘していた。

【参考文献】

濱中淳子（２００９）『大学院改革の社会学――工学系の教育機能を検証する』東洋館出版社。

国際協力機構（２００５）『日本の教育経験――途上国の教育開発を考える』東信堂。

国際協力機構（２００６）「エジプト・アラブ共和国　産業人材育成支援プロジェクト形成調査報告書」国際協力機構　http://open_jicareport.jica.go.jp/600/600/600_405_11831153.html（accessed 2020.9.26）

国際協力機構（２００７）「エジプト・アラブ共和国　産業人材育成支援プロジェクト形成調査報告書」国際協力機構　http://open_jicareport.jica.go.jp/600/600/600_405_11878568.html（accessed 2020.9.26）

国際協力機構（２００８）「課題別指針」国際協力機構。

国際協力機構（２００９）「エジプト国経済高度知識化へ向けた高等教育支援」国際協力機構。

中原淳（編著）（２００６）『企業内人材育成入門――人を育てる心理・教育学の基本理論を学ぶ』ダイヤモンド社。

岡野貴誠（２０１３）「国際協力の現場から見た日本の工学系大学院教育の特徴に関する一考察」『工学教育』第

61巻2号の18－22頁。

Okano, T., Adachi, M., Kawasaki, Z., Ichimura, T.,Matsushita, Y. Iwasaki, A. et al.（2012）Establishment of Egypt Japan University of Science and Technology in Egypt. 60th JSEE Annual Conference & AEESEAP Workshop Proceedings, pp. 56–59.

佐藤学（２０１０）『教育の方法』左右社。

Wenger, E., McDermott, R., and Snyder, W. M. (2002) *Cultivating communities of practice*. Boston, MA: Harvard Business School Press.〔野村恭彦監修（2002）『コミュニティ・オブ・プラクティス ―― ナレッジ社会の新たな知識形態の実践』翔泳社〕

第7章

自立発展を促す教育開発

——パプアニューギニア

伊藤　明徳

わたしは約30年の長期にわたり青年海外協力隊員（以下、協力隊員）やＪＩＣＡ専門家、技術協力プロジェクトのチームリーダーとして途上国の教育開発に携わってきました。現在も、日本のコンサルタント企業に所属しながらパプアニューギニア（以下、ＰＮＧ）の教育開発に関わっています。本章では、ＰＮＧで筆者が関わったメディアを活用した遠隔教育の支援プロジェクトにおける開発コミュニケーションの事例を紹介します。

ＯＤＡ（政府開発援助）の業務をする場合、個人がＪＩＣＡと直接専門家契約書を交わす場合と応札によりコンサルタント会社が受注し、その会社の社員として参加する場合があります。わたしは、はじめは協力隊隊員としてＰＮＧに派遣され、その後はコンサルタント企業に所属して、社員という立場で教育開発に従事してきました。

開発協力――自助努力の支援

●PNGの魅力

わたしは、1988年に大学を卒業しましたが、中学社会科の教員免許と社会教育主事資格を取得するために、卒業後も働きながら大学で聴講生として授業を受けていました。父が教師だった影響もありますが、スピードスケートを大学までしていたので、故郷の長野県で教師になりスケート部の指導をしたいと思っていました。そんなある日、協力隊のことを知り、途上国での異文化体験は教師になったときに役に立つと考え、1989年に趣味のビデオ撮影の経験と社会教育主事課程の学びを活かせる視聴覚教育隊員に応募しました。無事に合格し1990年にPNGに派遣されてから、現在（2020年）までラジオ・テレビ教育番組制作指導、ODAで設立された国立教育メディアセンターの運営指導、メディアを活用した遠隔教育の実践とPNGで初めてとなる理数科の国定教科書開発などの教育開発に携わる活動をしてきました。日本の専門家が多くの途上国で活躍していますが、1つの国で30年にわたり継続して活動している人はあまりいません。その理由は、JICAと契約する協力隊員や専門家の派遣期間は通常2年から4年だからです。任期が終了すると他の途上国の業務に応募して、業務経験を積みながら専門家としてのキャリアを積んで行きます。わたしの場合、日本政府がPNGの教育政策に沿って基礎教育の質の改善を重点課題とし、その課題解決に教育メディアの活用と普及を長期に支援したこと。また、初等中等教育のカリキュラムが改訂されるのに伴い教科書を開発するプロジェクトが始まり、わたしの知識と技術、ネットワークを活かして30年間にわたり活動をすることができました。

わたしは、豊かな伝統文化と生物多様性のあるＰＮＧが大好きです。まず、ＰＮＧのことを紹介します。ＰＮＧは、オーストラリアの北に位置する太平洋島嶼国の１つで、人口は８６０万人です。太平洋戦争時には、日本軍がニューブリテン島のラバウルに駐留し、現地人も巻き込み連合軍と対戦し、約12万人の死者が出た激戦地です（鈴木１９８７）。

現在では、日本からＯＤＡによる継続的な支援で発展し、２０１４年からは日本へ液化天然ガスを輸出できるようになり、日本と良好な関係を築いています。

ＰＮＧは世界で一番多くの言語を持つ国であり、その数は８５０以上あるだけでなく（Grimes 1992）、地域により人々の容姿や文化が大きく異なります。わたしは、30年にわたり多く地域で伝統の踊りを記録してきましたが、最近でも新しい踊りを発見したりします。

また、ＰＮＧは世界の中で生物多様性が特に高いとされる国です（UNDP 2017）。固有種の種類も世界で６番目

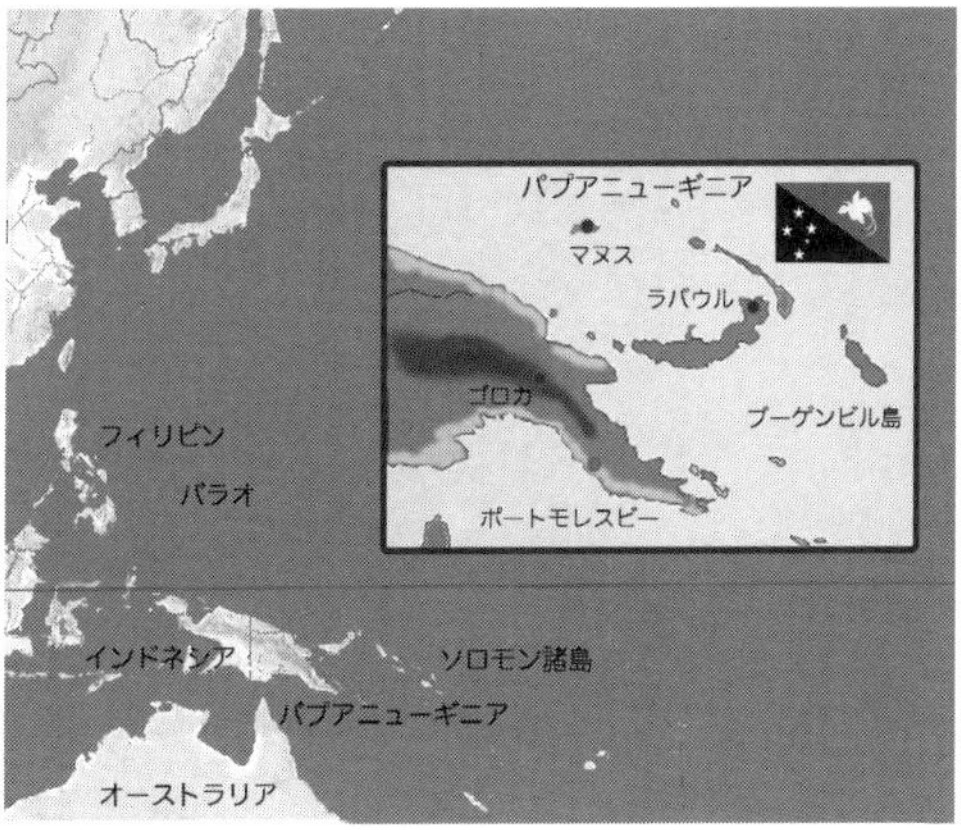

図７-１　パプアニューギニアの位置と地図

写真７-１　部族に伝わる伝統衣装を身につけた学生

に多いと報告されています。世界で一番大きな蝶や一番小さなカエルや国鳥の極楽鳥が生息するなど多様な動植物に出会える魅力的な国です。また、ＰＮＧの人は素直に喜怒哀楽を表現するので、彼らの感情がすぐわかります。裏と表が少ないので、彼らはとても付き合いやすく、日本と同じように他者を敬うという態度を持っているため、ＰＮＧの人たちと話をすればすぐに親しみと共感を抱くようになります。わたしがＰＮＧで30年間国際協力の仕事ができたのは、一緒に活動するカウンターパート（共に仕事をする相手国の人）の熱心な仕事ぶりがあったからです。彼らはわたしたちと活動して学んだ技術を使って国の発展のために頑張ります。そんな彼らの役に立ち国の自立発展に貢献する国際協力という仕事にわたしは誇りを持っています。

好きな国で教育開発という重要で責任のある仕事に従事できることは、世界一幸せな専門家・コンサルタントだと思っています。

●異文化理解の重要性

わたしの教育開発のキャリアは協力隊に参加し海外ボランティアとしてＰＮＧで8年間活動したのが始まりです。途上国で生活をし始め教育開発に関わるうえで第1に必要だと感じたのは異文化理解でした。

わたしは、標高１６００メートルの高地にある観光文化省の写真・ビデオ学校で初代の隊員として赴任しました。赴任すると、ビデオ番組を制作した経験のないカウンターパート２名と３名の生徒が紹介され、自分のやりたいように指導しなさいと指示されました。派遣前、わたしのビデオ制作の技術レベルは高いものでなかったため、ＰＮＧでのニーズにあう技術を身につけるため日本でソニー国際協力部の研修を受けました。当時、日本で学んだことを活かそうと、多くの専門書籍を抱えて現地に赴いたことを覚えています。

職場にはビデオ制作のためのカリキュラムや教材がなかったのに加え、ビデオ機材は古く、編集ができるような状態ではありませんでした。その中から使えそうな機材を整備して指導の準備をしました。研修コースのカリキュラムは自分で作成し、写真とビデオ撮影・編集の指導を手探りで始めました。授業の時間は十分あるので、一日３時間授業と実習を行いました。わたしはこういった研修を実施した経験がなかったので、授業を準備しても３時間も教えることができず、早く終わってしまうことが何度もありました。早く終わったときは、カウンターパートに「もっと教えてほしい。これは簡単な内容だから、もっと高度なことを学びたい。まだ時間があるぞ」とせかされました。やる気満々の彼らの気持ちに応えるために、「もっと準備します」と心の中で反省する日々が続きました。

当時のわたしは、指導力が不足していることに加え、現地の言葉で授業を行うという問題を抱えていました。ＰＮＧでは英語が公用語ですが、日常の会話は「ピジン・イングリッシュ」というローカルな英語が使われ、職場でも話されていました。派遣後に、協力隊の３週間の現地語訓練に参加していたので、だいぶ聞き取りと話ができるようになっていました。しかし、最初は、授業で技術的な説明することができず、聞き間違いもあり、苦労しました。

そして、もう１つの問題はカウンターパートがどの程度ビデオに関する知識を理解していたのか十分に把握していなかったことです。研修でわたしが白黒のモニターを使って説明していたときに、若いカウンターパートが「どうして、モニターはカラーじゃないの？　故障しているのか？」と質問してきました。わたしは、「テレビには白黒テレビとカラーテレビがありますね」と説明すると、若いカウンターパートはびっくりします。話を聞いてみると、ＰＮＧにテレビが普及したときはすべてカラーテレビだったそうです。また、テレビは、アンテナで電波を受けて番組を見るのではなく、ビデオテープから映像を見るものでした。地上波によるテレビ放送がなかったため、ビデオデッキが先に普及したそうです。わたしが知っているテレビの歴史に関する知識はわたしにとっては正しいが、彼らの経験から得た知識はわたしとは異なるため、研修でわたしの教えていることが理解されていないこともあったのだと気づきました。わたしは、わたしが持っている知識を使いながらも、「ＰＮＧではどうですか？」と問いかけを行い、双方向のコミュニケーションを大切にすることにしました。

言語を含めた現地の文化を理解することで、研修コースや教材開発における学習者の分析結果も変わってきます。学習者の分析は、学習者の現状と目標のギャップ、これまでの経験、期待されていることの明確化が必要とされています（鈴木　２００５）。赴任したＰＮＧでも、赴任先の歴史や文化・慣習を含めた学習者の経験を分析することで、業務やプロジェクトの目標と現実のギャップが明らかになり、現地のニーズを把握しやすくなると感じました。

もう1つの異文化理解の体験を紹介します。ある日、わたしは休暇を利用してカウンターパートであるイギの住んでいる島を訪問しました。イギはわたしに、食事では何が食べたいのか聞いてきたので、魚介類の好きなわたしは即座に「貝が食べたい」と答えました。「大きさは？」と聞かれたので、わたしはシジミのような小さい貝よりハマグリやアワビのような大きめの貝を食べたいと思い、「大きい貝」と答えました。中学校の娘さんが、目の前の海に貝を捕りに行きました。しばらくすると娘さんが海から戻ってきて「捕ってきたよ、どう料理しようか？」と聞きに来たので、網で焼きたいなと思い見に行くと、その貝を見て呆然としました。それは、大きさが30センチもあるシャコ貝でした。「大きい貝」と一言で言っても、わたしとPNGの人が想像するサイズには、とてつもない違いがあったのです。このときの体験から、日本で育った自分の考えを基準にせず、現地での生活を共有して相手の生まれ育った環境を理解しないと話が通じないことを学びました。仕事をするうえでは特に注意が必要です。わたしとカウンターパートが想像しているものが違うかもしれません。または、知っているふりをして知らないかもしれません。そこで、プレゼンテーションをするときには写真、イラスト、動画や具体物を提示することでお互いのギャップをなくし、共通理解が進むように心がけるようにしました。

協力隊員活動の目的は、「開発途上国地域の住民と一体となって当該地域の経済及び社会の発展に協力する」（国際協力事業団法第2条第2項）とあります。それはPNGの人々と暮らし、活動することを意味します。わたしは、兄のような存在になったカウンターパートのイギと積極的に家族ぐるみの付き合いを始めました。PNGでの生活に慣れてくると、目で見て、体験し、話す機会が増え、わたしたち日本人とは異なる文化や慣習、彼らの考え方や考えを学ぶことができました。馬場（２００７）は、Riley（2005）が唱える異なる文化と接触する教育協力においては、文化的素養が重要と指摘しており、わたしも同様に、文化・慣習や彼らの日常の経験も考慮した国際協力が望まれていると思います。

●自助努力の支援

国際協力の目的は、相手国の自助努力・自立発展を支援することだと考えます。廣里（２００５）は、21世紀の国際教育開発のビジョンは、ＭＤＧｓやＥＦＡ目標を達成するために、教育改革を「自立発展的に」推進する途上国特有の能力を構築することであると述べています。その必要性を感じた１つの例を紹介します。

ＰＮＧは、１８８４年に東北部がドイツ領、南東部がイギリス領になりました。第１次世界大戦でドイツが敗北したため、１９１４年にドイツ領はオーストラリアの委任統治領になりました。そして１９７５年にオーストラリアから独立しましたが、現在もイギリス連邦に属しています。ＰＮＧは、独立前から宗主国の政策を進めるため、政府の要職は雇われたオーストラリア人やアメリカ人などの外国人が就いていました。独立後、ＰＮＧ人の初代首相の政策により雇われ外国人削減の方針がとられましたが、外国人が政府の要職を占める体制が続きました（Turner 1991）。多くの白人が海外から出稼ぎに来て、高給を受け取り高い地位にいたので、ＰＮＧの人たちはその職につくことができませんでした。要職を独占している外国人は、ＰＮＧの部下に仕事を教えませんでした。教えてしまえば、自分のポジションが危うくなり、失職してしまうからです。

わたしは、１９９６年に写真・ビデオ学校から教育省カリキュラム開発局のテレビ・ラジオ課に配属が変わりました。当時、カリキュラム開発局に雇われ外国人が２名いて、教材の調達とテレビ番組制作を取り仕切っていました。テレビ部門には、５人のＰＮＧ職員が配置され、アメリカ人が部門長として高額な給与で雇われていました。テレビ番組の制作は、彼が番組構成、台本作成、撮影、編集を１人で行い、５人のＰＮＧ職員は補助的な役割しか担わせてもらえませんでした。アメリカ人部門長に、どうして、ＰＮＧ職員にディレクターやカメラマン、編集などの役割を担わせないのか聞いたところ、「彼らは何も知らないし、できないから」と素っ気ない回答でした。彼の考え方は、ＰＮＧ職員に技術指導することではなく、よい番組を制作し自分の評価を上げることです。そうすれば、現職に長く留まることができるからです。

わたしの協力隊での経験からＰＮＧ職員は、技術を十分に習得できる能力を持っていると思っていたので、彼らが主体となって番組を制作することを企画しました。学校向けのマラリア予防番組を制作するにあたって、制作スタッフ３名とマラリア予防に詳しい保健担当職員１名でチームを作りました。アメリカ人部門長は、ＰＮＧスタッフが中心となりビデオ制作をすることを意外にもあっさりと許可してくれました。番組のコンセプトや構成を決める作業は難しく重要な仕事です。そこで、わたしが提案するのではなく、保健担当職員から番組に対する希望を聞き、番組の目的、内容、構成はスタッフ全員で話し合いながら作成しました。わたしが話し合いの進行役を務めて、意見を出してもらいました。良い意見が出ないときは質問を変えながら、皆の意見を引き出すように心がけました。

写真7-2　筆者とカウンターパートの撮影方法の打ち合わせ

最初はマラリア予防がテーマでしたが、カウンターパートが自分の村での体験を共有して話し合いを進めると「村にいるハマダラ蚊を減らすことが大切」「数人の村人が蚊の発生しない環境を作っても村全体の環境が変わらないと蚊は減らない」という意見が出たため、村人が総出で蚊を減らす環境作りをし、予防を推進する生徒向けの番組内容に決定しました。それは、わたしが予想したよりも踏み込んだ内容でした。1週間かけた作業でしたが、彼らの意見が反映され主体的に内容を決めるプロセスから彼らの業務への姿勢と態度が明らかに変わったことに気づき、彼ら自身がオーナーシップを持ち始めていると思いました。

撮影や編集の技術は、実際の番組制作の活動を通じて身につきます。あるとき、カウンターパートがインタビューを撮影することがありました。しかしその場所では、逆光となりインタビューを受ける人の顔が暗くなるため撮影が難しい状況でした。そのとき、わたしは「光を反射させるレフ板を顔に向けることで被写体に適度な光をあてられるとよいと思う」とアドバイスをしました。このように実際に撮影している現場で、適切に指導していくことで、カウンターパートは次第に力をつけていきました。

カウンターパートが自分たちで判断し行動できるようになるにつれて、カウンターパートたちの意欲は高まり、自分たちの番組を作っているという自覚も生まれてきました。わからないことは積極的に質問し、問題解決に取り組もうと努力するようになりました。そうして、大変だった村での撮影と編集作業を終えて、番組が完成しました。カウンターパート3名が制作した最初の記念すべき番組です。局内で番組の審査会があり、その作品は、学校教育番組として無事に承認されました。そのとき、アメリカ人部門長はわたしに握手を求め、「彼らでもできるんだな」と言いました。彼はPNG職員が自力で番組を作ることは無理だと考えていたので、ひょっとすると複雑な気持ちだったかもしれませんが、作品は部門長の予想をはるかに超えた出来栄えだったようです。

この番組制作が契機となり、カウンターパート主体の業務が動き出しました。わたしは横で技術指導をし、カウンターパートを支えながら鍛えました。教育省は、アメリカ人部門長の契約の更新をせず、パプアニューギニア人のテレビ部門長が新たに誕生しました。結果として、アメリカ人部門長は職を失うことになり、わたしを恨んだかもしれません。しかし、彼がもっと早くから指導しカウンターパートから信頼を得ていたら、教育省からアドバイザーのような別の形で長く仕事ができたかもしれません。わたしが常に心がけていることは、「わたしたちの仕事はPNG職員の自助努力を支援すること」です。わたしも、ポジションが協力隊員から専門家、プロジェクトチームリーダーと変わり、高度でチャレンジが必要な業務を担当するようになりました。これらの活動を通じて、自分がPNGの人と一緒に暮らし活動することに生きがいを感じ、教育開発に生涯を捧げようという気持ちでPNG職員の自助努力を支援してきました。

次節では、わたしがPNGの抱える教育課題に対してどのように現地の人々と共に解決しようとしたのかを、遠隔教育プロジェクトの例を通して説明します。

PNGの教育課題とテレビ番組を活用した遠隔教育プロジェクト

教育省は、「万人のための教育（EFA）」政策に沿った就学率の向上をめざし、スローペースながら教育の質の改善に取り組みました（Department of Education 2005）。地方への授業改善のために、テレビ番組を活用した遠隔教育プロジェクトを2001年に開始し、JICAは、2002年から2015年まで支援を続けました。わたしは、プロジェクトのリーダーとして活動をしました。この節では、長期の日本政府の支援が開始されるきっかけとなった2000年代のPNGの教育課題とJICA技術協力プロジェクトの関係を紹介します。

●教育改革と課題

PNGの面積は463平方キロメートルと、日本の1.2倍の広さを持ち、山岳地域や離島が国土の大半を占めているため、道路や鉄道が十分に整備されていません。しかし、人口の9割は地方で暮らし（World Bank 2020）、小中学校は各地域に点在しています。そのため教材を配付したり、学校をモニタリングしたりすることが困難です。さらに遠隔地の学校には教師が行きたがらないため、地方には施設・教材・教師の量と質に課題がありました。これらの地理的困難に加えて、多民族国家であるがための多言語・多文化の状況は、教育開発をするうえでの課題でした。2003年において基礎教

	基礎教育（9年間）									中等教育（4年間）			
学校	基礎学校 Elementary School			初等学校 Primary School						中等学校 Primary School			
学年	準備学年	1学年	2学年	3学年	4学年	5学年	6学年	7学年	8学年	9学年	10学年	11学年	12学年
年齢	6	7	8	9	10	11	12	13	14	15	16	17	18

図７-２　PNGの現行の学校制度（教育省国家教育計画2015–2019をもとに筆者作成）

育の純就学率は68%、成人識字率は約56・2%と低迷していました（現在、純就学率81・7%、２０１７年／成人識字率64・2%、２０１５年）。ＰＮＧ政府は１９９４年から教育改革を開始し就学率の向上と教育の質改善をめざしました。教育省は、まず学制の改革を進め、それまでの小学校６年・中学４年・高校２年（６・４・２）の学制を３・６・４と変更し、これによりすべての子どもが８学年まで進学できるようになりました（図７－２参照）。しかし、弊害も起こりました。今まで６学年まで教えていた教師が、７・８学年生も教えなければならなくなりました。７・８年生は、日本の中学１・２年に相当し、日本では教師は教科担当になります。しかし、ＰＮＧではすべての教科を１人の教師が教えなければならないため、教師の負担が増え、授業準備もままならず、教材もないまま教えるという大きな問題が起こりました。

　学制改革の弊害にさらに追い打ちしたのが、２０００年からオーストラリアの支援により開始したカリキュラム改訂でした。当時先進国で始まったばかりの成果主義カリキュラム（Outcome-Based Curriculum）を導入しました。

　成果主義カリキュラムとは、学習成果（outcome）を設定しますが、成果を達成するための教材や教授方法は、教師や学校にその選択を任せるという教育方法です。この教育では生徒の主体的な授業参加を促すために、教師に高い教科知識や教授技術、指導力が求められます。生徒が自分で調べる課題学習があるため、多くの教材を用意する必要があります。しかし、十分な教材・教具が整っていないＰＮＧの学校環境はこのような教育を行える状況ではありませんでした。学校に配付されたシラバスについての教員研修は実施されず、教師用指導書の不十分な説明ではわかりにくく授業にはあまり役に立ちませんでした。教育省から教科書や教材が届かないにもかかわらず、教師はこれまでやってきた一斉授業のスタイルから、実践したことのない成果主義カリキュラムの授業に切り替えなければならなかったのです。教師の負担が増し、その結果数年後には学力低下も起きました。

わたしはカリキュラムが施行された当時から学校を訪問して授業の視察と教師の聞き取りをしていました。７・８学年の授業では、間違えた内容を教えている教師が多くいました。しかし、教師たちは自分の間違いに気がついていませんでした。教科書や参考書がなく、間違いを指摘するシニア教師や同僚がいないので、毎年同じ間違いを教えていくのだろうと悲しくなりました。また、成果主義カリキュラムの授業実践は、生徒に活動をさせるだけで終わり、まとめもないことも多く、学びが深まりませんでした。教師に授業について聞いたところ、「シラバスを読んでも内容がわからない、教科書がないから正しい内容を教えているか確信が持てない」と答えてくれました。教師は一生懸命授業をしていますが、それが報われませんでした。わたしは、教師と生徒が学ぶための教材と研修が不足していることが課題であると思いました。

●テレビ番組を使ったパイロットプロジェクトの開始

２００１年当時わたしが所属していたのは、新カリキュラム向けのメディア教材を開発する教育省国立教育メディアセンター（以下、メディアセンター）でした。学校教育現場で教師と生徒が学ぶための教材が不足していると考えたわたしは、なんとかテレビやラジオというメディアを活用して教育現場を支援することができないかと考えました。そこで、まずはＰＮＧにおけるメディアを活用した遠隔教育について調べました。

ＰＮＧにおける遠隔教育の歴史は１９７５年にさかのぼります。戦後からオーストラリア・ラジオ局（ＡＢＣ）がラジオ放送をしていましたが、１９７５年にＰＮＧの国営ラジオ局（ＮＢＣ）へ移管しました。それを機会に、ＰＮＧ政府は全国で一定の教育の質を担保するために、教育ラジオ放送番組を制作してＮＢＣから放送していました。学校はラジオ放送に合わせて時間割を作り、時間になるとラジオ番組を聴きながら授業をしていました。教育省は、中等学校には１９８６年からビデオ教材を配付するなどメディア活用を教育手段として、遠隔地の学校への支援を行っていました。

写真７-３　小学校でのラジオ番組を使った授業風景

当時のカウンターパートは、日本で行われた番組制作研修に参加して技術を学んだ経験を活かして、理科・社会科・保健などの番組を制作し、中等学校へビデオを配付していました。小学校向けには、ラジオ番組の制作と配信を行っていましたが、テレビ番

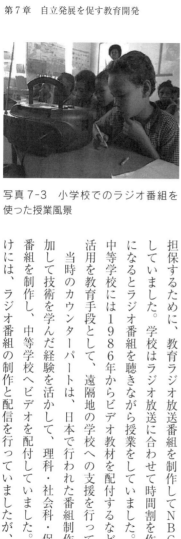

組は、学校に電気とテレビ機材がないために配付の対象になっておらず、配付はされていませんでした。また、教師は授業時間外に長期で研修を受けることができませんでした。つまり、教師が学ぶための教材も研修もなかったのです。わたしは、遠隔教育を使って教材を普及させれば教師の能力を向上させることができるのではないかと考えました。

わたしとカウンターパートのセンター長は、教材不足という問題を抱える教師を対象に、授業を実践しながら同時に教師自身の教科知識を向上させるテレビ番組を制作できないだろうかと考えました。たとえば、実験器具のない学校では、教師が黒板に実験の絵を描きそれを説明し、生徒はそれを写すだけの授業を行っていました。そこで、実際の実験映像を視聴できれば、教師も生徒と一緒に実験方法を学ぶことができます。年間を通してそういった番組を提供できれば、教師は正しい教科知識を学ぶことができるわけです。

わたしはセンター長に相談を持ちかけ、教師の知識向上をめざすだけでなく、教育方法に関しても課題を解決できるように取り組もうと提案しました。当時、ＰＮＧの教師は生徒中心型の授業を知りませんでした。生徒中心型の実践を理解するには、模範となる授業を見ることが大切です。まずは、見て、真似ることから開始しようと考えました。それを実現するために考えた方法が、モデル教師による新カリキュラムに沿った実際の授業を収録して放送することでした。わたしたちは、モデル授業を活用した教科内容と指導法に関する研修を計画しました。

まず、わたしたちはＮＨＫ教育番組について調べ、そしてタイで実践されているライブ放送を使ったプロジェクトの情報を得ることができました。日本や海外の情報の中でも、特に途上国のものは有益です。そこで調べた先行事例が、ＰＮＧの教育現場の課題解決にどれくらい役立つのかをセンター長と議論しながら、構想を作り上げていきました。その中でわたしたちがこだわったことは、海外の事例をそのまま導入するのではなく、ＰＮＧの教育現場のニーズと合ったアプローチにすることでした。そこで重要だったのが、センター長を中心とした現地の人たちの考えでした。わたしたちは構想が固まってきた時点で、教育省カリキュラム開発局長に構想を相談しました。局長は、「地方は電気がなく、テレビ放送も地方には届いていないけれど、大丈夫か」と聞きました。ＰＮＧでは、２０１７年には、54％の人口が電気を使っていますが、２０００年当時はわずか10％でした（World Bank 2017）。ＰＮＧで生まれ育った局長は、インフラ整備に多大な時間がかかることを知っていました。わたしは、「電気が村まで普及するのを待てば20年以上は掛かるだろう。だから、電気のある学校や、発電機を購入できる学校を対象にしましょう。テレビ放送は、衛星放送受信機があればどの場所でも受信可能です」と説明し、待つのではなく、できることから始めてみようと説得しました。当時、日本人専門家であるわたしだけが局長を説得しても、この構想はうまく伝わらなかったと思います。構想の初期段階からセンター長と議論を重ね、彼と共に局長を説得したことが功を奏したのだと思います。

次に、わたしたちは試験的なプロジェクトを立ち上げ、課題の改善と成果を確認してから少しずつ規模を広げる計画を立てました。メディアセンターの職員は、プロジェクトに大変興味を示してくました。センター長と共に立てた構想は、ＰＮＧ職員たちにとっても嬉しいものであったようです。試験プロジェクトの許可を得るために教育省幹部に説明を重ねた結果、年に１回開催される教育省最大の全国教育幹部会議でのプレゼンもすることができました。

このように書くと話はスムーズに進んだようですが、わたしとセンター長は多くの工夫をしました。わたしたちは、学校現場の抱える課題を理解してもらうため、教師へのインタビューを行い、その様子を映像として会議の場で紹介しました。同じＰＮＧ人といえ、すべての人が教育現場に対して同じイメージを持っているわけではありません。説得をするには、根拠を示す必要があります。わたしたちは、現場教師の声を映像で伝えることで、具体的な問題意識を持ってもらえるよう工夫しました。

教育省には放送施設がありません。教材用の映像を放送するために、民間組織も巻き込んだほうがよいと考え、民間テレビ局に協力要請をしました。民間テレビ局は、夕方４時から番組が開始し深夜まで放送しますが、昼間は番組を放送していませんので、その時間帯を使用させてほしいと依頼しました。企業の社会的責任（Corporate Social Responsibility: CSR）をアピールしたところ、合意を得ることができ、２００１年からテレビ局の運営方針が変更になる２０１５年までコストをかけずに放送を続けることができました。

プロジェクト実施における開発コミュニケーション

テレビ放送を活用した遠隔教育は、教育省が行うプロジェクトです。それをＪＩＣＡの技術協力プロジェクトが支援することで、次第に全国へ普及していくことができました。ステップ１は試験的な活動によるテレビ番組の有効性の確認、ステップ２は質の高い補助教材と番組の開発、番組活用のモ

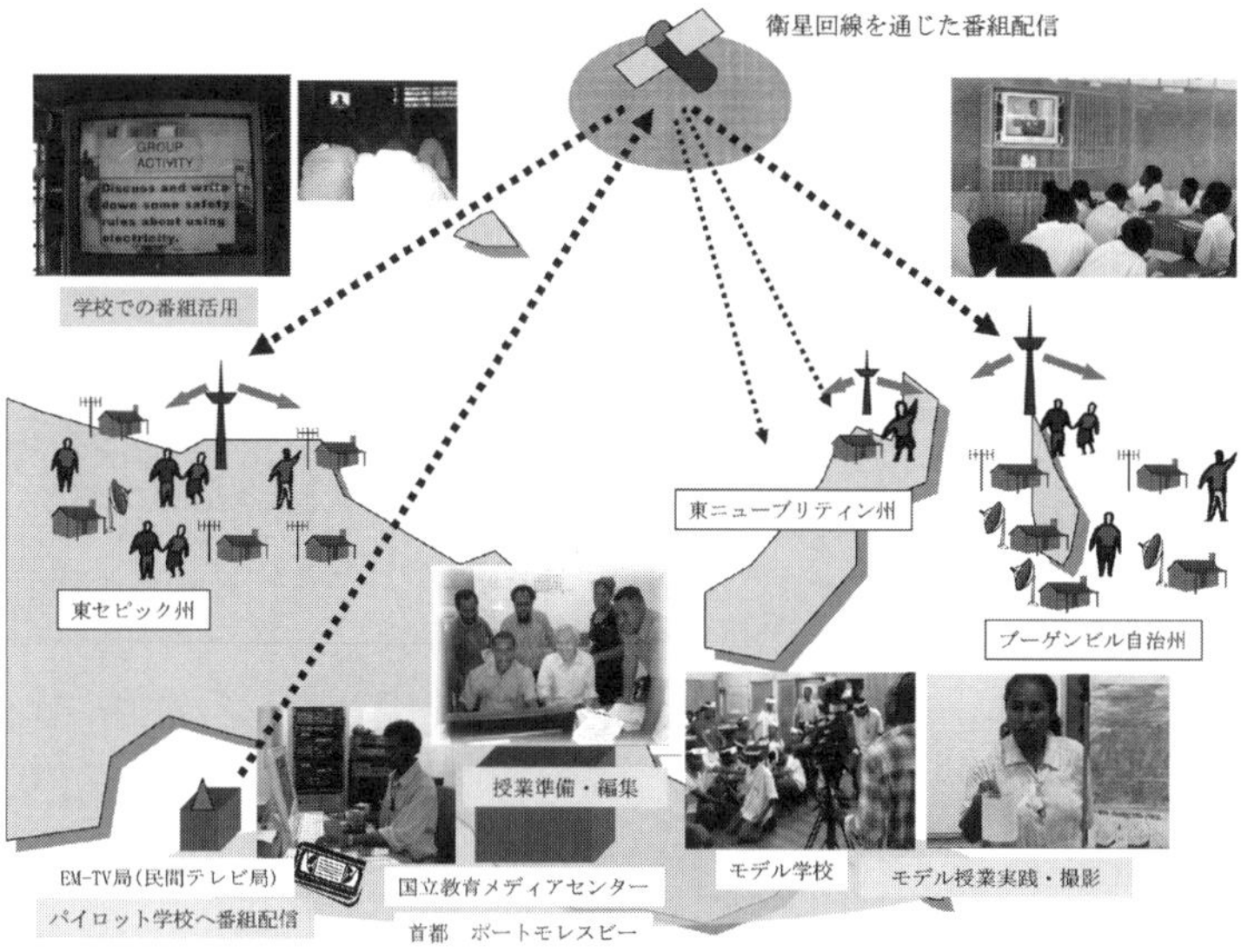

図７-３　2005年から開始された遠隔教育プロジェクトの概念図（筆者作成）

デル構築、ステップ３は番組活用の全国普及に向けた組織強化です。この節では、チームリーダーとしての立場からプロジェクトの活動の中での気づきを紹介します。

●プロ集団の専門家との活動

２００１年に開始した教育省プロジェクトでは、メディアセンターに隣接する初等学校のクラスで理科と社会科の番組を収録し番組として放送しました。首都ポートモレスビーの校外の４つの学校に番組を活用してもらい、活用状況を調べました。２００２年からソニーとＪＩＣＡが教育省プロジェクトの支援を開始しました。わたしとセンター長は、撮影環境の改善（機材と撮影する教室の整備）と、番組の質の向上（番組制作・モデル教師

写真７-４　模範の授業番組を活用する教師と生徒

への指導）についてプロジェクトで取り組みました。また、それと同時に番組を活用する学校を広げ28校のテレビ機材の整備を行いました。２００５年から教育省とＪＩＣＡは「テレビ番組による授業改善プロジェクト」を開始し、将来の全国展開を見据えて、テレビ授業の活用のモデル作りを行いました。対象校でテレビ番組が継続して適切に授業で活用され、授業の質が改善されることをめざしました。番組制作の他に、学校で必要とされた理数科の７・８学年の模範授業の教師用ガイド、生徒用ワークブックの開発も開始しました。テレビ番組が継続して適切に活用されるために、76校を対象にした番組の活用研修と運営の指導も行いました。テレビ番組を試験的に活用する学校を少しずつ増やしていき、将来的に、テレビ番組を全国の学校で活用できるようにする計画を立てました。

ＯＤＡは日本の国民の血税を使って実施されます。予算が適切に使われ決められた成果を決められた期間の中で達成しなければなりません。そのためには、わたし自身の国際協力に活かせるスキルアップが必要でした。わたしは、技術面とプロジェクトマネジメント技術・調査手法の研修に参加し現場で活用していきました。途上国で役立つスキルは、計画・立案・モニタリング・評価を行うプロジェクト・サイクル・マネジメント（ＰＣＭ）手法、社会調査手法（参加型農村調査法：Participatory

Rural Appraisal: PRA）、そして、プロジェクトマネジャーに必要な実践力を身につけるＰ２Ｍ資格（日本プロジェクトマネジメント協会〈ＰＭＡＪ〉が認定するプロジェクトマネジメント資格）研修などです。これらのツールは、目標を達成するため問題を見つけたり、課題を整理したりする方法を提供してくれます。これらのツールは、使うことが目的ではなく、何のためにその手法を使うか十分に理解し、目的に合わせて臨機応変に使い分けることが求められます（国際協力機構２００７）。プロジェクトの目標達成には、個人の高い知識とスキルそして、優秀な専門家チームが必要になるため、２００１年からのプロジェクトには日本人専門家・協力隊員合わせて12名、２００５年からは12名の日本人専門家が参加しました。

プロジェクトの醍醐味は、専門家たちと一緒に仕事ができることに加え、現地の人たちと１つのチームを組みプロジェクトに取り組むことです。チームメンバー１人ひとりの知識と経験をメンバーと共有し、共に尊重しながら活動することで、１人では達成できない目標もチームでは達成することができます。わたしはチームの中で専門家と現地の人たちを結びつける役割を担う中で、わたし自身が大きく成長したことを実感しました。

２００５年のプロジェクトに参加した専門家は、途上国で長年教育開発の経験がある人たちでした。しかし、太平洋島嶼国での活動経験があるのは２名だけでした。専門家が首都ポートモレスビーに到着すると、いろいろと質問をしてきます。もちろん、赴任前にＰＮＧの情報を調べてきていますが限られた情報しか手に入らないためです。そして、業務が開始すると専門家は次第に仕事に追われるようになり、毎日残業することが多くなりホテルと職場の行き来だけになります。わたしは、専門家に

写真7-5　筆者の案内で、専門家が地方の学校と村の暮らしを視察し体験する様子

写真7-6　専門家が、村の料理を食べながら校長と学校や村の生活を学ぶ様子

は自分たちが誰のために活動しているのか、子どもたちはどんな環境で育ち、どのような暮らしをしているか、実際に自分の目で見てもらい、暮らしも体験してもらうことを心がけてきました。

　職場であるポートモレスビーは、首都のためビルも大きなスーパーマーケットもあり発展しているように見えます。首都には40校の学校があり、一クラスの子どもの数は平均51人ですが、85人の子どもたちが1つのクラスで学ばなければならない学校も存在します（国際協力機構2017）。一方、国民の87％は地方に住んでいます。地方での暮らしは首都とは大きく異なります。わたしはポートモレスビーの学校の視察、教師や校長へのインタビューを行った後に、専門家たちをポートモレスビーの郊外へ案内しました。車で行ける学校や村以外に、ボートでしかたどりつくことができない海辺の学校や河川の上流の学校にも訪問しました。学校は小さな村の中にあり、校長に村の生活を紹介してもらいました。道中で買った地元の山菜や蟹、魚を持参し、村人に料理してもらい、村の人たちがどのような暮らしをしているのかを体験してもらいました。また、ポートモレスビーでは、９月の独立記念日に向けて、伝統文化を祝う文化祭や、同一州の出身者が州のアイデンティティを祝うお祭りも開催されます。海洋貿易を祝うお祭りもあります。このお祭りに参加することで、ＰＮＧの民族の多様性や、伝統文化の理解も促進されます。わたしは、専門家を案内し、文化に触れる機会を多く準備しました。

プロジェクトでは、理数科の教材を開発します。ＰＮＧ理科教員ガイド（Department of Education 2003）には、身の周りの教材を使って学習することが書かれています。学校と村を訪問後に専門家たちから「真剣に子どもたちは学んでいるね。研修に教材が必要だ」「今まで、ＰＮＧの人の生活が全く見えなかったけれど、今日、初めてわかりました」と報告してくれました。専門家は、その分野に関わる知識・技術に長けていますが、知識・技術を「誰がどのような環境で使うのか」詳細までは知りません。しかし、教育開発において、「誰が、どのような場所で」は極めて重要です。わたしたちが支援する教材が誰に使われるかがわかり、教師や生徒がどんな生活をしていて、どのような環境で学習しているのか、専門家自身が確認し、理解を深めたうえで活動する必要があると思います。このことで専門家の教材開発の指導方法や姿勢も変わります。

●テレビ番組の質の向上

プロジェクトを成功させるためには、模範となるテレビ番組の質が重要になってきます。わたしは学校で授業をモニタリングしている際に、番組の問題点に気がついたことがありました。教師と生徒

写真7-7　模範となる理科授業の撮影風景

が見たい思う被写体が写っていなかったり、映像の表示される時間が短いため理解できない場面があったりすることです。たとえば、番組の中で算数の問題がテレビ画面に表示されると、教室では教師がその問題を黒板に写します。しかし、突然画面が変わってしまい、教師は困まっていたことがありました。また別の番組では、テレビのモデル教師が実験をするために小石の説明をしていましたが、小石の画像が写されず、教室では教師と生徒が小石を見ることができませんでした。

わたしは、原因を考えました。番組は、カウンターパートである番組制作チームが制作します。番組制作チームでは、ディレクターがカメラマンに撮影の指示を出し、撮影後ディレクターが映像編集をしていました。ディレクターに編集方法について質問すると「不必要と感じたシーンを自分の判断で短く編集している」と答えました。そして、話を聞く中でディレクターは教職経験がないことがわかり、授業の大切なシーンがどこなのかわからないのではないかと思いました。そこで、その改善策としてわたしたちは、番組制作チームが実際に学校で番組がどのように利用されているか視察できるようにセンター長に相談を持ちかけました。専門家と共に、番組制作チームも学校の授業視察に参加し、授業改善の方策を専門家と一緒に検討すべきだと考えたのです。わたしたちは、番組制作チームと共に、実際に教材を活用する学校を訪問し、教室の現場において生徒や教師がどのように授業をしているのか観察することにしました。

授業が始まると、わたしがモニタリングで見たような、問題のある画像が流れました。彼らは、番組と生徒を見ながら、「あ、まずいな」とつぶやき出し、カウンターパート同士で話をしています。実際に番組が使われる場面を見ることで、どこに問題があるのかを知ることができました。帰りのバスの中で、彼らは夢中で番組をどう改善していくべきか、問題点を話し合いました。

反省会ではディレクターや他の番組制作メンバーから改善点が出されました。すぐに多くの問題を改善できるわけではありませんが、わたしと番組制作専門家が助言をしながらモニタリングと反省会を繰り返していくうちに番組は少しずつ教師や生徒のニーズに応える内容に変わっていきました。モニタリングをきっかけに、ディレクター自身が誰のために番組を作っているのか、どんな映像が必要とされているかを理解し、カメラマンに指示を出すなど、現場で教師と生徒がどのような活動をしているのかを意識したことが大きな変化につながりました。

番組制作のプロセスをＰＤＣＡ（Plan-Do-Check-Action）のサイクルで捉えると、図７－４のようになります。しかし、制作プロセスを単にＰＤＣＡのサイクルに沿って機械的に進めるだけでなく、常に現場の状況を制作スタッフが直接確認することが必要であることをわたしたちは実感しました。制作スタッフはモニタリングを通して、自分たちの番組が学校で重要な役割を果たしていることを理解し、番組の質が教えと学びに大きな影響を与えることを実感しました。彼らは教師ではないので教科内容については判断できませんでしたが、授業観察を重ねるにつれ、どういった撮影と編集方法が学習に効果があるか次第に理解できるようになってきました。現場の理解を深めつつ、ＰＤＣＡのサイ

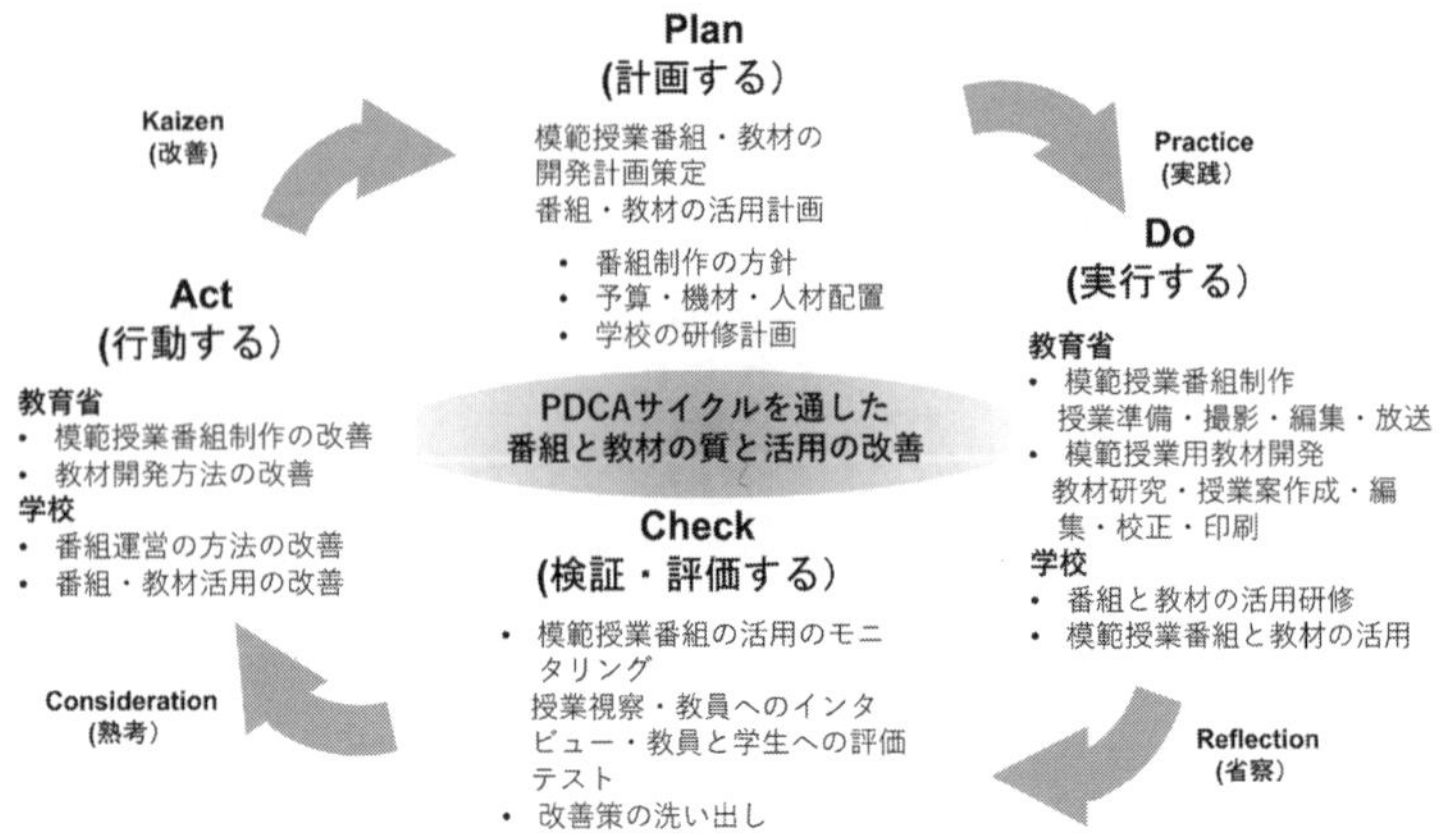

図 7-4　番組教材・制作と活用に関連する活動と PDCA のサイクル（筆者作成）

クルを慎重に進めることで、教師や生徒のニーズに合わせた教育番組が作れるようになってきました。

活動や教材の質を改善していくには、ＰＤＣＡサイクルのCheckにおいて制作スタッフが学校現場を訪問したいという態度と、そこでの学びが大切です。

●現場の多様な声に耳を傾ける

わたしたちは、番組を活用している学校を訪問して課題を見つけ、その結果をもとに効果的な番組活用に関する研修会を開催しました。参加者は、活用校の校長と学校運営委員会（ＰＴＡ）の代表と番組を活用している教師、そして州教育局代表と学校を監督する視学官です。活用校の校長に番組の活用状況や課題について質問をすると「学校は、テレビ授業を支援していて、すべてうまくいっている」と回答しました。わたしたちは、学校はきちんと使っているのだと安心しました。ところが、教師たちが記録している番組活用のノートを見ると、活用していないときがあることがわかりました。そこで教師に理由を聞きくと「発電機の燃料がなくなるときがあり、そのときは番組が活用できない。学校運営委員会が、協力しないときがある」「校長が発電機保管庫の鍵を持っているので、校長がいないと発電機が準備できないため、使わないときや開始が遅れることがある」と問題があることを報告してくれました。教師たちは、学校運営委員会と校長に大きな不満を持っていたことがわかりました。なぜ、校長は本当のことを話さなかったのでしょうか。

和田（２０１０）は、話をする側と聞く側に上下関係や利害関係が存在する場合、下に位置する者は相手に気を使ってしまい相手が期待していると思うことを自分の答えにしてしまうと指摘していま す。ＰＮＧは相手を敬う・歓迎する文化があるため、校長はわたしたちの期待する答えを話したと思います。また、問題を知っていても真実は話したくないことも理解できます。わたしたちは、このようなＰＮＧの文化を理解したうえで、現場の多様な声を引き出す方法を考えなければいけません。その方法の１つが、教師による活用記録や生徒への聞き取り調査です。

写真７-８　カメラマンに指示を出している収録時の番組ディレクター

写真７-９　制作担当カウンターパートと改善方法を協議する番組制作専門家

写真7-10　PTA代表、校長、教師が一緒になりテレビ授業の運営の改善計画を作成

それらと校長の発言とを比べながら、学校での活用状況を確認していきます。

その後、教師向けの研修会を行い、調査結果を共有しました。研修会では、番組活用に関する運営の良い事例と改善すべき事例を参加者の間で共有し、各学校の教師に改善計画を作成してもらいました。研修会ではチームリーダーのセンター長が「生徒の学びが大切です。そのために、学校運営委員会、校長、保護者も一緒になって教師と協力しましょう。課題は改善することができます。成功している学校の例を参考に、自分たちの計画を作りましょう」と挨拶をしました。参加者も納得した様子で活動を行いました。わたしたちが特に気をつけたことが、学校運営員会、校長が教師たちと同じ目線で参加することです。わたしたちに気を遣うのではなく、生徒のために課題を出し合い改善点を模索することです。研修終了時に、学校運営委員会や校長と仲の悪かった教師に感想を聞くと「校長からも提案があった。協力してもらえそうだ」と言って作成した計画書を見せてくれました。その後もプロジェクトでは随時、研修会が開かれ、良い事例を集約していきました。そして、これが全国普及にもつながっていったのです。

久保田（1999）は、より良い社会づくりのための開発では、相手と平等なコミュニケーションをとることにより、共に生きる視点を大切にするために、双方が納得のいく形を探そうとする、解釈主義を主張しています。それは、押しつけでも迎合でもなく、相手の文化の中で共に考える姿勢を指しています。わたしたちとＰＮＧの人々、それと同時に、プロジェクトに関わるＰＮＧの人々の中でも平等なコミュニケーションがとれるように、わたしたちも働き掛けが必要です。

●プロジェクト運営のうえでの開発コミュニケーション

わたしは、途上国での教育開発に携わる際には、異文化を理解すること、学校や村を訪ね、彼らの生活を直接知ることの重要性を説明してきました。初めてＰＮＧに来る専門家にとって、それが出発点になるとわたしは考えます。プロジェクト運営におけるコミュニケーションでは関係者間の緊密な情報交換と現状認識の共有が不可欠です（国際協力機構 ２００７）。しかし、単に日本から集まった専門家だけで議論をしたり、漫然とおしゃべりしたり、形式的な定例会議を重ねたりしていては、マネジメントのためのコミュニケーションとはいえません。プロジェクト・マネジメントの中核を担うコミュニケーションは、現地の状況を十分に理解したうえで、現地の声に耳を傾けつつ、現地のスタッフと共にその目的と手段を明確にし、計画・実行するためのものでなければいけません。わたしの場合、現地の生活歴が長いため文化の深い理解、そして現地語を自由に使えることが、プロジェクトを進めるうえで重要だったと思います。

日本とＰＮＧの架け橋――ＰＮＧのコミュニティの一員（ワントーク）

わたしがＰＮＧを好きな理由を、読者の皆さんは感じてくれたでしょうか。わたしは、大好きなＰＮＧのために、真剣に業務に向き合ってきました。仕事は大変ですし、失敗や課題も多くありましたが、情熱を持ち続けることができました。個人的な話となりますが、その理由を説明します。

わたしは、１９９５年にＰＮＧの女性、レジナと結婚し2人の子どもに恵まれました。レジナとの出会いは、１９９2年のクック諸島で開催された南太平文化芸術祭でした。わたしは、ＰＮＧ代表の撮影クルーとしてカウンターパートと共に参加しました。レジナは、ＰＮＧのダンスチームの一員として参加していました。知り合ってから文通を始め、彼女の住むアフス島を訪ねることもありました。人口３０００人、徒歩40分で1周回ることができる小さな島です。白い砂浜、美しい珊瑚礁と海、そして笑顔で優しい村人たちと出会い、レジナとアフス島に恋に落ちました。村は、その地方の中でも特に伝統文化を継承していました。レジナは、椰子の葉を使って帽子やバックを作ったり、美味しい伝統料理を作ったりできます。

結婚してからは、ポートモレスビーでレジナの兄弟や姉妹も一緒に生活をしています。彼らが学生のときはわたしが学費を支援してきましたが、今では仕事を得ることができ結婚をして、家の敷地内には5世帯が一緒に暮らしています。大家族の中で生活しているとＰＮＧならではの出来事が身近で起こり、日本とは全く異なるＰＮＧ独特の伝統的な問題対処の方法を見ることができます。

近所で夫が妻に暴力を振るう事件が起きたことがありました。この問題を解決するために、夫側の親族がお金とブタを持参し「賠償と仲直りの儀式」を開き、和解しました。ＰＮＧには同じ言葉を話す一族を何よりも大切にするワントーク（One talk）システムがあります。ワントークとはメラネシア特有の同一言語集団の成員を意味し、伝統的な社会規範である相互扶助を指します（上西２０１３）。家族や仲間になってしまえば、ワントークの一員でありブラザー（兄弟）と呼ばれ敬われます。お互いに信頼できれば、仕事でもいろいろな面でも優遇してくれます。わたしが、楽しく、安全に生活し活動できるのは、このワントークという伝統的なシステムにわたしも一員として入っているからです。時には、強引なお願いも「お前はブラザーだからな」と聞き入れてくれます。

写真 7-11　南太平洋芸術文化祭で妻レジナと初めて出会ったときの記念写真
（クック諸島 1992 年）

さて、わたしたち夫婦は仲が良いですが、時にはけんかもします。国際結婚ですので、異なる環境で育てば考え方も異なります。ある日、友人から「日本の文化・習慣を知っている日本人同士でも夫婦の離婚率は高いんだよ」と聞きました。そうか、育った国は関係なく、お互いを思いやる気持ち、相手を理解する姿勢、尊敬があれば国際結婚もうまくいくと考えるようになりました。現在、54歳のわたしは6人の孫がいます。孫が生まれたというニュースを聞いたカウンターパートは、「ようこそ、お爺ちゃんグループへ」と祝いをしてくれました。これは、わたしが本当にＰＮＧのワントークの一員になったことを意味します。わたしは、初めて会う人がいる会議で「わたしは、30年ＰＮＧで働き、ＰＮＧの女性と結婚して、６人の孫がいます」と自己紹介をします。そうすると参加者から拍手が起こり、わたしのことを信頼し仲間として受け入れてくれます。孫が生まれたことで、より仕事に情熱を注ぐようになりました。

わたしたちの活動はＰＮＧの自立発展の後押しをすることです。わたしたちが開発したテレビ番組教材や教科書はこの国を担う子どもたちが学校で使います。その子どもたちには、わたしの孫も含まれるのです。個人的なことを公共のプロジェクトに入れるのは望ましくありませんが、プロジェクトの対象にわたしの子どもたちも含まれます。だからこそ、ＰＮＧのためになる活動をもっと応援しようという気持ちが湧き上がってくるのです。

わたしは、これからもＰＮＧに住み、ＰＮＧの人と一緒に働き、学びながら、これまでの教育開発での学びと教訓と開発コミュニテケーションの実践を活かしてＰＮＧの発展に貢献し、日本とＰＮＧの架け橋となる役割を担っていきたいと思います。

【参考文献】

馬場卓也（２００７）「教育開発研究における教科教育アプローチ――理数科教育の視点より」『国際教育協力論集』第10巻第３号、55－72頁。

ロバート・チェンバース（著）、野田直人・白石清志（監訳）（２０００）『参加型開発と国際協力――変わるのはわたしたち』明石書店。

藤本学・大坊郁夫（２００７）「コミュニケーション・スキルに関する諸因子の階層構造への統合の試み」『パーソナリティ研究』第15巻第3号、３４７－３６１頁。

廣里恭史（２００５）「東南アジア地域における国際教育協力の現状と課題――『自立発展的』な教育改革支援へ向けて」『比較教育学研究』第31号。

一般財団法人国際開発機構（ＦＡＳＩＤ）（２００４）『開発援助のためのプロジェクト・サイクル・マネジメント――参加型計画編』

国際協力機構（２００７）「調査研究事業マネジメントハンドブック」

国際協力機構（２０１７）「ＰＮＧ理数科教育の質の改善プロジェクトベースライン調査報告書」

久保田賢一（１９９９）『開発コミュニケーション』明石書店。

野村総合研究所ＮＲＩナレッジ・インサイト
大西淳也・福元渉（２０１６）『ＰＤＣＡについての論点の整理』財務省財務総合政策研究所総務研究部。

鈴木克明（２００５）「e-Learning実践のためのインストラクショナル・デザイン」『日本教育工学会論文誌』第29巻第3号、１９７－２０５頁。

鈴木正己（１９８２）『東部ニューギニア戦線――地獄の戦場を生きた一軍医の記録』戦誌刊行会。

鈴木正己（２００１）『ニューギニア軍医戦記――地獄の戦場を生きた一軍医の記録』光人社。

上西英治・河辺俊雄（２０１３）「近代と伝統が混在するメラネシアの金融事情――ソロモン諸島とパプアニューギニア」『地域政策研究』第14巻第4号、17－32頁。

和田信明・中田豊一（２０１０）『途上国の人々との話し方――国際協力メタファシリテーションの手法』みずのわ出版。


【外国文献】

Asia-Pacific Broadcasting Union, National Broadcasting Corporation of Papua New Guinea (NBC/PNG)
Brown Konabe (2019) Report On The State Of Biodiversity For Food And Agriculture.

Department of Education (2004) *Achieving a better future: a national plan for education: 2005–2014*, Papua New Guinea. Government.

Department of Education, PNG EMIS data (2007) (2018)

Department of Education, Primary Science Teacher's Guide (2003)

Frances A. Karnes and Tracy L. Riley (2005) "Developing an Early Passion for Science Through Competitions," In *Science Education for gifted students*, Prufrock Press, Inc.

Grimes, Barbara (1992) *Ethnologue*. Dallas: Summer Institute of Linguistics.

Literacy rate, Papua New Guinea, CIA, The world Facebook.

Rural Population. https://data.worldbank.org/indicator/sp.rur.totl.zs（accessed 2020.9.26）

Tok Pisin English Dictionary - Radio and Television Broadcasting in Papua New Guinea. https://www.tokpisin.info/radio-television-broadcasting-papua-new-guinea/（accessed 2020.10.15）

Tok Pisin (New Guinea Pidgin) *English Bilingual Dictionary & Encyclopedia of Papua New Guinea*.

Trading Economics, Papua New Guinea - Access To Electricity (% Of Population). https://tradingeconomics.com/papua-new-guinea/access-to-electricity-percent-of-population-wb-data.html（accessed 2020.10.15）

Turner, Mark (1991) "Issues and reforms in the Papua New Guinea public service since independence". *Journal de la Société des Océanistes*, Annee 92–93, pp. 97–104.

UNDP (2017) Papua New Guinea's Fifth National Report to the Convention on Biological Diversity.

The World Bank (2019) IBRD/IDA data. World bank. Org.

World Bank. World population review 2020. https://worldpopulationreview.com/countries/papua-new-guinea-population/（accessed 2020.9.26）

第8章

パフォーマンスに焦点をあてた研修デザイン
――ネパール

伊藤　拓次郎

わたしは、教育開発の専門家としてこれまで30か国以上の国々で、主に成人教育に関わる国際協力に携わってきました。本章では、わたしが最近関わったネパールの地方開発研修学院（以下、ＬＤＴＡ）で実施した技術協力プロジェクトを事例として取り上げたいと思います。ネパールでは、２００８年に２４０年近く続いた王政が廃止され、民主化への動きが加速されました。日本にたとえると明治維新です。ネパールの行政では民主化に沿った組織改革が始まり、中央政府がトップダウンで国を動かすのではなく、地方行政に権限を与える地方分権化を進めようとしています。しかし、地方には自立的に行政を行う十分な力がありません。ＬＤＴＡは、地方公務員に対して能力開発のための研修を行うセンターとしての役割がありますが、活動は低迷していました。この章では、わたしが

ＬＤＴＡのトレーナーとの信頼関係づくりをしながら、どのように研修センターを立て直したのか、そしてその中でわたし自身が学んだことについてお話しします。

南米での幼少期

本題に入る前に、わたしの経歴について説明します。ネパールでの国際協力の活動とわたし自身のこれまでの経験とは深く関わっていると考えるからです。

わたしは、１９６７年、５歳のときに両親に連れられて農業移民として南米パラグアイに移住しました。当時はすでに戦後の厳しい出稼ぎ移住の時代は終わっていましたので、貧困から抜け出るために移住するというよりも、南米に新しいチャレンジを求めたり、夢を実現したいという思いを持っての移住でした。

しかし入植地であったイグアス移住地は国道沿い以外はまだ電気もなく、原生林のジャングルを切り開いて道を作り、家を建て、井戸を掘り、ジャングルを焼いて農業を始めるという生活が待っていました。当然近くには学校もなく、わたしは隣町のパラグアイ人の家に下宿して小学校に通いました。当時のパラグアイの教育レベルはとても低く、特に地方は教員不足を補うため高校生が小学生を教えていたり、学校が遠いため毎朝片道4キロ歩いて朝暗い道を通うなど、今振り返ってみると大変劣悪な教育環境でした。もちろん中学校、高校、大学も近くにないため、首都のアスンシオンで寮生活をしながら学校に通いました。そして大学生のときにＪＩＣＡパラグアイ事務所の現地スタッフとして採用されたことがきっかけて国際協力の仕事に関わるようになりました。

大学卒業後は職場の上司や先輩たちの助けで日本の大学院へ留学する機会を得、その後は日本国内で途上国からの技術研修員の受け入れに関わる仕事につくことになりました。大学を出るまでパラグアイで生活をしていたので、日本人の同僚に比べて基礎的な知識の質や量が不足していることや言葉のハンディがあるために、人一倍努力をしないと追いつけないというプレッシャーがありました。しかしその一方、途上国で育ったというわたしの経験は、海外研修員の立場にたった円滑なコミュニケーションをするのに役立ちました。国際研修センターの海外研修員向けの仕事では、次第に研修員から慕われ、頼られる存在となり、途上国で育ったことが次第に強みと思えるようになりました。

トルコにおいて専門家としてぶつかった壁

国際協力の研修トレーナーとして4年ほど経験を積んだ頃から徐々に短期専門家として海外に派遣される機会が与えられるようになりました。そして34歳のときに長期専門家としてトルコの保健プロジェクトに派遣されることになりました。日本で受け入れていた研修員が仕事のカウンターパート、つまり相手国の指導対象の保健トレーナーであったこともあり、彼らとはとても親密な関係を築くことができ、日常の仕事においてもこれまでの経験を活かしながら精力的に活動に打ち込みました。任期の延長もあり4年間トルコで仕事をしましたが、当時は国際開発の分野では参加型開発が主流になっていた時期でもあり、途上国で育った経験を活かし、カウンターパートの側に立ってものを考え、それぞれの強みを引き出すファシリテーションがわたしの強みでした。

プロジェクトへの派遣も4年目になったときにまた任期延長の話が出ました。4年間一緒に活動するとカウンターパートも成長します。しかし、わたしの持っているネタは出尽くしてしまった感じがあり、専門家として教える内容がなくなってしまったと感じました。このとき、過去の自分の経験と体力そしてファシリテーションだけでは国際開発の仕事は限界があるということを実感させられました。これまでできることは何でもやるという方針で活動をしてきたのですが、自らの経験だけに基づく知識や技能では、すぐにカウンターパートに追いつかれてしまいます。このことを改めて思い知らされたのが、トルコから帰国後、大学教授に同行してアメリカの教育調査に参加したときでした。それは訪問先の大学の研究者との昼食の席でした。もちろん、訪問する前にクライアントや調査内容についての資料を一生懸命読んで準備をしたつもりでした。しかし昼食で隣に座った大学教授から最初にされた質問はわたしの想定外のものでした。それは「あなたは何をご自分の研究のテーマとされているのですか」というごく簡単な質問でした。自分ではこれまで国際協力の専門家として働いてきた経験や、今回の調査の目的やクライアントについて質問されるだろうと、回答をいろいろと説明できるように準備してきたのですが、あまりにも意外な質問で答えることができませんでした。というよりもこれまで自分の専門と言えるほど極めた知識も技術もなかったのです。こんな簡単な質問に答えられないという恥ずかしい思いをして、改めて自分の専門と言える分野について真剣に考える機会となりました。

こうやってトルコから帰国後、なんとか大学院に入学しました。しかし妻と3人の子どもを養い、仕事をしながら博士課程を修了するのは簡単ではありませんでした。結局、博士課程修了に9年かかり48歳のときやっと卒業することができました。

大学院に入って良かったことは、博士号の資格を取得したことよりも、自分の「専門」と言えるライフワークの課題が明確になったこと、そして「自分で学ぶ方法」を学ぶことができたことです。また博士論文のための先行研究のレビューを行う中で、これまで自分が経験を通して見つけ出した独自の法則やさまざまな活動モデルは、実はその数十年も前にいろいろな国の研究者たちによってすでに整理され、モデル化されていたということがわかったことです。もっと早く勉強していれば、無駄な試行錯誤を何度も繰り返さずにすんだことでしょう。

大学院に入学して半年後、国際開発のコンサルティング企業に就職し、大学院の研究と並行して開発の仕事を続けました。この間、自分の専門であるインストラクショナルデザイン[1]について、基礎理論やさまざまなモデルについて学びながらそれを実際のプロジェクトで応用することができました。時間はかかりましたが、理論と実践を並行して学ぶことで、より深い理解と応用力を身につけることができたといえます。こうして30か国以上の国々の調査や開発プロジェクトに関わり、２０１６年１月からは4年間、ネパールの市役所や村役場の職員たちに対する研修の仕組みや教材作りに関わる機会を得ました。当時ネパールは長く続いた内乱で、国内は疲弊し開発が十分に進んでいるとはいえない国でした。しかし、わたしに求められた業務への要求は予想以上に高いもので、研修のファシリテーションだけではなく、組織構造を根本から変革をしていくために必要な高い専門知識と経験が求められるものでした。分野は地方行政に関わる人材育成、つまり市町村の行政に関わる市長や議員、職員などの教育・訓練で、わたしにとっては初めて関わる分野です。しかし、研修プログラム・教材開発、そして研修開発の仕組みづくりやトレーナー育成など、これまで長年関わってきた教育・研修開発の経験と、大学院で研究したインストラクショナルデザインの理論を結びつけることができる仕事でした。トルコでぶつかった壁を乗り越えようと、今度は理論と経験の2つを揃えてチャレンジする機会となったのです。

ネパールの社会文化的背景

ここからはネパールの概要について、そしてそこで技術協力プロジェクトが実施されることになった背景について説明します。

ネパールというと世界最高峰のエベレストとヒマラヤ山脈、釈迦生誕の地などが、一般に知られています。そのような印象からとても平和な国をイメージする人も多いと思いますが、実はそこでは最近まで暗い厳しい時代があったのです。長年続いた王族による横暴な独裁政権に対して、ついに国民の怒りが爆発し、1996年よりマオイスト[2]たちによる革命のための武力闘争が勃発しました。それから10年間の政情不安定の後、政府とマオイストとの間でようやく包括的和平合意が締結されました。2007年1月には、さらに暫定憲法が公布され、翌年5月には制憲議会が発足し、これによって正式にこれまでの王政が廃止され、ついにネパールは連邦制民主共和国となりました。そして連邦制が始まり、分権化を促進するために地方行政に重点を移行する開発プログラムがネパール政府によって開始されました。初期段階では地方議会が不在の中、住民や地域が主体となって地域開発を行う参加型開発の仕組みが全国で導入されました。２０１３年からは、さらに市町村の行政機能の強化や効果的な行政サービスの向上をめざした活動が始まりました。それには、まずサービスを提供する市役所・村役場などの行政側と受け手側である地域住民の双方が地方自治とは何かということを理解することが重要です。地方行政のあり方や行政能力を向上するための活動を行う主体がＬＤＴＡと呼ばれる組織です。ＬＤＴＡはカトマンズ本部と地方に６つの研修センターを持っており、地方自治体の強化と人材開発を担う主要な機関としての役割を担います。その中でＬＤＴＡ本部と３つの地方センターが今回わたしの活動場所となったところです（図８－１参照）。

写真８-１　ネパールの山岳地帯の市町村

　しかしこの10年間、連邦制への移行に関わる制度づくりが遅れ、中央政府の今後の役割などが不明確な中でＬＤＴＡの機能は弱体化したため、政府関係者の間ではＬＤＴＡの廃止も検討され始めました。このような背景の中、ネパール政府の要請を受けて日本政府は２０１６年１月から２０１９年12月までＬＤＴＡの能力強化に取り組む４年間の技術協力を実施することになりました。

　ネパールにおける行政官に対する研修では、国家開発プログラムや各省庁がその分野ごとに実施する研修、そして国際

図８-１　プロジェクトサイトとなったLDTAと地方３センター

機関や援助国などの支援プロジェクトに基づいて実施する研修が、従来から行われてきました。これらの研修では、研修の実施回数や参加人数だけが報告され、それが研修成果であると見なされていました。しかし、研修終了後どのように問題が改善されたのか報告はされませんでした。

２０１６年の地方選挙に伴い、中央省庁がこれまで主導してきた行政府は７つの州と７５３の市町村に再編成されました。それに伴い、旧市役所は地域の村落を合併して新しい市役所に再編されたり、新たに市役所や村役場が誕生したりしました。当然これらの市町村においては、都市計画、戸籍、税務、教育、医療・福祉などの社会サービス、道路や河川管理などのインフラ整備、上下水道、汚水処理、雨排水設備、ゴミ処理、電気供給などのサービスを管理していく必要があります。

写真８-２　プロジェクト事務所で専門家・スタッフとの打ち合わせ

これ以外にも防災、地方創生、市議会の運営、事業計画、事業進捗報告、アカウンタビリティ、環境保全、気候変動への対応など多くの活動を運営しなければなりません。これまで中央政府から各省庁に配分されていた予算が、分権化のために半分以下に削られて地方に分配されました。これに伴い、中央省庁の職員が中央省庁にいられなくなり、地方へ移動せざるを得なくなりました。そのため、新しく設置された州政府や市町村において、新たな人材育成が急務となり、特に新しく導入された法律や制度に基づいたサービスを地域住民に提供できる人材を育成する必要が出てきました。ＬＤＴＡの地方センターにおいては、管轄地域の市役所や村役場から、確実に仕事ができるようになるような研修を実施してほしいという要望が寄せられ、これらの要望に応えられる実践的な研修が求められました。しかし、長年続いた政治的混乱でＬＤＴＡはその役割を果たすことができず、官僚のコネなどで腰掛として入ってくる事務職員が増えていました。その結果ＬＤＴＡは弱体化し、プロジェクトが開始した当初は、中央政府内では他の政府組織への統廃合まで議論されていました。一部の管理職はＬＤＴＡの危機的な状況を認識していたものの、ＬＤＴＡのほとんどのトレーナーは危機感すら持っておらず、ＬＤＴＡに対する大きな期待が何を意味するのかわかっていませんでした。そしてこの期待に応えられない場合、ＬＤＴＡ自体が消滅する可能性があったのです。このような状況の中でプロジェクトは始まりました。

技術協力プロジェクトの概要

プロジェクトの目的は、ＬＤＴＡのカトマンズ本部と地方の研修センターにおいて、地域のニーズに基づいた質の高い研修を地方の行政サービスに関わる人たちに提供する仕組みを構築することです。そのためには、ＬＤＴＡと研修センターのトレーナーが地域に出向いて行政サービスに関わる人の研修ニーズを調べて、研修カリキュラムや教材を開発し、それを使った研修を実施し、評価できる能力をつけなければなりません。さらに、この一連の研修プロセスを経て得られた知見を整理して関係者の間で共有できる活動を展開する必要があります。

日本人専門家は、総括、副総括と業務調整員に加えて、専門領域の異なる5名の専門家が参加し、全部で8名です。これにネパール人メンバーは、地方行政分野の研修経験豊かなローカルコンサルタント4名に加え、事務スタッフ、ドライバー、清掃スタッフです。日本人とネパール人の総勢16名でプロジェクトチームを編成しました。ネパール側からプロジェクトに参加するカウンターパートは、ＬＤＴＡ中央センターと7つの地方研修センターのトレーナーが20名です。この20名のトレーナーがプロジェクトで研修を受け、そこで学んだ内容を各州の市町村の職員らに対して研修していくことになります。わたしたち日本人専門家の役割はカウンターパートに対して、現場のニーズを調べ、研修教材を開発し、研修を実施し、その成果を報告書やニュースレターにまとめるなど、インストラクショナル・デザインの一連の活動を行うための指導をすることです。加えて、学会やシンポジウムなどのイベントを開催して、関係者とのネットワークづくりもしました。

プロジェクトにおけるわたしの役割は、総括としてこれらの活動全体の方針を決めたり、計画策定から実施運営、評価、報告などのとりまとめをすることです。しかし実際に活動が展開し始めると、細かい書類作りやお金の計算、支出の管理、クライアントやカウンターパートとの交渉、そして次々と起こるさまざまなトラブル対策に多くの時間を割かなければなりませんでした。現地スタッフは通年通して配置されていますが、日本人専門家は総括のわたしでも年4回程度の渡航で合計5か月間の滞在でした。滞在期間の少ない専門家は年2週間という限られた派遣ですから、各自の持ち味を活かした効果的な活動をしてもらうための段取りが必要でした。たとえば、毎年2週間だけ入ってもらう大学教員が来る時期に合わせて、全国の研修センターからトレーナーを集めてワークショップを開催しました。そのときは、ホテルに缶詰めにして集中的にトレーナーたちが研修できる機会を作り、毎年の活動を質的にレビューしました。そして、長期で張りつく専門家がそこで得た改善のための取り組みをフォローして、各センターでの日常業務に落とし込むように指導していきます。

また多岐にわたる業務を手分けして、プロジェクトチームのメンバーはそれぞれが担当する地域に出張して作業を進めます。各自が別々に活動をするために、プロジェクトの進め方にずれが生じることもあります。その問題を避けるために、必要に応じてチームメンバー全員を集め、それぞれ担当の進捗を確認しながらプロジェクトの状況を報告し合い、今後の方向について打ち合わせを行いました。

次々と出てくるトラブルに対処していると専門家や現地スタッフの元気がなくなってくることもあります。そういうとき、総括としてはいかにしてチームメンバーの士気を高められるか、どうやったらみんなが元気になり力を合わせて目標に向けて取り組むことができるか考えます。わたしが第１に心がけたことは、チームメンバーやカウンターパートのやる気を高めるためにみんなが楽しく仕事をすることです。以前ミャンマーのプロジェクトを実施したときに設定したキャッチフレーズ「明るく楽しい学びのプロジェクト」をここでも取り入れることにしました。そのため日常の業務の中でわたし自身、常に前向きな姿勢で挑むこと、明るい雰囲気作りをすること、そしてチームメンバーやカウンターパートらと一緒に食事をする機会を作り、仕事以外の付き合いを大事にしました。わたしも妻も料理が趣味なので、自宅で新メニュー賞味会を頻繁に開きました。

次に心がけたことはカウンターパートだけではなく、チームメンバーにとっても「学び」があるプロジェクトにすることでした。一緒に仕事をする専門家や現地スタッフは、任期付きでの仕事のため、プロジェクト終了後次の仕事を探す必要があります。このプロジェクトで新しいことを学び成長することができれば、次の仕事にもつながると考えました。そのためには、仕事で目に見える結果を出し、それを関係者が実感することです。これが達成感につながり、本当の意味での動機づけになるのです。

カウンターパートの動機づけと信頼関係の構築

プロジェクトで最初に直面した課題は、カウンターパートがわたしたち日本人専門家の必要性を感じていないことでした。ＬＤＴＡにおいてＪＩＣＡの技術協力プロジェクトが実施されるのはこれが初めてだったこともあり、カウンターパートの「技術協力」に関する認識の低さに驚かされました。車両や機材が供与されることや日本へ研修で行かせてもらえることだけが期待されており、外国人に自分たちの業務に関して口出しされたり、指導してもらうことは余分なことだったのです。中には「プロジェクト予算をわたしたちに引き渡し、車両供与して、日本での研修が終わったら日本人専家は帰っていいよ」と言う人もいたくらいです。これにはわたしもがっかりしましたが、気を取り直して日本人専門家にもっといてほしいと言われるように、頑張るしかないと思いました。ＬＤＴＡに対して危機感を持った上層部の一部の人たちが日本政府にプロジェクトを要請したのですが、肝心の当事者たちは全く危機感がなく、自分たちの仕事の質を高める必要性を感じていませんでした。

このように日本人専門家を必要と感じていない人たちに対して、どうやってプロジェクトへの関心を高め、信頼関係を作っていけるのでしょうか。それが最初の難関でした。そのような状況の中での工夫の一部をお話しします。

●興味を持ってもらうための工夫

カウンターパートである地域センターのトレーナーは、これまで能力開発の研修に参加したことはありませんでした。ですから、新しい知識や技術を学ぶことについては、興味を示してくれました。そこで調査手法、教材開発手法に関する理論やモデルを紹介し、それらを取り入れた活動を展開し、ネパールにおけるスタンダードを作ることを目標にしました。たとえば調査手法においては、アンケートやインタビューなどの基本的な方法に加え、アクションリサーチの理論やモデルを導入しました。教材開発においては、システムアプローチをもとにしたＡＤＤＩＥモデル[3]、動機づけのＡＲＣＳモデル[4]、ガニェの9教授事象[5]などを紹介し、これらの理論やモデルに基づいて教材設計に取り組みました。トレーナーは教育手法や研修開発などを学んだことがなかったため、これらの理論と実践的な方法を取り入れることで、プロジェクトへの関心が高まり、2年目以降は、ＬＤＴＡの広報の中で自分たちの研修がこれらの学術的な手法に基づいていることをアピールするようになりました。

●自分たちの仕事に役立つことを気づかせる

プロジェクト活動がトレーナーのめざしている方向とマッチしているかは、彼らが主体的に活動に取り組むかに影響します。そのためにまずプロジェクト目標自体をＬＤＴＡの組織目標に合わせて調整しました。これによってプロジェクトで実施するすべての活動がＬＤＴＡの目標を達成するための手段となり、トレーナーの関心が大きく高まりました。たとえばプロジェクト開始当初は、「プロジェクトに参加するにあたってＪＩＣＡ側から手当てを払ってほしい」という要求がトレーナーから寄せられました。それに対してわたしは「プロジェクトはあなたたちの活動を支援するのであって、わたしたちの活動をあなたたちが支援するのではない」と説明しました。しかし、彼らはなかなか納得してくれませんでした。そこでプロジェクトのアプローチを変更し、クライアントである市役所からプロジェクト活動へのフィードバックを直接トレーナーに届くようにしました。その結果、トレーナーの頑張りが市役所からの高い評価となって出てくるようになり、やっとプロジェクトが彼らの仕事を支援するためのものであることを理解するようになりました。

また日常業務がこれまでは標準化されておらず、その都度トレーナーが試行錯誤していました。そこで、研修教材開発、研修企画・実施・評価、モニタリングなどの活動について簡素化したフォームを作り、効率化を図りました。日々のルーチンワークが定型化され、これらのフォームを積極的に利用するようになりました。

●徐々に新しい方法を取り入れることで自信をつけていく

これまでそれぞれのトレーナーが自分の経験だけを頼りに実施し、慣れ親しんできた仕事の方法を標準化することについてはとても抵抗がありました。しかし最初から完璧に標準化したパッケージを示すのではなく、まずトレーナーが親しんでいるやり方からスタートし、徐々に自らの問題に気づいてもらえるように仕掛けをしました。たとえば、教材開発においては、一般的に研修開発の手法に基づき、ニーズ調査から始まり目標設定、評価ツールや課題シートの作成、テキスト作り、授業用資料作成と、地道な手順に従って作業を進めます。しかしプロジェクトでは、まず研修目標を明確化した後に授業案を作り、実際に現場で実地検証をするところからスタートしました。トレーナーは皆経験豊かなので、具体的な研修のイメージはすぐつかめるからです。こうやって実際に研修を実施した後、その成果を検証し目標を達成できたのか、達成できていないのであれば、なぜなのかということを四半期ごとの合同モニタリングの会議で発表し合いました。またモニタリングの中で明らかになった課題を教材の改善に活かすなど、実践の中で研修開発を進めました。これはラピッドプロトタイピング[6]

写真８-３　カウンターパート主体のディスカッション

と呼ばれる手法ですが、調査分析に長い時間をかけるとトレーナーの意欲もどんどん下がってくるので、できるだけ実践の中で同時並行して情報収集・分析などを進めるようにしました。

自分の指導方法に自信があるベテランのトレーナーも多いので、最初はなかなか改善のための指摘をしても受け入れてくれませんでした。しかし、研修後に受講者の理解度を調査したところ、理解が十分でないことがわかりました。こうして評価データを収集し、分析をすることで、これまでのやり方に問題があることを各自が認識し始めたのでした。このような振り返りと改善を研修のたびに加えていくことで、トレーナーは教材の質を高めつつ自らの研修開発の理解を深めていくことができました。結果としてトレーナーの仕事に対する自信につながり、日本人専門家がいなくても自ら仕事を良くしていくことができるようになりました。写真８－３は研修の見直しのためのワークショップにおいてカウンタパートが主体になって議論している様子です。プロジェクト後半は徐々に彼らが主導でこのようなディスカッションが行われるようになりました。

●達成感を感じてもらうための演出

プロジェクトでは、年に数回のワークショップを開催し、各研修センターのトレーナーが設定した計画に基づいてその成果を発表し、互いの教訓を共有する場を作りました。これまでは実施した研修の数と受講者数をウェブ上のフォームに登録するだけで、研修活動の成果を発表する場はありませんでした。そこでプロジェクトでは各センターごとに自分たちの仕事を振り返ってもらい、その成果をまとめ発表をしてもらいました。最初は、新たな仕事が増えたことで戸惑いがありましたが、自分たちの成果を発表し、他の研修センターの人たちと議論を重ねるうちに次第に達成感が生まれてきました。この活動を年に5回繰り返すことで、ニーズ調査、教材開発、研修実施、モニタリングの一連の研修サイクルをシステマチックに運用できるようになり、それが自信につながるようになりました。

プロジェクト開始当初、カウンターパートのプロジェクトに対する期待は十分な予算や機材を受け取ることだけでしたが、プロジェクトが始まって1年が経つ頃から、研修の質を高めることにシフトしてきました。それは、市役所や町役場でのニーズ調査から始まり、教材開発と実地検証と改善を行う研修サイクルが一回りして、その成果が見える形で報告できるようになってきたからです。この研修サイクルを2年目、3年目と継続していくことで、トレーナーが積極的に研修活動に取り組むようになってきました。その結果、ＬＤＴＡの予算を政府が補塡するようになり、活動の幅に広がりが生まれてきました。

このようにカウンターパートの意識が変化したのは、プロジェクトチームとの信頼関係が作られてきたからだといえるでしょう。しかし、このような信頼関係を築くことは容易ではありません。お互いの価値観や認識の違いから、ハードな議論になることもしばしばありました。プロジェクトの最初の頃ですが、カウンターパートののんびりしたやり方に痺れを切らし「こんな非効率的なやり方では日本国民の税金を無駄に使われてしまう」と強い主張をすると、「日本の税金を無駄遣いしたくないなら、プロジェクトを引き上げて帰ってくれ」と反論され、会議は中断してしまったことがあります。翌日、双方が冷静になり、「会議では言いすぎてしまった」と改めて話し合い進めることができました。大切なことは、意地を張らずに自分から歩み寄ったことです。しかし、意外にもカウンターパートも同様に歩み寄ってくれたことでした。このような「けんかと仲直り」を繰り返すことで、互いの絆が少しずつ強くなってきたのだと思います。反省したことは、わたしは彼らにとって外国人であり、外側から別のやり方や考え方を彼らに押しつけているのではないかということです。本来「技術協力」とは、まずはじっくりと彼らの話を聞き、彼らの立場に立ち、彼らにとってのメリットを示しながら、根気よく交渉していかなければいけません。わたし自身も途上国で育ち、その点はわかっているつもりだったのですが、いつの間にかその気持ちを忘れていたことに気づかされました。

研修センターとしての地位の認知度の向上

プロジェクト開始当初は、ＬＤＴＡの廃止議論も出ていたくらい組織のプレゼンスも低く、信頼も失われていました。それがプロジェクト実施後、中央政府や地方行政からのＬＤＴＡの信用は格段に高くなり、他の研修機関を吸収して組織も予算も大幅に増強されることになりました。最終年度

（２０１９年）には、全国の市長が集まる意見交換会において、総務大臣が「今後、ＬＤＴＡは地方行政に関わる人材育成の中核機関とする」と宣言し、ＬＤＴＡは全国の地方行政関係者の間で広く認知されるようなりました。

ここではどうやってこのような地位を確保できるようになったか、プロジェクトがとった３つの大きな戦略と、それを実施する中での経験や学びについて触れていきます。

●パフォーマンスに焦点をあてた研修への移行

本プロジェクトの課題は、ＬＤＴＡがネパールの総務省やドナー機関から失われた信頼を取り戻すことでした。信頼を失った原因は、これまで多くの研修を行ってきたにもかかわらず、研修の成果を明確に示すことがなかったからです。つまり、研修の成果をエビデンスとして示すことができなかったのです。そこで、プロジェクトでは「結果を出す研修」をめざしました。パフォーマンス研修目標として「受講生が研修で学んだことを受講後職場においてどう適用したか」、そして、適用したことで「年度末にどのような成果が得られたか」という結果を明確に達成できたかどうか明確に示せるようにしました。

鈴木はその著書『研修設計マニュアル』の中でカークパトリックの４段階評価[7]を研修デザインに取り入れるためにＶ字型での研修目標設定と評価を行うアプローチを提案しています（鈴木　２０１５）。プロジェクトでは、このＶ字型アプローチをさらに簡略化し、図８‐２に示すような４つのレベルの評価を行うモデルを作り実践しました。

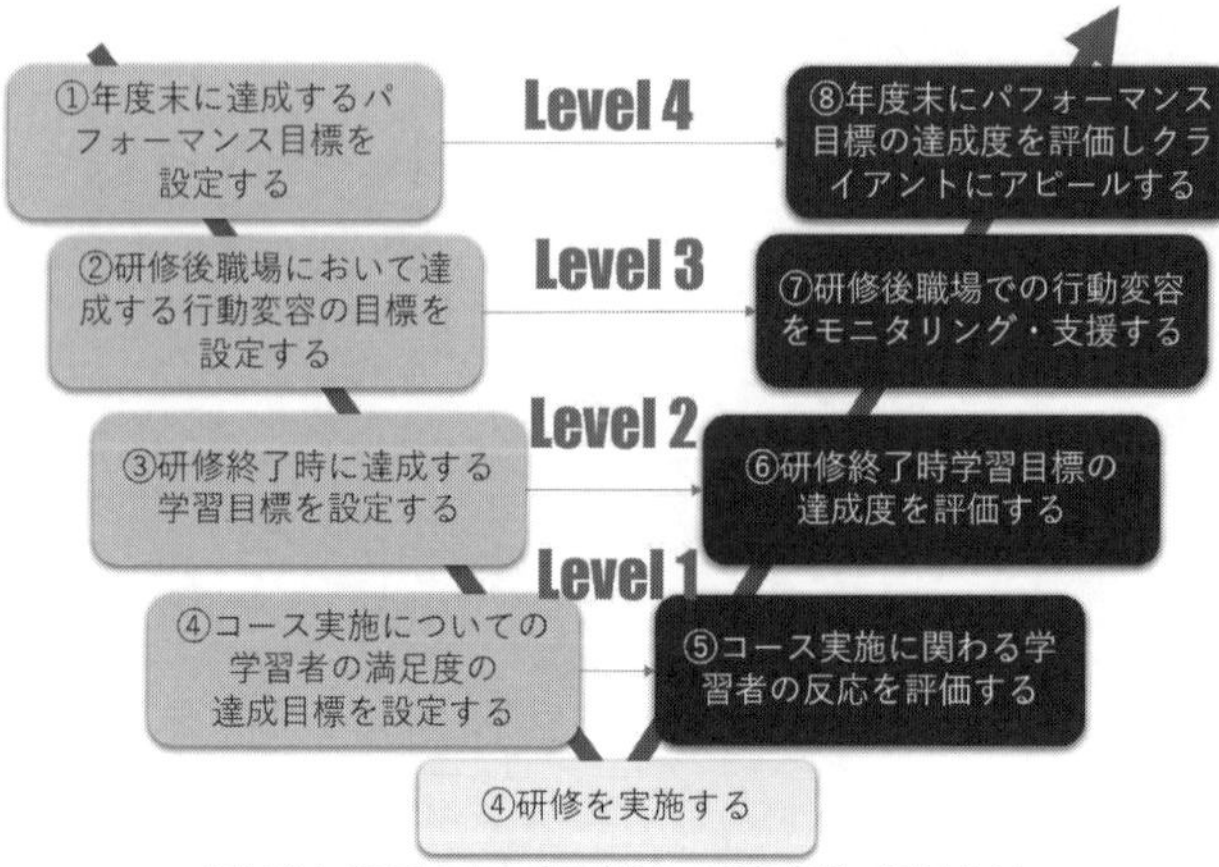
①年度末に達成するパフォーマンス目標を設定する
Level 4
⑧年度末にパフォーマンス目標の達成度を評価しクライアントにアピールする
②研修後職場において達成する行動変容の目標を設定する
Level 3
⑦研修後職場での行動変容をモニタリング・支援する
③研修終了時に達成する学習目標を設定する
Level 2
⑥研修終了時学習目標の達成度を評価する
④コース実施についての学習者の満足度の達成目標を設定する
Level 1
⑤コース実施に関わる学習者の反応を評価する
④研修を実施する

出典：鈴木（2015）によるV字型デザインを伊藤が応用・修正を加えた

図8-2　4段階評価に基づくV字型目標管理モデル

レベル1の評価では、受講者の満足度に関するアンケートを実施しました。レベル2の評価では、知識の習得度に関してテストを実施しました。合格ラインに数値目標を設定したので成果を明確に示すことができます。これに加えて、レベル3の研修後の職場における行動変容とレベル4の行動変容がもたらす組織へのインパクトを設定しました。レベル3、4の評価を確実に実施するにはどうしたらよいか、カウンターパートと議論を重ねました。そして、このパフォーマンス目標の設定がLDTAの将来を左右する重要なターニングポイントとなったのでした。

プロジェクトでは、5つの研修とコンサルティングを行ってきましたが、その中の1つである「不動産税」の研修の成果について紹介します。不動産税はこれまでも各市役所で徴税されていましたが、地方分権化プロセスにおいてたびたびのルールの改定があり、なかなか新しいガイドラインが浸透できずにいました。この事例は、5つの市役所におけるレ

表８-１　４段階評価に基づく不動産税レベル３の達成度

市役所	Step 1 議会承認	Step 2 導入計画	Step 3 運営手順	Step 4 広 報	Step 5 ゾニング	Step 6 申請受付	Step 7 税確定	Step 8 徴 収	Step 9 年度評価
ベニ市	A	A	B	A	B	A	B	A	A
ビルコット市	A	A	A	A	A	A	A	A	A
ガリヤン市	A	A	A	A	A	A	A	A	W/P
ビマッド市	A	A	B	A	A	A	A	A	A
デブチュリ市	A	A	B	A	A	A	A	A	A

ベル３（職場での実践）とレベル４（年度末に達成するパフォーマンス）の結果をまとめたものです。レベル３は「不動産税導入の新ガイドラインに従い、９ステップが円滑に実践される」で、レベル４では「不動産に関わる税収が前年度比で増加する」が評価の基準として設定されました。

職場での実践における達成度（レベル３）

市役所の職員を対象に行政サービスに関わる研修では、アクションプランを作成し、日常の業務に導入することをめざしました。研修終了後、アクションプランがどの程度実施することができたかをモニタリングしました。モニタリングではカウンターパートと協力し、研修が業務の改善につながっているか確認するとともに、どこでつまずきが起こるかを特定し、次の研修に反映させました。

上の表８－１に不動産税の研修におけるレベル３の達成度を示します。指標は、Ａ＝円滑に実施、Ｂ＝ある程度円滑に実施、Ｃ＝困難を伴い実施、Ｄ＝実施できなかった、Ｗ／Ｐ＝進行中、Ｎ／Ａ＝不明、です。Ｂ以上が自力で実施できた状態であり、めざす達成レベルです。

ガリヤン市役所だけは第９ステップ（年度の振り返り評価の実施）調査時にまだ実施されていなかったためＷ／Ｐとなりましたが、その後実施する予定ということでした。表８－１の結果を見る限り、新ガイドラインに基づくプロセスはほぼ問題なく実施されたといえます。一部市役所共通でＢとなっているステップ３については、今後研修において改善の必要があることを示唆しています。このように研修成果を明確に示すことで、信頼回復につなげることができました。

パフォーマンス目標の達成度（レベル４）

研修成果を知るには、本来、市役所のパフォーマンスが実際に向上したかを評価することですが、時間や労力を考えるとこういった評価は現実にはなかなか行われていません。プロジェクトでは、カウンタパートと共に、ＬＤＴＡが国際的に通用する質の高い研修を提供するという目標を設定したので、それに基づいてパフォーマンス目標を立て、その達成に向けて研修プログラムや教材の改善を行いました。

プロジェクト開始当時は、分権化への移行期であったこともあり、市役所など地方行政のあるべき姿やめざすべきパフォーマンスは明確に定義づけられていませんでした。そのため市役所を訪問してニーズ調査を行ったり、効果的な研修を実施する方法を探ったり、試行錯誤が続きました。試行錯誤の結果、市役所の課題が少しずつ明らかになり、トレーナーも地方行政のニーズを把握し、研修開発の手法への理解も深まってきました。そこで、「不動産税」の研修でのパフォーマンス目標を「不動産に関わる税収が前年度比で増加する」と設定し、それを達成するための研修とフォローアップを行

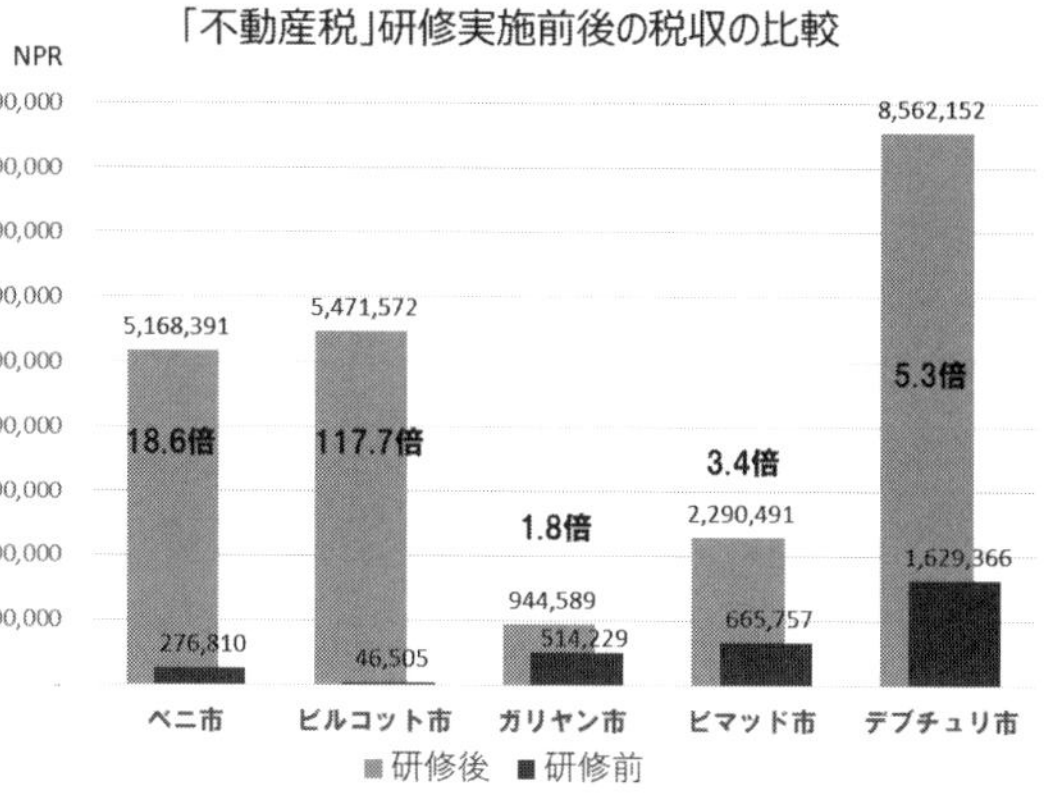

図8-3　レベル4の結果（金額はネパールルピー）

いました。

結果としては、モニタリング対象となった5つの市役所すべてにおいて税収の増加が実現されました。プロジェクト4年目の年度末にモニタリング対象市役所で行った調査の結果を図8-3に示します。ベニ市役所では前年度比18・6倍、ビルコット市役所では117・7倍、ガリヤン市役所では1・8倍、ビマッド市役所では3・4倍、デブチュリ市役所では5・3倍とすべての市において税収が増加しました。

これまでネパールで実施されてきた研修においてここまでの成果を示したのは本プロジェクトが初めてであり、これらの結果を市役所にフィードバックしたところ市長らはその成果に大変満足し、「不動産税」の研修だけでなく、他の研修も実施してほしいという要望が出てきました。「不動産税」の研修のような具体的な成果を出してくれるならば、市役所から研修費用を出してもよいという依頼が殺到しました。

ネパール総務省もこの結果を高く評価し、大臣自身が全国市長との意見交換会においてLDTAの研修を導入するように推薦してくれました。このように目に見える成果を出すことを目標として設定し、その目標を確実に達成する研修をデザインし実践することが、活動の持続性につながることをトレーナーらと一緒に実証できたのでした。

●出前型研修による関係者のコミットメントとりつけ

2つ目の戦略は、研修センターに受講者を集めて行う従来の集合型研修から、トレーナーが市役所に出向いて実施する出前型研修に変更したことです。これまでの研修では市役所から研修センターに集まり、参加した受講者の人数が評価の対象でしたが、研修で学んだことを実際に実行したかどうかについては評価されていませんでした。プロジェクトの初年度には、従来通りの集合研修を行いましたが、モニタリングをしたところ、多くの市役所において、新ガイドラインに基づく不動産税の徴収は実行されませんでした。なぜなら、市長や議員が増税につながる新しいガイドラインの導入に反対したためです。しかし、税の徴収は地域によって異なるわけではなく、新しくできた法律に則って全国の市役所が行わなければならないものです。そこで、集合型研修から出前型研修に変更し、各市役所にトレーナーが出向きました。この研修では、税金の担当職員だけではなく、市長や議員にも参加してもらい、全員の参加のうえで話し合いを行って、税制についての正しい理解、市民に対する責任、そして新ガイドラインに基づく不動産税の徴収に関するアクションプランを作成し、市長と議員に承認してもらいました。その結果、出前型研修を実施した市役所では新ガイドラインに基づく不動産税の徴収を確実に行えるようになりました。このような話は理屈では当たり前のように思えますが、長年の伝統的なやり方を変えることはとても難しいことなのです。新しい方法を導入するには、関係者全員の合意のもとに実施しなければなりません。はじめは集合型研修を実施し、モニタリングをしたことで、トレーナーは集合型研修の問題点に自ら気づくことができ、出前型研修の必要性を実感することができたのです。

写真８－４、８－５はネパール最西端でインド国境のビンダッタ市役所での出前型研修の様子です。この研修には市長、副市長、議員、市役所職員が参加し、次年度の地域開発計画策定に向けたアクションプランを作りました。そして、アクションプランについてその場で市議会の決議もとることができました。このように出前型研修では、決議をする人全員が参加するため、研修そのものが導入プロセスと重なるものになります。

３日間の研修の最終日の夜は市長や職員と一緒に近くの農家にホームステイをして一緒に地酒を酌み交わしました。言葉はあまり通じませんが、寝食を共にすることで心を通じ

写真 8-4　ビンダッタ市役所での出前研修

写真 8-5　参加者による屋外でのグループワーク

合わせることができました。わたしにとっては、このような触れ合いが国際協力の仕事をする楽しみの１つです。

●研修モニタリングとフォローアップの導入

ＬＤＴＡのトレーナーは、自分たちの目的は、受講者を集めて研修を行うことであるという認識から抜け出ることができませんでした。わたしは彼らに目的は、研修をすること自体ではなく、研修で学んだことを受講者が実施することをめざさなくてはいけないと主張し続けました。つまり、プロジェクトでは、研修後の行政サービスが効果的に改善されることをめざさないといけません。トレーナーが市役所を訪れ、モニタリング・フォローアップをするようになると、市役所の職員がＬＤＴＡがしっかりとフォローしてくれることに対して好意的に受け止めてくれます。ＬＤＴＡからフォローされているということ自体が彼らにとってインセンティブになり、本気になって活動に取り組んだという話がＬＤＴＡトレーナーから報告されています。

市役所に対するモニタリングでは、つまずきやすいステップを明らかにしました。それをもとに、研修内容を改善し、現場でのフォローアップを重視しました。たとえば不動産税の研修後の初期のモニタリングでは９つのステップのうち、多くの市役所がつまずくところは、ステップ１（議会の承認）、３（運営ガイドライン作成）と５（区画整理と区画ごとの税率設定）であることが明らかになりました。

ステップ１の議会からの承認については、市長と議員全員が参加する研修を実施し、承認をとりつけることができました。ステップ３のガイドライン作りは、研修の中でドラフトを作り上げることがで実践できるようになりました。ステップ5の区画ごとの税率設定についても具体的な情報を用意して、研修中にドラフトを作ることで、実践が確実にできるようになりました。このようにモニタリングで実践上の問題が明らかになり、それを研修で対応することで実践につなげていきました。

しかし出前型研修とモニタリング・フォローアップの導入で一番便益を得たのは市役所ではなく、LDTAのトレーナー自身だったようです。トレーナーが市役所にフォローアップに行くことで、これまでよりも地域の状況を深く理解できるようになりました。

「地方の市役所へのアクセスや通信、電気などの厳しい事情がよく理解できた」
「現地で研修を実施することで実践的な内容の研修にしていくことができた」
「市役所の人たちとの交流でとても刺激を受け、市役所の人たちとの信頼関係が構築できた」

このような感想がトレーナーから出てくるようになり、新しい研修のやり方が彼らにとって多くの学びとなり、質の高い仕事をしたいという動機づけにもつながったようです。

地方での研修やモニタリングには、わたしもできるだけ同行しましたが。ネパール各地の市役所や村役場を訪問することはわたしにとっても貴重な経験でした。特にネパールの北部一帯はヒマラヤ山脈が連なり、舗装された道路は少なく市役所へのアクセスは大変です。プロジェクトメンバーやLDTAトレーナーたちの努力は計り知れないものなのです。

写真8－6はアンナプルナ市役所にいく道中です。地図で見ると出発点のポカラ市から80キロほど

写真８-６　アンナプルナ市役所に向かう山道

写真８-７　ドティ研修センターに向かう山道

の距離しかありませんが、途中がけ崩れで道が狭くなっていたり、道路工事のため何時間も足止めを食らったりして、目的地にたどり着くのに8時間以上もかかってしまいました。写真8-7はネパール西部のドティ研修センターに向かう山道です。このような地方のモニタリングにカウンターパートとともに出かけることは、単に仕事をこなすだけでなく、移動中に彼らといろいろ話し合い、そして到着した後、一緒に温泉に入り地酒を酌み交わしたりなど、親睦を深め、お互いの距離を縮めるうえで重要な役割を果たしました。

ネパールでのチャレンジの結果とその振り返り

ネパールのプロジェクトは２０１９年12月末に終了し、わたしは現在、他の途上国で新しいプロジェクトに関わっています。4年間のネパールでのプロジェクトを振り返り、これまでの経験とも照らし合わせて国際協力に関わるわたしの学びを整理してみました。

わたしがパラグアイでODA関係の仕事に関わり始めた1983年はODAバブルの最中であり、毎年新しい学校や病院、職業訓練センター、農業研究センターなどの建物とそこで働く人たちの人材育成のための技術協力プロジェクトが次々と開始されていたことをよく覚えています。その頃は質よりも量が評価され、実施された研修の数や、参加者の人数、相手側に贈呈した機材の数などが成果として報告され、報告書もページ数が多いほどよいとされていました。当時のわたしの仕事もこれらの数字を整理してまとめる作業が多かったことを覚えています。しかし受入国側の運営能力や維持管理のための予算措置がこれに追いつかず、結果として持続性や自立発展性を確保できないという問題が明らかになり、日本のバブル経済が崩壊したころからODAに対する批判もたくさん出てくるようになり、ODAの効率や効果が重視されるようになりました。

一方、途上国の状況も刻々と変化しています。資源開発により急激に経済発展が進んだことで所得格差が広がったり、グローバル化・情報化によって、先進国からの情報が簡単に手に入るようになり、情報の格差が広がったりと、新たな開発の課題が出てきました。また、グローバル化の中で、仕事や留学で海外に出る人たちも増えてきており、優秀な現地の人材も育ってきています。国際協力については国際機関やドナー各国が長年、支援してきたため、途上国では援助慣れが起こり、ODAの支援を歓迎する風潮も少なくなりました。ネパールの場合、開発コンサルタントに対しては、極端に言うと「お金をもらってネパールの仕事を手伝うために派遣されている専門業者」として見られている部分があります。特にネパールにおいては、雇用機会創出の政策に基づきＯＤＡにおいてもできる限り現地の人材を登用することが求められ、海外から派遣される専門家に対しては、高い専門技術や十分な実践経験を求める傾向にあります。このような状況下では、単にコミュニケーションを深めるだけでは、カウンターパートから信頼を得ることはできません。彼らが納得できるような新しい技術やノウハウを提供し、具体的な成果をエビデンスとして提示する必要がありました。

従来、人材育成のプロジェクトでは、研修実施回数や研修参加者人数などの投入だけがプロジェクトの成果として報告されていましたが、投入だけでは国家開発計画の指標を達成できたかどうかわかりません。インプットを成果として報告するのではなく、プロジェクトのアウトプットつまり、プロジェクトを実施した結果出てきた成果をエビデンスとして示すことの重要性が求められるようになってきました。

このような状況の中で、わたしたちのチームが実証したことは、研修実施のために投資した金額よりも多い金額を回収することで投資利益率（ＲＯＩ）[8]の還元が得られることであり、多くの市長の信用をとりつけました。すべての研修でこれと同じような経済効果を示すことは難しいですが、少なくともＬＤＴＡが実施する研修の効果をアピールするのには十分でした。この点はわたしが大学院で基礎から学び直したインストラクショナルデザインの理論を実践に結びつけて実証することができたところで、やっとトルコの専門家としてぶつかった壁を１つ超えることができたと感じています。

しかし一方では、わたし自身が育った途上国の現状から考えると、４年間のプロジェクトを実施しただけで人の意識や組織の能力がそんなに大きく変化することは考えられません。日本人専門家がいる間はいろいろな意味でインセンティブもありますが、いなくなると通常また元の状況に戻っていくことが多いといえます。素晴らしい結果が継続していくことを期待しているわけでこれは誰も認めたくないところですが、厳しい現実があることは確かです。

以前トルコのプロジェクトに長期専門家として派遣されたときの話ですが、プロジェクトサイトにおける活動の進捗が予定通り進まずイライラしていたときに、カウンターパートから言われた言葉がまだ耳に残っています。「伊藤さん、あなたのいうことはとても論理的であり、正しいと思います。しかしわたしたちは別の価値観の中で育ってきたので、それを受け入れるにはマヤランマ（トルコ語で熟成を指す）の時間が必要なのです」。ここでカウンターパートは「深い理解」や「消化」を意味するトルコ語を使わず、あえて「熟成」という言葉を使ったのです。どうやったら熟成を進めることができるのか、どれだけ時間が必要なのか、これはわたしにとってはまだ残された課題です。国際開発においては必ずしも効率的、効果的な手法を用いることだけが求められているのではなく、現地の価値観や途上国の現実に目を向け、その中で最終的には現地の人たちが自ら受け入れられるものを絞り込み、できることを続けていくのです。それに対してわたしたち外部の人間がやるべきことは我々の価値観を押しつけるのではなく、1つの選択肢を与えることなのではな

写真8-8　ヒマラヤ山脈をバックにカウンターパートと集合写真

いかと思います。

国際協力における成人教育においては、基本的に相手国政府の関係者の能力強化を担うわけですが、必ずしも彼らのパフォーマンスを向上させることを本人たちが望んでいるとは限りません。ある意味では「余計なお世話」なのかもしれません。しかし彼らも自分たちの生活が幸せで豊かになることを望んでいることは疑う余地はありません。先進国の知識・技術や価値観を押しつけるのではなく、技術協力のプロジェクトによってどうやったら彼らの業務だけではなく、彼ら自身が達成感と生きがいを感じられるのか考え、その中で新しいことを学ぶ楽しさや、プロとしての専門性を磨くことが生活の豊かさにつながることを気づいてもらうことが重要ではないかと思います。

国際協力人材を公募するＪＩＣＡのPartnerのサイトにおいては国際協力に関わる人材に求められる資質と能力について、分野・課題専門力、問題発見・調査分析力、援助関連の知識と経験、地域関連の知識と経験、総合マネジメント力とコミュニケーション力の６つが挙げられています[9]。わたしもこれらの資質を意識して常に自分の能力向上を心がけてきました。しかしわたしがこれまでに国際協力の現場で出会った素晴らしい活動をしている人たちの共通点は、優れた専門性以外に、途上国とそこに住む人たちに対する愛情にあふれていること、そしてその国の歴史、文化や習慣などを理解して彼らのニーズを満たすためにどうしたらよいかを常に考えながら熱い心を持って仕事をしていることでした。

効率的・効果的な仕事をし、目に見える成果を出すということはＯＤＡという枠組みの中で仕事をするにあたってはとても大事なことであり、わたしたち国際協力の専門家として果たすべき義務といえます。しかし常に忘れてはいけないことが、途上国に対する愛情と情熱は国際協力の仕事の原点であるべきことでしょう。

【注】

1 効果的な教育訓練を設計するための学術分野。教育工学、インストラクショナルシステムデザインとも呼ばれることがある。学校教育だけではなく、大学教育、企業内訓練など広く教育訓練全般において応用されている。

2 共産党毛沢東主義者の人たちを指す。ネパールでは人民運動の反政府勢力として活動を始めたが、後に王政の敗退に伴い民主主義勢力と連立政権を形成し、現在はネパール連立政府の与党。詳しい情報は以下参照。https://www.mofa.go.jp/mofaj/press/pr/wakaru/topics/vol48/index.html（accessed 2020.9.26）。

3 ＡＤＤＩＥ（Analisys, Design, Development, Implementation and Evaluation）すなわち分析、設計、開発、実施、評価というシステム的なアプローチのモデル。

4 ＡＲＣＳ（Attention, Relevance, Confidence, Satisfaction）は米国フロリダ州立大学のJonhn Keller博士によって提唱された動機づけモデル。①興味を持たせる、②自分にとって役立つものであることを認識させる、③自分でもできるという自信を持たせる、④達成感を感じさせることによって持続的な動機づけをするための手法。

5 ガニェの9事象：Robert Gagnéによって提唱された効果的な研修実施のための9つの過程。

6 ラピッドプロトタイピングとは開発のサイクルにおいて最初から時間をかけて精度の高い物を作り上げるのではなく、実践の中で成果品を作り上げ、実践と改善を繰り返しながら精度を上げていく手法のこと。

7 カークパトリックの四段階評価とは、米国ウィスコンシン大学の教授そして米国訓練開発協会の元会長ドナルド・Ｌ・カークパトリックが１９７５年に提唱した研修効果を４段階で評価する理論である。４段階とはレベル１：Reaction（反応）、レベル２：Learning（学習）、レベル３：Behavior（行動）、レベル４：Results（結果）。

8　投資利益率（ROI: Return On Investment）は、「投資収益率」とも呼ばれ、その投資でどれだけ利益を上げたのかを知ることのできる指標のことを指す。このＲＯＩの数値が高ければ高いほど、投資の効果があったとみなされ、ビジネスにおいては重要な評価指標となっている。

9　https://partner.jica.go.jp/jicas_jobView?cat=jicas_job&param=six_abilities　参照（accessed 2020.9.26）。

【参考文献】

ロバート・Ｍ・ガニェ他（著）、鈴木克明・岩崎信（監訳）（２００７）『インストラクショナルデザインの原理』北大路書房。

ジョン・Ｍ・ケラー（著）、鈴木克明（監訳）（２０１０）『学習意欲をデザインする――ＡＲＣＳモデルによるインストラクショナルデザイン』北大路書房。

国際協力機構（２００４）「キャパシティ・デベロップメント・ハンドブック」https://www.jica.go.jp/jica-ri/IFIC_and_JBICI-Studies/jica-ri/publication/archives/jica/etc/pdf/200403_b.pdf（accessed 2020.9.26）

鈴木克明（２０１５）『研修設計マニュアル――人材育成のためのインストラクショナルデザイン』北大路書房。

鈴木克明（編著）（２０１８）『学習設計マニュアル――「おとな」になるためのインストラクショナルデザイン』北大路書房。

第9章

研究会活動を通した教師の自立

――ボリビア

西尾　三津子

はじめに

わたしは、2003年から2010年まで、JICAの教育専門家として「ボリビア国学校教育の質向上プロジェクト」に携わってきました。同プロジェクトは、当時のボリビアの教育政策や学校現場のニーズに応えたもので、教育の質の改善や教師の教授能力の向上を図ることを目標としていました。そこで、わたしは、教員研修や各学校への訪問指導を通して教育技術や授業研究の手法を提供してきました。7年間にわたるこの技術協力プロジェクトの目標は達成され、教授法の改善により学校教育の質の向上が見られたという成果が報告されています。ところで、プロジェクトが成功裏に終わった後、教育技術を習得した教師は、どのように変化していったのでしょうか。プロジェクトを通して見られた成果は継続し発展していったのでしょうか。本章では、プロジェクトの成果を踏まえながら、プロジェクトが終了した後の教師の変化に着目し、教師が「研究会活動」を通して自立していく姿を伝えたいと思います。

「プロジェクトのおかげで、わたしたちはたくさんの教育技術を習得することができた。これからもボリビアの教育のためにさまざまな教授法を学びたい。そのために、このプロジェクトを是非とも継続してほしい」

「来年でプロジェクトは終了すると聞いているが、それは本当なのか。我々はその後、一体どうすればよいのか」

２００９年10月、ボリビアのラパス市で開催された第４回国際教育大会の閉会式で、会場からプロジェクトの継続を望む多くの声が届いてきました。そこには、プロジェクトに参加している教師や校長、教育省や県の教育関係者をはじめ、プロジェクトの効果を聞いて新たに意欲を高めて自主参加してきた教師たちもいました。そのとき、ボリビアＪＩＣＡ事務所の担当者は、「皆さんの気持ちはよくわかりました。確かにこのプロジェクトは大きな成果を上げています。わたしたちもこの活動支援に関しての継続を前向きに検討したいと思います」とコメントを残し、参加者から大きな拍手と喝采を受けていました。しかし、言葉とは裏腹に、この時点で2010年7月段階でのプロジェクトの終了はすでに決定しており、後継のフォローアップについても白紙の状態でした。

閉会式に同席していたわたしは、プロジェクトの継続を切望する教師の思いをひしひしと感じながら、このプロジェクトは教師に何を残したのだろうかと思い起こしていました。同時に、プロジェクト終了後の彼らの姿を思い浮かべ、教師は習得した教育技術を学校現場で活用し発展させていくのだろうかという一抹の不安を抱いていました。

日本の教育技術や授業研究の経験を途上国に技術移転する取り組みは、ボリビア以外の国でも数多く見られます。国際協力の世界では、援助をする先進国側と援助をされる途上国側との関係を「羊飼いと羊」の関係性でたとえることがあります。羊の群れを率いる羊飼いは、羊を守りながら目的地に向かって進むべき方向に誘導します。羊は羊飼いの声を聞き分けながら黙々と彼の後ろをついていくのです。その姿から両者間の優劣関係が浮き彫りになり、羊の中からは羊飼いの役割を担うリーダーは生まれないという前提が感じられます。

プロジェクトの実施期間中は、羊飼いと羊は互いに向き合い理解し合いながら信頼関係を深めていきます。しかし、いったんプロジェクトが終了すると、援助されていた側は、羊飼いのいなくなった羊の群れのごとく自らの力で活動を継続することが難しくなります。プロジェクトの終了後、教師が習得した技術を活用し定着させていくためには、彼らの意欲を持続させるフォローアップが必要です。しかしながら、当時のＪＩＣＡ事務所は、2010年後以降のボリビアの教師への支援について明確な方向性を示しませんでした。そこで、プロジェクトの調査段階から関わっていた教育専門家を中心として、教師が獲得した教育技術をボリビアの教育文化に沿った形で活用する場として「研究会活動」を模索するようになりました。

ボリビアの学校事情

南アメリカ大陸の中央部に位置するボリビア（図9－1）は、日本の約3倍の広さを有する開発途上国です。海抜6000メートル級のアンデス山脈から熱帯低地に広がる高低差の大きい国土は、3つの地域に区分され、ラパス県をはじめとする9つの県があります。[1]多様な気候や海抜高度の差による交通網の未発達は、地域間の文化的交流を妨げる原因の1つになっていました。人口約1135万人のうち、41%をケチュアやアイマラなどの先住民が占め、残りは、植民地時代に宗主権を持っていたスペイン人、ヨーロッパやアジア各地からの移民やその間の混血から成り立っています。公用語は、スペイン語、アイマラ語、ケチュア語ですが、農村部ではその他の先住民言語を母語とする人々が多く見られます。[2]

ボリビアでは、1995年から始まった教育改革の成果として、初等中等教育の就学率の向上や中退率の減少などの改善が見られました。しかし、現実の学校に目を移した場合、わたしが初めてボリビアを訪れた2003年には、旧態依然とした学校の状況でした。ボリビアの小学校は学校数や教室数の不足により、午前・午後の二部制をとっていました。毎日平均4時間の授業が月曜日から金曜日まで行われ、授業の終了とともに教師はすぐに帰宅します。教師の給与は低く、複数校での勤務や副

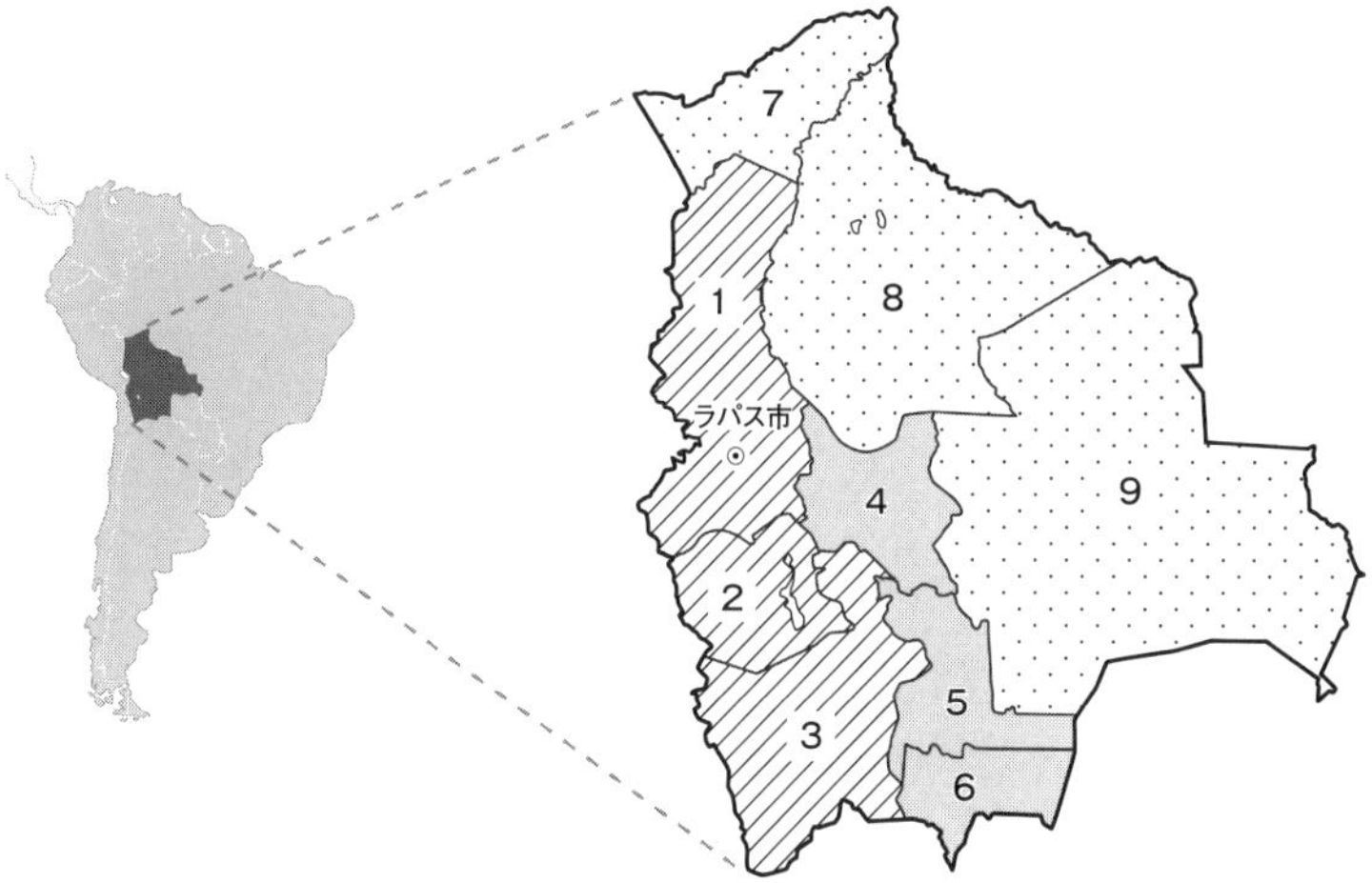

図９-１　ボリビアの位置と９つの県
アンデス高地（1～3）、アンデス低地（4～6）、東部低地（7～9）

業は教師の学校への帰属意識を低下させるものでした。教育改革以降でも権威主義的、個人主義的な学校[3]の状況は改善されず、教師同士はもとより保護者や地域社会との関わりも希薄でした。わたしが訪れた当時の学校では、授業中の各教室は内側から施錠され、校長以外の人を教室内に招き入れる慣習はありませんでした。そのうえ、学校には職員室がなく、教師同士が教材を共有したり指導上の問題について意見交流をしたりする機会は非常に少ないものでした。

　プロジェクトが実施されていた２００３年から２０１０年までの7年の間、ボリビアでは３回の政権交代が行われました。政権交代のたびに新政権下で教育関係者の人事が大幅に刷新され、教育政策の方向転換は学校現場に混乱をもたらすものでした。

　２００６年に誕生したボリビア初の先住民出身のモラレス大統領は、脱植民地主義化を掲げ、

2006年以前の教育政策を、先住民を中心とする農村部と都市住民との間の格差を生み出し固定化するものであると否定しました。しかしながら、教育施策の転換に伴う新教育法の改定までに5年間を有したため、新カリキュラムの開発やカリキュラムに準拠した教科書作成は大幅に遅れてしまいました。教師は、新たな教科書ができるまでの間、現行の教科書を暫定的に使用せざるを得ない状況が続きました。[4] 一方で、現行の教科書の使用が新政権への反動と受け取られ、暫定的であっても学校内で教科書が使いにくい雰囲気が作り出されました。教材が不十分なボリビアの学校において教科書は唯一の貴重な教材であるため、教師は他の教材探しに奔走していたのです。

当時のボリビアでは、都市部と農村部の所得格差や教育格差が大きく、教育課題の1つに農村部や少数先住民族の中退率が高いことが指摘されていました。プロジェクトの対象地区には都市部だけでなく農村部の学校も含まれており、農村部の教師はその対応に苦慮していました。そこでモラレス政権は、子どもを学校に通わすためにいくつかの教育改善のための施策を掲げました。[5] まず、大学に入学することが困難な農村部の子どもに対して地方に公立大学を設け、農村部の子どもは大学に無試験で入学できる制度を提案しました。子どもの学習機会を広げる策として実施されましたが、大学入学後の学生間の学力格差が大きく、入学1年目で挫折する学生がほとんどであったと言われています。また、政府は、小学校に在籍する子どもが年度末まで一定の日数を通学すれば奨励金を支給する制度を設けました。農村部では、繁忙期に農作業を手伝った子どもが学校に行きたくても登校することができず、そのまま中退してしまうケースが多かったのです。そのような子どもたちの義務教育の権利を保障するために、政府は、1人あたりに年間200BS（約2600円）の奨励金を支給し子ども

表９-１　プロジェクトと研究会活動の実施状況

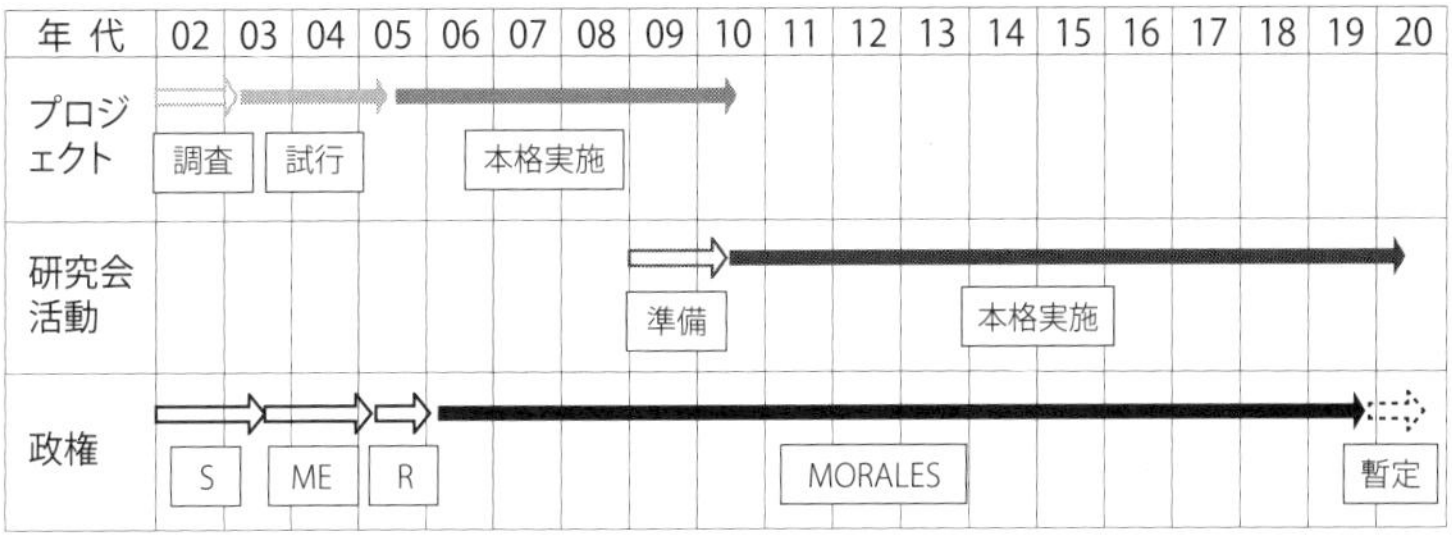

（S：サンチェス大統領、ME：メサ大統領、R：ロドリゲス大統領、MORALES：モラレス大統領）

の登校を促そうとしました。わたしが、地方の教師を対象に国語の研修に行った際、顔見知りの数人の教師が「今から奨励金を受け取るために県の教育事務所[6]に行かなければならない。今日はきっと長時間待たされると思う」と話していたことがありました。さらに、「本来、家庭が受け取る奨励金を学校のほうで一括してもらいに行くのだが、この制度がいつまで続くのか不安だ」と話してくれました。この奨励金制度は日本人には理解しがたいことですが、現金収入の乏しい農村では貴重な収入源となるため、保護者はこの制度を高く評価し子どもを学校に行かせる努力をしていたようです。

　このように、新政権による教育施策のもとでボリビアの教育状況は日々変化し、教師は学校現場の混乱への対応に追われていました。表９－１から、政権交代による混乱期の最中にプロジェクトが進行している様子がわかるかと思います。

ボリビア国「学校教育の質向上プロジェクト」

プロジェクトは、「子どもが学習の主役になる」というコンセプトに基づき、教育の質の改善や教師の教授能力の向上をめざしたものです。具体的には、教員研修や学校訪問指導を通して、授業の構造化や教育技術の習得、授業研究・校内研究活動の手法を普及拡大し、「教師相互の経験の共有」と「ボリビアの教育文化に沿った教育技術の活用」を目標としました。日本側からも複数の専門家が投入され、[7] ボリビア側のカウンターパートは１００人を超える規模になりました。２００３年より試行期としての２年間を２つの県において実施し、２００５年の本格実施を経て２０１０年の終了時にはボリビア９県の計５００校の学校が参加し、プロジェクトの成果が確認されました。

「子どもが主役」というコンセプトは、当時のボリビアの学校文化に一石を投じるものでした。ボリビアの教師は、教材や教具が不十分な学習環境のもとで子どもの学習を保障する努力をしていました。また、子どもは、教師の指示をよく聞き熱心に学習に取り組んでいました。しかし、授業の大半は教師による説明で占められ、子どもが考えたり子ども同士で議論したりという主体的な姿は見られませんでした。ボリビアの学校では、教師はできるだけ多くの知識を子どもに与え、子どもはそれをノートに書き写して暗記するという伝統的な授業スタイルがとられていました。授業の主役は教師だったのです。子どもが自ら考え自らの行動を決定できる授業を作るためには、教師自身の授業観を転換させる必要がありましたが、プロジェクト開始当時の教師には現状を変えようとする意識は感じられませんでした。

わたしが初めて「授業研究の導入」というテーマで教員研修をした際、「日本式の教え方はボリビアには合わない。我々には我々のやり方がある」という教師の批判の声や「教育省からやれと言われるのなら仕方がないが、これ以上仕事の量が増えるのは困る」という不満の声が聞かれました。しかし、教育省が行うトップダウンの研修に慣れていた多くの教師は、半ばあきらめ気味に与えられた指示をそのまま受け流そうとしているようでした。一方で、他者を教室に招き入れて授業を公開することや、授業後の反省会で参加者からの意見を受け入れることについては、多くの教師が抵抗感を示していました。授業研究の核心である授業公開と反省会は、当時のボリビアの教師文化では受け入れがたいものだったのです。そのような中で、勇気をもって授業を公開してくれた女性教師は反省会の冒頭で、「わたしにとって校長以外の人を教室に入れたのは初めての経験です。師範学校の卒業試験で授業を評価されたとき以来の大きな緊張でした」と言っていたのが印象的でした。わたしが驚愕したのは、その直後に、授業を観察していた教育行政官が彼女の指導力の不足を矢継ぎ早に追及したことでした。参加者の前で行政官から辛辣なコメントを受けた教師は、反論をすることもなく黙って俯いていました。彼女の落胆した表情を見たわたしは、すぐさま、彼女の授業の優れた面を評価し感謝の言葉を述べたのですが、反省会に参加している他の教師は口を閉ざしてしまいました。後日談ですが、彼女はそのとき、「わたしはみんなの前で恥をかかされた。もう二度と授業は公開したくない」と思ったそうです。しかし、「あなたが授業を提供してくれたおかげで、ここに参加した教師全員の授業改善に役立てることができる」といった日本人専門家の言葉に救われたという話をしてくれました。

その後、わたしは長期専門家と共に各県の学校を訪問し、学校事情に沿った具体的な実践例を示してボリビア人教師と議論するようにしました。当時、小学校に勤務していたわたしは、できるだけ日本の学校現場での経験を伝えるようにしました。特に、自分自身の失敗経験を紹介し教師としての悩みや葛藤、そこから学んだことを赤裸々に伝えました。日本とボリビアの環境や文化は違っても、教師としての使命や熱意には共通するものがあります。同じ教師としての子どもに対する願いや希望を語り合ううちに、学校現場の実態を十分に把握できていないボリビア政府の教育施策に対する不満を教師から聞くことができました。彼らは「ボリビアは貧しくて子どものために十分な教材を準備することができない」「わたしは給料が安いため他にも掛け持ちで仕事をしている。政府は教師の気持ちをわかってくれない」「師範学校で教えてもらわなかった教育技術を学びたいが、情報が入手しにくい」など、それぞれの悩みを語ってくれました。わたしは、彼らの悩みに対してなんら解消する術を持たないもどかしさを感じつつ、誠意を持って彼らの言葉に耳を傾けていました。そして、教員研修の場で何度も教師たちと顔を合わせるうちに、「教育技術を与えるために外部からやってきた専門家」として見なされていたわたしでしたが、次第に「遠い日本から来た１人の教師」つまり、同じ立場の教師として接してもらえるようになりました。研修の時間外にボリビア人教師と談笑し合う機会が増えるにつれ、わたしの中に専門家としての自分の務めを責任を持って果たしたいという気持ちが湧き上がってきました。

教師との信頼関係を築くきっかけになったのは、各地で実施した板書技術の研修会でした。当時のボリビアの学校には、どの教室にも比較的大きくて使いやすい黒板がありましたが、師範学校で板書技術について学ぶ機会はなかったようです。そこで、子どもの学習理解を深めるための板書技術を提案しました。研修前は、「わたしは説明が得意なのでわざわざ黒板を使う必要はない」「子どもは教師の話をしっかり聞いていたら理解が深まる」「教室には大きな黒板があるがあまり役には立っていない」と言ってわたしの提案に無関心な教師もいました。そこで、わたしは、彼らの黒板の使い方を実際に示してもらいながら、板書の意義について一緒に考えるようにしました。そして、日本の学校で実践している板書技術を紹介し、その学習効果について彼らの意見を聞かせてもらうようにしました。当時、わたしは、週に1～2回は県の教育事務所で教員研修を行い、その他はプロジェクト対象校の訪問指導をしていました。そうするうち、訪問先の学校でわたしが紹介した板書技術を試している教師の姿を見かけるようになりました。その教師に声をかけると、「自分は今まで計画的に板書をしていなかったが、実際に教室で試してみると子どもの学習理解が深まっているのを感じた」と試行の理由を話してくれました。研修会でわたしの説明を聞くだけでは半信半疑だった教師は、実際に教室で試してみることで子どもの変化を感じ取り、この板書技術の価値に納得したのだろうと思います。このように、わたしは、教員研修と学校訪問とを継続的に繰り返しながら、ボリビア人教師との距離を少しずつ埋めながらつながりを築いていきました。

研究会の設立に向けて

プロジェクトが本格実施期に入り、各学校では暫定的なカリキュラムのもとで模索しながら教材を作成し、教師は授業実践を蓄積していきました。各地で学校主催による公開授業が実施されるようになり、授業改善の成果の広がりが確認されるようになりました。そのような中で、プロジェクトの終了後、研修で培った板書技術などの教育技術や教師経験の共有化をいかに根づかせるかが教育専門家の間で課題の1つとなってきました。この課題解決のために参考としたのが、日本の教師文化に大きな影響を与えている「教師の手による研究会活動」でした。各学校の垣根を超えた連携がないボリビアにおいて、教師経験の共有化はプロジェクトが導入した「授業研究」という形をとりながら学校単位で進められていました。プロジェクトの終了後は、それらの経験を踏まえて教師間の連携をさらに横に広げ、教師が自立的に活動できる場として「研究会」を設立することを考えたのです。しかし、プロジェクトという枠組みがなくなると、教師自身が研究会活動に取り組もうという意欲がない限り、それが継続されることは難しいだろうと思われました。そこで、教員研修の講義の中や各学校への訪問指導の中で研究会について説明し、活動の実施について校長や教師たちに何度も話し合いを求めました。また、各県の教育事務所の所長や教育行政官とも議論をしながら、組織作りや活動の具体像を探し合っていきました。話し合いを重ねる中で、研究会は教科研究を軸に据えることで活動がイメージしやすく、また成果が見えやすいのではないかという意見が出されました。そこで、多くの教師が担当する国語科が教育技術の発展の核になりうるということで、国語教育研究会に収束されることになりました。

わたしは、教員時代に京都市の国語研究会の一員として10年以上研究会活動に携わっていた経験があります。日本の研究会活動では、教育委員会の支援を受けながら研究会の運営は管理職が担い、実践研究は主に現場の教師に任されるという役割分担ができています。また、教師が主体的に行う活動には教育の中立性が認められ、時々の政権から研究内容などに干渉を受けることはありません。しかしながら、建国以来、数多くのクーデターや政権交代を繰り返すボリビアでは、不安定な政権が行う教育政策により学校現場は常に干渉されることになります。そこで、教師による活動の独自性や中立性を担保するためには、行政から一定の距離をおく必要がありました。そのため、政府から補助金を受け取るのではなく、研究会活動に必要な財源を別途どのように確保するかが重要な議題となりました。この活動の独自性と財源の確保は表裏一体の関係にあるため、教師の研究活動を根底から支える課題として、研究会の設立に向けて最も重要視しなければならない問題でした。

これらの問題解決を含め、研究会活動の全体像に基づくさまざまな準備を支援するために、教育専門家を中心として数人の関係者で正式にＮＧＯを立ち上げ、２００９年に法的な登録を行いました。[8]これは、プロジェクト終了後のフォローアップについて、当時のＪＩＣＡ事務所との間に意見の大きなずれがあった長期専門家の提案を受けて設立されたものでした。以後、このＮＧＯが教師の意思決定を促す重要な支援機関として、財源確保のためのアドバイスをはじめ活動内容の蓄積や記録、各県への働きかけや中心メンバーとの連携などの支援を行っていきました。まず初めに、財源を確保するための以下の方策について早急に仕組みを作る必要がありました。

１つ目は、研究会の会員から年会費を徴収するという方法です。わずかな金額であっても年会費を徴収することは、研究会への帰属意識が生まれ主体的な活動意欲につながると考えたからです。ボリビア人教師の給与は、研修履歴や経験年数により決められた７つのランクを基本に自分の受け持ちの時間数に応じて支給されていました。２０１０年当時、研究会に属していた教師歴34年の教師は、ひと月に合計80時間勤務して２６２５ＢＳ（約３４０００円）の手取りだと話していました。彼女は校長に次ぐランクでしたが、最低ランクの若年教師の給与は彼女の半分程度だといいます。そのような教師の給与事情を踏まえると、教師から年会費を恒常的に徴収するには十分な議論が必要でした。

２つ目は、著作物を出版するという方法です。ボリビアでは教育関係の書籍数が少なく、また高価なために一般の教師が入手することは容易ではありません。教師が学ぶための専門書や授業で使用する参考資料も、一部の教師が購入したものをコピーし合って共有する場面が多くありました。町にはたくさんのコピー屋があり、10枚あたり１ＢＳ（約13円）でコピーができるので１冊の書籍を入手するよりもはるかに安価です。そこで、ＮＧＯは、プロジェクトの教員研修で配付されたレジュメや資料の一部、また、教育専門家が教員研修で活用していた資料などをオリジナル版として提供しました。各研究会の教師はそれらをもとに自分たちの実践事例を加えた冊子を作成して販売し、活動費として蓄えるのです。

３つ目は、研修会を開催するという方法です。プロジェクト終了後、ＮＧＯ主催の研修会で研究会所属の教師が講師となり、教育技術や国語科教育法の講演をするのです。プロジェクトで習得した教育技術を子どもの実態に応じて教室で活用した事例は、プロジェクトに参加していなかった教師にとっても役立つ内容といえます。県の教育事務所もこのような教師の自主活動を半ば容認し、研修場所を提供してくれることもありました。研修会の開催に伴う参加費は謝礼として講師へ手渡され、その一部が研究会の活動費として運用される仕組みです。

このように、ＮＧＯは、教師が独自性を持った研究活動ができるように、必要な財源の確保について常にアドバイスをしながら研究会を継続的に支援していきました。

普及学を用いた研究会活動の普及プロセス

プロジェクトの終了後、教師の手によって動き出した研究会活動は今年（２０２０年）で10年目を迎えます。設立当初のことを振り返ってみると、プロジェクトの支援が得られない状況下で、教師が自立的に活動を継続させることは難しいと思っていました。なぜなら、研究会活動は、ボリビア人教師にとっては新しい考えに基づく行動様式だったからです。従来のトップダウンの教員研修とは異なり、活動内容も時間も予算もすべて教師が当事者意識をもって決定しなければならないのです。では、何が教師を研究会活動に誘い、どのようにして、教師は研究会活動に自ら取り組むようになったのでしょうか。そこで、わたしは、さまざまな社会現象を分析する枠組みの１つである「普及学」の視点で、教師が研究会活動に取り組んでいく過程を振り返りたいと思います。

ロジャーズの定義によると、普及とは、「イノベーションが、コミュニケーション・チャンネルを通して、社会システムの成員間で時間的経過の中で伝達される過程」であると言われています。[9] そして、個人または集団が新しい技術を取り入れる普及プロセスは、イノベーション採用決定過程のモデルとして提示されています（図９－２）。ロジャーズは、個人または集団によって新しいものと知覚されたアイデア、行動様式、ものをイノベーションと捉え、その決定過程は、〈知識段階、態度段階、

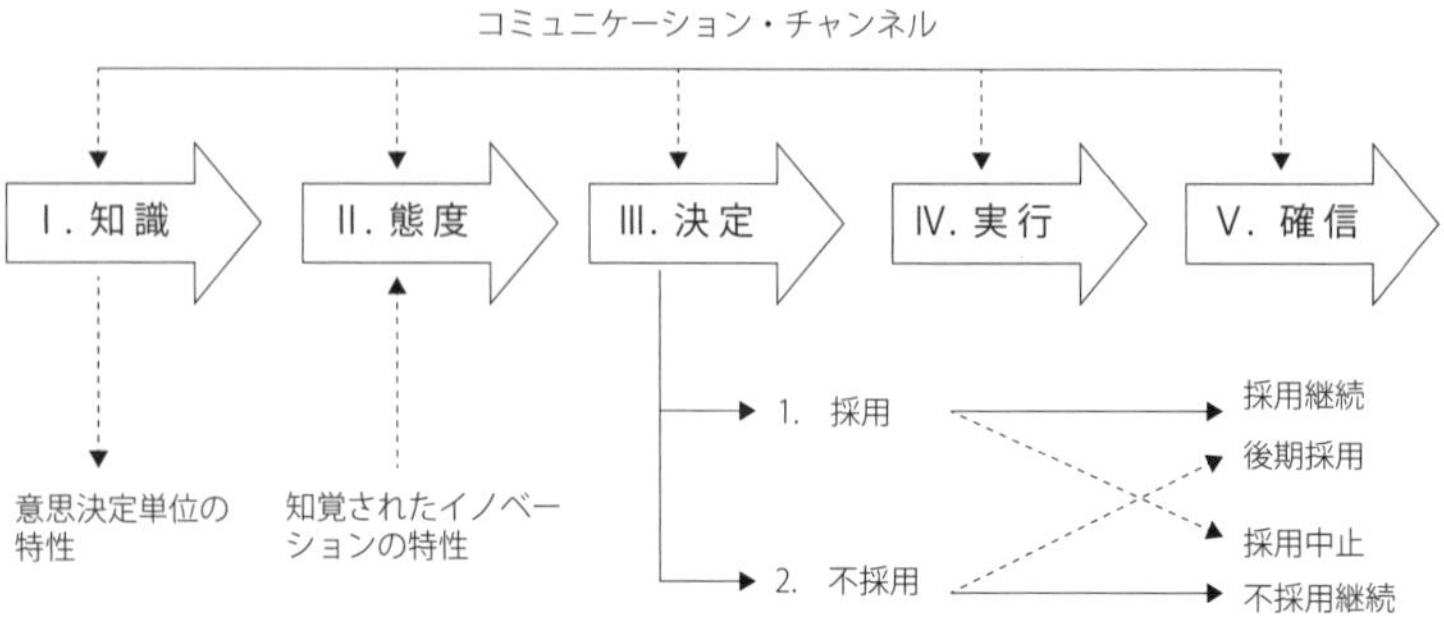

図9-2　イノベーション決定過程における段階モデル（ロジャーズ 1982）

決定段階、実行段階、確信段階〉の5つの段階を含む心的過程であることを示しました。ここでいう行動様式とは、普及することが可能なさまざまな行動の形式で、ものの感じ方や考え方、表現の仕方や対人関係の持ち方などを指します。[10]

「普及学」の枠組みを用いて本章における研究会活動をイノベーションと捉えると、教師がそれを採用する心的過程は次のようになります。

教師が、自分にとって新しいと感じる研究会活動に取り組む際、研究会活動の仕組みや実践の方法を知ることから始まります（知識を獲得する段階）。そして、研究会活動に対して教師自身が好意的に受け入れるか、拒絶的になるかという意思を持ちます（態度を形成する段階）。やがて、教師は研究会活動に参加するかどうかの決定をし（決定する段階）、自分の判断に基づいて研究活動を実施し始めます（実行する段階）。研究会活動が教師としての技術向上に役立つものであると確信すると積極的に活動に参加し、他の教師にも働きかけるようになります（確信する段階）。このような過程を経て、教師は研究会活動という新しい行動様式を取り入れていったと考えられます。そこで、本章では、教師が研究会活動に参加していく過程で、どのようなコミュニケーション・チャンネルが活用されたのか、主にわたしと教師とのコミュニケーションに焦点をあてて、研究会活動の普及のプロセスを振り返りたいと思います。

●知識を獲得する段階

初めは、教師が新しい行動様式である研究会活動を認知し、それに関わる知識を獲得する段階です。ここでは、教師が研究会活動の進め方や研究内容の決め方といった方法としての知識を獲得します。わたしは長期専門家と共に、研究会活動の存在をできる限り多くの教師に知ってもらうために、各県で行われる教員研修の場を活用して校長や教師たちと話し合いを重ねていきました。わたしが、日本で実施されている研究会活動の紹介を始めると、「ボリビアの教育改革では研究する教師の育成が謳われたが、その理念に通じるものである」や「我々教師はさらに指導力を向上させるために研究する必要がある」という教師の賛同の声が聞かれました。しかしその一方で、「どのような研究をするのか、誰がそれを教えてくれるのか」また「今の授業で良いと思うし、研究する時間を作るのは難しいと思う」という現実に即した教師の声もありました。新しいことに挑戦しようとする教師と従来からの価値観を固持する教師が混在する事態をわたしはどのように収束すればよいか悩みました。そこで、研究会活動の仕組みや研究会活動をすることの意味を教師と一緒に考えることにしました。研究会活動は、①専門家のトップダウンの研修ではなく、教師が独自性をもって研究する活動であること、②研究内容や方法は教師が主体的に話し合って決定すること、③政府や諸団体からの資金援助は期待できないため、自分たちで財源を確保しなければならないこと、④学校内で行う授業研究とは異なり、学校間の垣根を超えた教師の連携が大切であること、という点で従来の教員研修と異なることを強調し、教師たちの意向を確かめるようにしました。また、教師の抵抗感を軽減し活動がイメージしやすいように具体例を挙げ、研究会活動への関心が高まるように配慮しました。

●態度を形成する段階

研究会活動について知識を獲得した後、教師自身がそれを好意的に受け入れるか、拒絶的になるかという態度を形成する段階です。研究会活動を受容するか否定するかの態度は、個々の教師の価値観や生活環境により異なります。そこで、教員研修での説明に加えて教員研修後に任意の談話会を設定して、わたしの日本での研究会活動の経験を紹介し教師から率直な感想を出してもらうようにしました。同時に、研究会活動についての個々の価値判断やその根拠を教師同士で話し合う場を持つようにしました。

その中で、ある教師は、「自分にとって研究会活動の価値は理解できるし、可能であれば参加したいと思っている。しかし、日常の学校での業務に加えて、研究会活動をするだけの経済的、時間的な余裕はないだろう」と述べていました。また、「わたしたちは、これまでの専門家のトップダウンの研修に慣れすぎていて、自分たちで意思決定をして研究するのはとても難しそうだ」と不安を表す教師や、「自分たちで勝手に活動したら政府からにらまれるかもしれない」と心配する教師もいました。わたしは、教師の置かれている厳しい現状を正確に理解し経済的な援助をすることはできないけれども、今できることを一緒にやっていきたという気持ちを伝えました。そのような中で、プロジェクトへの参加意欲が高く、研究発表会で毎年公開授業を行っていた教師が、「わたしたちはいつも教育省の指示通りに動いてきたが、いつまでもそうであってはならない。研究会活動は我々教師を自立の道へ誘ってくれると思う」と、みんなの前で話し始めました。プロジェクトの試行期から積極的に活動していた彼女は、校長という立場で校内でもリーダーシップを発揮していました。彼女の学校は保護者の間でも評判の高い学校で、公立校でありながら毎年入学希望者が殺到するとのことでした。そのような彼女の発言は、教師の態度形成に少なからずとも影響を与えるものであり、研究会活動に無関心だった教師の態度にも変化が見られるようになりました。

●決定する段階

教師が研究会活動というイノベーションを採用するか不採用とするかを決定する段階です。教師が研究会活動の方法や原理を理解し活動に対して好意的になっても、実際にそれを決定するまでにいくつかの葛藤が生じてきます。それらの葛藤は、歴史・文化的な背景が異なる日本人のわたしには理解しがたい面もありました。そこで、各県での教員研修の後、自由参加の形で「わたしの国語教室」という参加型ワークショップを開催して研究会活動の一部を教師に体験してもらい、その効果を実感してもらうことにしました。アクティビティの後は必ず小グループで意見交流を行い、研究活動の価値について自分自身で問い直すようにしました。このワークショップは、教師の手による研究会活動が開始される２０１０年までの間、各県で数回実施されました。

研究会活動を採用することを決定した教師は「トップダウンの研修とは違って、目の前の子どもの実態に基づいて必要な指導内容や方法を研究することは価値がある」や「プロジェクトで習得した教育技術を発展的に活用するとボリビアの教育の質が向上するだろう」と述べ、実施に意欲的な姿勢を示しました。一方、採用しないことを決定した教師の中には、「活動のための金銭的支援はどこからくるのか。もしそれがないのなら継続的な活動は難しい」「研究会活動は教育省の許可が出ているのか。研究会活動に参加したら教育事務所から研修参加証が発行されるのか」など、金銭面の問題や政府との関係性を懸念した結果、採用しないことを決定したという意見がありました。また、研究会活動を今までのプロジェクトの延長のように受け止め、日本人が再び資金や技術を与えてくれると思い込み、それがないのであればこれ以上継続する必要はないだろうと判断する教師もいたようでした。そのような教師の反応からは、プロジェクトに参加していたときと同様の依存性が感じられました。

●実行する段階

さまざまな情報を入手しながら研究会活動の採用を決定した教師が、教師仲間と共に研究活動を開始する段階です。教師が具体的な活動を行うにあたり、いつ、どこで、誰が中心となって、どのようにして研究内容を決定し研究活動をするのかという道筋を立てなければなりません。また、研究会を運営する際に出会うであろう問題を予測し、それらに対する対処策を講じておく必要がありました。先に述べた財源の確保に加えて、教師の立場を守るために教育省や県の教育事務所からの理解を得ることや、教員組合との良好な関係を維持することも重要でした。大半の教師は教員組合に属していたので、教員組合との軋轢が教師間の不協和につながらないような配慮が必要でした。そこで、長期専門家が教育省や県の教育事務所の担当者と何度も話し合い、研究会活動への支援が得られるよう尽力してくれました。また、教員組合に対して研究会活動への理解と協力を要請するために、組合本部を訪ねて複数の幹部と面談の場をもってくれました。

一方、わたしはＮＧＯの顧問という立場で常に教師と関わりながら、研究内容や具体的な活動について提案やコメントを行うようにしました。月に１～２回の研究会合を定例的に持つことが望ましいという意見が出ましたが、全員が集まるには時間的に難しい面もありました。そこで、教師間をつなぐためのメーリングリストを作成し、インターネットを使って県内の教師とコミュニケーションをとるようにしました。初めは、会合の日時や内容のみの伝達が多かったのですが、次第に互いの意見を交流する場として活用されるようになりました。また、プロジェクトの活動とは一線を画す意味で、土曜日や日曜日の午後に近くのカフェテリアに集まって指導案の作成をしたり教材研究をしたりするようにしました。このように、教師が自立的に活動できるように、日本人の教育専門家がそれぞれの役割を分担しながら、教師の不安要素をできるだけ払拭するための対策を講じるようにしました。しかしながら、研究会活動を好意的に受け入れ実践しようとした教師が、実行する段階で自分の決定を覆し、採用をとりやめてしまう場合もありました。その理由の１つには、教師個人が抱える経済的事情がありました。ボリビアの教師の中には給与の低さを補うために、学校での勤務に加えてタクシーの運転手や小売業、家庭教師などの副業に従事していることがあり、生活に時間的なゆとりは見られませんでした。そのような副業への従事は、教師の研修への参加機会の減少や研究活動への意欲低下にもつながるものでした。彼らの抱える厳しい現実の前に、わたしは自分の無力さを実感せざるを得ませんでした。

●確信する段階

教師が研究会活動に意味を見出し確信して実践する段階です。自分自身の確信がより強い場合は、他の教師に働きかけて研究会活動を普及していく教師も現れます。ＮＧＯは引き続き支援を継続していましたが、それに加えて、他県の教師とのコミュニケーションはとりわけ重要な情報伝達の経路となりました。

２０１０年、プロジェクトが終了に近づいた頃には、６つの県に研究会の支部が設立され動き始めていました。そこで、各県の活動状況を共有するために、全県をつなぐメーリングリストを作成しました。県内でのメーリングリストはすでに活用されていましたが、県外の教師仲間との連携はボリビア全県の研究会仲間の連帯感を高め活動経験の共有に役立つものでした。わたしもそのリストの中に入っているので、会員の抱えている悩みに返信したり激励のコメントを送ったりすることがありました。メールへの発信は主に研究会の代表者がすることになっていますが、しばらく滞っていたりするとわたしから発信して県の活動状況を聞き、必要な情報を提供するように配慮しました。特に、プロジェクトの終了とともにわたしが日本に帰国した後は、このメーリングリストの活用とＮＧＯ代表者とのスカイプを併用しながら必要な情報を発信するようにしました。

教師が確信を持って研究会活動に取り組むようになるには、外部からの肯定的な評価も重要でした。

表9-2　普及プロセスにおけるコミュニケーション・チャンネル

段階	知識獲得	態度形成	決定	実行	確信
コミュニケーション・チャンネル	教員研修（一斉）	教員研修（一斉） 談話会（任意）	参加型ワークショップ（任意） グループ活動（任意）	研究会合（グループ） メール配信（県のメーリングリスト）	研究会合（会員） メール配信（全県のメーリングリスト） スカイプ（個別・代表者）
	資料提示 資料配付	資料配付	資料配付	資料配付	ポスター掲示 パンフレット配付

教師と保護者との良好な関係構築は、プロジェクトの実施中から配慮されていた事柄でした。プロジェクトの終了時には、子どもの学習理解の深まりに満足する保護者は学校への関心を高め、教師を物心両面から支えてくれる存在となっていました。両者の信頼関係はプロジェクトの終了後も継続しており、保護者の支援は教師の研究会活動への意欲を後押しする力といえました。

さて、ここまで紹介してきた研究会活動の普及プロセスを各段階におけるコミュニケーション・チャンネルの視点でまとめてみると表9－2のようになります。イノベーションが決定される過程の各段階は、これらのコミュニケーション・チャンネルからのさまざまな情報提供により推進されます。

まず初めに、研究会活動の存在をより多くの人に知ってもらうために、教員研修の場で参加者全員に研究会活動についての知識が伝達されます。次の態度形成の段階では、教員研修の場に加えて、任意の参加で談話会を設定し、教師との対話を通して彼らの特性や欲求に応じた情報提供の仕方を工夫するようにしました。また、談話会で教師集団のリーダーが研究会活動を高く評価したことは、教師の態度形成に影響を与えるものでした。決定する段階では、参加型ワークショップという形で試行的に研究会活動の一部を体験してもらい、互いに感じたことを話し合いました。教師同士が研究会活動について評価し合うことは彼らの意思決定に役立つものでした。実行する段階では、ＮＧＯからの情報提供に加えて、教師同士のコミュニケーションの場としてインターネットを介した情報発信の影響が大きいと思われます。やがて、確信する段階では、県ごとの研究会合や教師同士をつなぐ広範囲のインターネットの活用がコミュニケーション・チャンネルとして重要な役割を果たしたといえるでしょう。

このような普及のプロセスを経て、教師は研究会活動に次第に確信を持って取り組むようになりました。それ以後、研究会活動が現在まで継続する中で、日々の研究活動を長期的に支え教師の自立的な活動を促進させる大きな動機づけとなったのが国語教育全国大会の開催でした。

国語教育全国大会の開催

現在、ボリビア全県にある９つの国語研究会の支部では、活動の内容や方法に差異はあるものの国語科授業の指導法の検討や教材作成、テキスト作成などの活動を行っています。そして、各県の研究会活動の成果を全国大会の場で発表し合い、効果的な教授法の実践例の提示や作成した教材の交流などを行っています。

プロジェクトが終了した翌年の２０１１年、第１回国語教育全国大会が開催されました。全国大会は、ボリビア全県から研究会員が集結する年次大会で、大会準備から当日の大会運営に至るすべてが開催県の教師に委ねられた2日間にわたる手作りの大会です。まさにその年の開催県がリーダーとなって、ボリビアの研究活動全体を統括しているといえるでしょう。大会の１日目は、研究主題に関する基調提案と提案授業、各県からの成果発表や開発された教材の展示が行われます。夜には各県の代表者会議が開かれ、研究活動をするうえでの共通の課題や次年度への引き継ぎ事項などが検討されます。２日目は、ゲストによる講演や全体の意見交流が行われ、次年度の開催県にバトンが渡されます。また、長期専門家がＮＧＯの代表として講演を行ったり、わたしが研究主題に関わるワークショップを実施したりして研究大会を盛り上げています。外国人による講演がプログラムに組み込まれると国際大会という名称が与えられ、教師が受け取る参加認定証の格が上がるのです。全国大会への参加者数は開催年度や場所により異なりますが、その半数近くはＪＩＣＡプロジェクトに参加していた教師なので、わたしとの親交も深く年に一度の再開を互いに喜び合います。ボリビア９県の持ち回りで毎年開催され、２０２０年で10回目の大会を迎えることとなります。

年に一度、研究会員が集結して全国大会を開催することは、ボリビアの教師にとって容易なことではありません。研究会活動の仕組みが整備され全国大会が周知されている日本とは異なり、ボリビアでの開催は教師にとって未経験の活動です。特に開催県となる教師は、大会運営の面でさまざまな問題に出会い彼ら独自の方法でその解決に取り組んでいきました。

１つ目は、予算確保の問題です。研究大会の開催県は、会場費、機器のレンタル代、食事代、お茶代、参加証の印刷代などを準備する必要があります。大会参加費として参加者から１５０ＢＳ（約

１９５０円）前後の経費を徴収することが通例になっていますが、当日の参加者数の増減があり、資料の印刷や食事代の予算を組むのにも苦労します。この問題の解決にあたり、初めはＮＧＯの支援を受けて財源の確保をしていましたが、回を重ねるごとに独自の方法を考え資金を捻出するようになりました。たとえば、第２回の全国大会の開催県は、セーブザチルドレンという国際ＮＧＯを見つけ、そこからの協賛を得て資金援助を受けながら全国大会を開催することができました。これは、常に多方面から情報を収集し資金確保の方法を模索していた彼らの努力の結果だと思います。わたしも日本から参加し、前日準備の手伝いと「読解力の育成」について講演を行いました。

２つ目は、会場と参加者確保の問題です。大会開催の準備の中で会場探しは重要な問題です。交通網が未発達なボリビアでは、多くの教師に参加してもらうためにできるだけアクセスの良い会場を確保する必要がありました。また、参加人数を想定したうえで収容可能な場所を検討し、半年以上前から市の施設や近隣の学校を仮押さえしながら、会場費が高額にならないようにする必要がありました。一方、参加者集めでは、教員研修の施設などに全国大会のポスターを掲示して告知を図ることや、インターネットを活用した広報活動も教師が考えた工夫の１つです。また、学校長同士のネットワークを活用して学校単位の参加を呼びかけたりして、全国大会の情報について各所で広報する努力が見られました。

３つ目は、緊急のアクシデントへの対応の問題です。道路封鎖のためにバスが停滞することはボリビアではよくあることです。全国大会の当日、交通事情のために遅れて発表時刻に間に合わない人も出てきました。そのようなときでも、担当の教師は臨機応変に参加者たちの目を引きつける対応をしていました。また、第7回の全国大会では、市が所有する会館を借りて2日間の研究大会を開催する予定でしたが、1日目の午後から長時間にわたる停電のため会場の変更を余儀なくされたことがありました。会員たちが早急に対応し、急遽、ある教師の教え子の両親が経営するホテルの一室を割引価格で借りて、なんとか2日目の活動を継続することができました。日本では考えられないような突然の変更に対して、柔軟に対応できる教師の姿に感動したのを覚えています。

４つ目は、政府機関の協力が得られないことです。ボリビア教育省は、プロジェクト終了後、教育技術や指導方法の大半を全国教員研修制度（ＰＲＯＦＯＣＯＭ）のカリキュラム内容に取り入れたにもかかわらず、教育省としての独自性を強調するあまり、日本のプロジェクトの名前が残ることを好ましく思っていませんでした。ですから、国語教育全国大会もＪＩＣＡプロジェクトから派生したものとして捉えられ、「欧米の資本主義教育」と見なされ非難されていました。その背景には、当時の政権による外交政策の方向転換があり[11]、その余波は教師の研究活動にまで少なからず影響していました。

教育省や県の教育事務所は、教師の自発的な研究活動に対して表立った妨害はしなかったものの、積極的な協力や支援は期待できませんでした。全国大会の参加証明書の申請に際しては、県の教育事務所のサインが必要ですが、なかなか認めてもらえず苦労しました。開催県の教師は、全国大会の数か月前から何度も県の教育事務所に足を運び発行の申し入れを行うのですが、手続きは簡単には進みませんでした。教師が、教育事務所のサインが入った参加証明書を手にすることができたのは、全国大会の前日であったという話も聞いています。このように、教師は、全国大会の開催を巡って出会う多くの問題を前に、教師間で知恵を出し合い解決の方法を探し出していきました。この全国大会の開催によって、教師たちの中に、「わたしたちの手による研究会活動」という意識が少しずつ形作られていったことと思います。

先日、わたしのところに2020年度の第10回国語教育全国大会に関する連絡がありました。研究会の設立当初は読解力に視点をおいた研究が多かったのですが、今年度は総合学習と国語科との関連を踏まえた教材開発がテーマとのことでした。その際、支部の代表者に「あなたは、なぜ今まで研究会活動を続けているのですか」という問いを投げかけてみました。すると、彼らから以下のような声が寄せられました。

まず、日本人の専門家が参加することで、参加証明書にインターナショナルワークショップという証明書がもらえることです。さらに、県教育事務所や大学、教職員組合の協賛やサインが入ると、参加証明書の価値がより高くなるというのです。この証明書は教師の給与のランク付けや今後のキャリアに効力を発揮するものです。

次に、プロジェクトに参加していた教師は、今でも新しい技術を習得し教育技術を向上させたいという強い気持ちを持っていることです。授業改善を切望する教師はボリビアには多く、子どものために新たな教授法を追求し指導力を高めていきたいという教師の使命感が感じられます。

最後に、年に一度の全国大会で他県の教師と再会し交流することにより連帯感の高まりがあるということです。教師にとって、県内のみならず他県の研究会員や日本人専門家との友情を深めることができるのは全国大会の醍醐味であり、それを楽しみにしている教師が多いのです。さらに、全国大会をやり遂げた後の達成感は大きく、それが日々の活動のエネルギーとなるといいます。他県の研究会の活動報告を聞いて競争心を掻き立てられ、互いに切磋琢磨して研究活動に取り組む意欲が生まれるのです。

おわりに

現在の研究会は、各県で5～10人の教師が中核となって活動を継続しています。その中には、2011年の第1回全国大会から参加し、今年で丸10年目の大会参加を迎える教師もいます。当時、学級担任として授業実践をしていた者は現在、学校長になって学校運営に従事していたり、全国教員研修制度の教育行政官の職に就いて若年教員の養成に携わったりしている者もいます。

現在、ボリビアの新カリキュラムでは、教科を総合するような学習内容が盛り込まれているため、研究内容も変わってきたとのことでした。ボリビアの教師は総合学習について十分な実践経験を持っていませんが、各所から資料を集めて自分たちで研究しながら授業計画を立てているようです。彼らは、もはや羊飼いの後を追い続ける羊ではありません。羊飼いがいなくなっても自分たちが主体となり、目的地を見定めて前に進もうとする学習集団です。彼らは、日本の協力が終了した後、プロジェクトで得た成果を継続し自立的に発展させていったのです。

わたしは、プロジェクト終了後10年間にわたり、教師が自立的に研究会活動に取り組み、現在まで発展させてきた要因を次のように捉えています。

第１に、プロジェクトの実施期間中から教員研修の場で、教師が当事者意識を持って活動をすることの意味づけを行ってきたことです。ボリビアの教師は、教育省からのトップダウンの研修に慣れていて、自分たちで価値判断をしたり意思決定をしたりする経験は少なかったのです。教育技術を一方的に与えてもらうのではなく、それにどのような価値があり自分ならどのように活用するかという意思決定の場面の設定は、教師自身の使命感を覚醒させるものでした。

第２に、教師の手で研究会活動を行うという具体的な活動目標と方法を明確にしたことです。活動目標は教師との対話を通して具体化し、教師が活動の価値に納得しながら取り組んでいけるように段階的に対話を重ねました。また、教師自身の活動の成果を評価し合う場として年に一度の全国大会を設定したことは、教師にとって明確な目標となりました。

第３に、教師が主体性を持って活動できるように、ＮＧＯという援助団体により教師のニーズを踏まえた的確な支援がなされたことです。ＮＧＯはプロジェクトに関わっていた教育専門家を中心に設立されたものです。したがって、教師が主体的に活動するために、今、何が必要なのかを考え、教師の声に耳を傾けながら具体的な支援をしていくことができました。

第４に、プロジェクトの実施期間中から日本人専門家とボリビア人教師との間に信頼関係が構築されていたことです。さまざまな問題に出会った際、同じ教師としての目線で試行錯誤を繰り返す中で共感を覚え、両者の間に信頼関係が生まれました。わたしと教師たちの良好な関係はプロジェクト終了後も維持され、心のつながりは教師の自立的な活動を支える基盤になっています。

第５に、研究会活動の普及プロセスにおいて、コミュニケーション・チャンネル、とりわけ、人と人が直接的に伝え合うコミュニケーションが重視されたことです。わたしは、教師のニーズや思いに寄り添い、互いの考えを尊重し合う対話を重ねるようにしました。そこには、文化や言語の壁を乗り越えた人と人とのつながりがありました。

本章で紹介した教育分野における技術協力プロジェクトは、期間と予算が制限された枠組み内での外部介入です。そのため、プロジェクト終了後もプロジェクトの実施による成果が持続されたか否かを検証することは難しいといえるでしょう。ボリビア人教師による「研究会活動」は、彼らが習得した技術を改善し教育への意識を新たにしていることを保守点検するための自立的な仕組みです。彼ら自身が自分たちの力で教育の未来を拓くための第一歩を踏み出したのです。

この研究会活動の事例は、プロジェクトの自立発展性の確保という点においても意義があると考えます。教師が習得した教育技術は調査報告書や国の教育機関に残るのではなく、教師自身の中に残ってこそ価値のあるものです。わたしは、プロジェクトの終了後10年の間、教師の研究会活動の様相を見守りながら、教師の自立していく姿を確認することができました。

【注】

1　標高３５００メートル以上からなるアンデス高地にあるのは、１：ラパス県、２：オルロ県、３：ポトシ県、標高２０００メートル前後のアンデス低地にあるのは、４：コチャバンバ県、５：チュキサカ県、６：タリハ県、アマゾン川流域で熱帯低地が含まれる東部低地にあるのは、７：パンド県、８：ベニ県、９：サンタクルス県である。

2　外務省（２０１９）ボリビア多民族国基礎データより。憲法に定められた公式の首都はスクレ市、実質上の首都はラパス市である。

3　Esclarin, A. P. (2004) *Educar para Humanzar*, Narcea de ediciones, Bolivia.

4　2006年の新政権発足後、新たに就任した教育大臣がテレビ番組のインタビューで、突如、「現行の教科書は明日から廃止する。新たな教科書ができるまでは暫定的に使用する」と宣言したため、教師や保護者に大きな不安をもたらした。

5　教育施策のうち、大学無試験入学制度と奨励金制度の実態については、ボリビア人教師へのヒアリングに基づく。

6　ボリビアの教育行政を司る機関。2007年までは県知事直轄であったが、2007年以降、教育文化省の監督下に置かれるようになった。

7　専門家には、現地に数年滞在している長期専門家と1～2か月のスパンで業務に携わる短期専門家がいる。ボリビアのプロジェクトの場合、長期専門家は7年間任地に就き、わたしは、短期専門家として7年間、2か月毎のスパンで日本とボリビアの間を行き来しながら業務に携わっていた。また、専門家には、わたしのように教授法や教材研究の導入を業務とする者の他、教育セクターコーディネータや計画モデレータの役割を担う者もいた。

8　NGO（FEDA：Fundación para la Educación y Desarrollo en Acción）は、ボリビア人元高校教師のRoman氏を代表とし、他に2名のボリビア人、及び2名の日本人専門家の計5名で活動を行っている。国語研究会の活動支援の他、他のプロジェクトの支援を行うこともあった。わたしはJICAのプロジェクト実施中は教育専門家として業務を行い、プロジェクト終了後はこのNGOの顧問として活動を継続している。

9　E. M. Rogers (1982) *Diffusion of Innovation*, Third Edition, New York, The Free Press.〔E・M・ロジャーズ（著）、青池慎一・宇野善康（監訳）（1990）『イノベーション普及学』産能大学出版部〕。

10　宇野善康（1990）『《普及学》講義――イノベーション時代の最新科学』有斐閣。

11　2006年以前の政権までは、ボリビア外交は近隣諸国や米国をはじめとする先進諸国との関係強化を基本としていたが、強硬な反米主義のモラレス政権は2008年9月の駐ボリビア米国大使の国外追放を機に米国との緊張関係を続けている。

第10章 教師の主体性を促す教育開発アプローチ
――フィリピン

山本　良太

10年間の経験からわかったこと

わたしは過去10年以上にわたってフィリピンの地方都市や村落部の学校でのＩＣＴ教育を支援する活動を行ってきました。その主な内容は、現地の教師に対しコンピュータを用いた教材作成や成績処理の方法を指導し、実際に授業や日常業務の中で活用してもらうことでした。２００５年頃のフィリピンの地方や村落の学校では、コンピュータが数台設置されているものの十分に活用されず埃をかぶっているという状況でした。その状態を改善し教師が効率的に教材作成や成績処理できるようにするという目的を持って、研修をデザインし、提供してきました。なお、当時フィリピンではICTの教育活用が推進され始めた時期で、その活用の仕方は学習者中心の教育方法へドラスティックにシフトしていくというよりも、既存の教授中心の授業をより効果・効率的に行うことに軸足がありました。そのため研修では主に画像やイラスト、動画などさまざまなデジタルリソースのダウンロード方法やソフトウェアの操作方法を指導し、それらを組み合わせて教師が自分たちで教材作成をしたり、校務でコンピュータを活用したりできるようにすることをめざしていました。

しかし、研修をさまざまな学校で継続的に行う過程で、「自分のやっていることは本当に現地の教師にとって意味があることなのか？　本当に現地の教師の授業は今すぐに改善しなければならないほど質が低いものなのか？」という疑問が湧き上がってきました。というのも、研修で関わった教師たちは皆、黒板やお手製のビジュアルエイドなど限られたリソースしか持ち合わせていませんでしたが、学習者が楽しく学ぶことができる教室の雰囲気を作り出し、活発な授業を成立させていたからです。フィリピンの学校では、どこでも驚くほど教師の授業スタイルや授業構成が似通っています。教師は教室のリーダーとして振る舞い、子どもを鼓舞します。授業はどのような科目でも、①前回授業の復習、②新しい知識や概念の説明、③練習問題と評価、④宿題の説明、という構成になっています。このような授業スタイルや構成は、長い年月を積み重ねて最適化したフィリピンの教育文化なのだと思います。そして、この教育文化に従ってどの教師も一定の質を伴う授業を実施していました。

もちろん、中には研修の受講後にICTを積極的に活用するようになった教師もいました。たとえば、自分が担任する教室に自費でコンピュータとモニターを設置し日常的に活用できる環境を整える教師も見られました。ですが、ほとんどの教師はＩＣＴを活用する意義は理解しているものの、実際には使っていませんでした。なぜなら、先に説明した教育文化に基づく授業に対して、教師自身が問題を感じていなかったからだと思います。

わたしは、研修を実施してもこれまでの教育方法を変えず、また黒板やお手製のビジュアルエイドであっても活気のある授業を実践する教師の姿を見ることで、先の疑問を持ちました。しかし、だからといってこれまで続けてきたＩＣＴ教育支援をやめようとも変えようともしませんでした。なぜなら、わたし自身が情報系の学部で学び、高校の情報科の教職課程を修了したこともあり、ＩＣＴを活用することの価値を疑うことができなかったからです。デジタルリソースを使ったほうがわかりやすいし、よい授業ができるはずだと思っていました。わたしが学んだ関西大学総合情報学部では、学生はコンピュータへ容易にアクセスでき、ＩＣＴを使って何かをすることが当たり前の環境でした。また、その当時から日本の学校にもどんどんＩＣＴが導入され、わたしはそれらをどのように活用して教育を充実させるかということに関心がありました。そのため、もし自分がやってきた研修に価値がないと認めてしまうと、これまでの取り組みは無駄だったという評価を下すことになりますし、わたしが大学で学んできたＩＣＴを教育で活用する意義が揺らいでしまいます。このような自己否定を恐れて研修を批判的に再検討することなしに継続していました。その結果、教師がＩＣＴを活用しないのは教師がその価値を認めていないからであるとして、ＩＣＴに無理解な教師の責任にしていました。多くの教師は自分たちの授業や校務に解決しなければならない問題があるとは認識していないので、解決しようとする動機もありません。それなのに、外部からやってきた日本人が用意した研修に無理やり参加させられていたように思います。

わたしが過去にやっていたことは、〝わたしの経験や考え、信念に基づいた観点〟からフィリピンの学校教育を捉え問題を定義したことであり、その問題を解決するためにわたしがデザインした研修を一方的に与えることです。わたしは国際協力の専門家ではないため、どのように教育開発プロジェクトが立案され、実行に移されるのか、十分に把握しているわけではありませんが、このようなアプローチは多くの教育プロジェクトで一般的に行われているのではないでしょうか。一般的には、相手国の行政からの要請や当該国にて実施された外部専門家による調査結果に基づいて問題が定義され、それに従ってプロジェクトが立ち上がり、実行されるように思います。こうしたアプローチでは、現場で日々教育実践に取り組んでいる教師が問題の定義に関与することができません。したがって、場合によっては、わたしがフィリピンで経験したように現場の教師は現状にそれほど大きな問題を感じていないにもかかわらず、外部者の価値観だけでプロジェクトが実施され、その結果思うような成果が得られないことがあるのではないでしょうか。そして何より、現場に混乱を持ち込み、長い歴史の中で整えられ、安定した教育実践を乱してしまうことも考えられます。

このような経験からわたしは、教育開発で解決しようとする「問題」を外部の人間が定義するのではなく、教育の当事者である現地の教師が定義することが何よりも重要だと考えるようになりました。それは、教師が日々の実践の中で改善したいこと、新しく取り組みたいことを引き出し、それを教育開発で取り扱う「問題」として、教師が主体的に解決のために行為することです。そして、外部の人間がとるべきアプローチとは、現地の教師が自ら「問題」を見出し、主体的にその解決に向かって行為するための後押しをすることだと考えるようになりました。

本章で紹介する事例は、これまで述べてきたわたしの考えに基づくアプローチを具体的に試行したフィリピン村落部の小学校での教育改善の取り組みです。この事例は、一般的なＯＤＡのスキームで行われる教育開発とは異なる小規模なものです。したがって、活動の規模や投入できる予算も非常に小さく、現地での活動期間も限られています。しかし、個人だからこそ可能な学校に密着したアプローチを示す事例になると考えています。また、試行的な側面が強く、行きあたりばったりであったり、偶発的な要因があったりします。そのため、Good Practiceというよりも、議論のStarting Pointとして位置づけて理解いただけるとよいと思います。

プロジェクト開始の経緯

本章で紹介する事例は、２０１８年からフィリピンの東ダバオ州サンイシドロという町にあるサンロケ小学校で行った、教師の主体的な授業改善に向かう態度形成に関する取り組みです。

サンイシドロは、ミンダナオ島の中心都市であるダバオ市から１４２キロの距離にある町です（位置関係は図10－1を参照）。人口は２０１０年の国勢調査によると3万２４２４人、主要な産業は農業や漁業、畜産などで（Municipality of San Isidro, Davao Oriental n.d.）、いわゆる村落に該当するようなのどかな町です。

本題に入る前に、フィリピンの教育状況について説明します。フィリピン教育省は２０１２年より

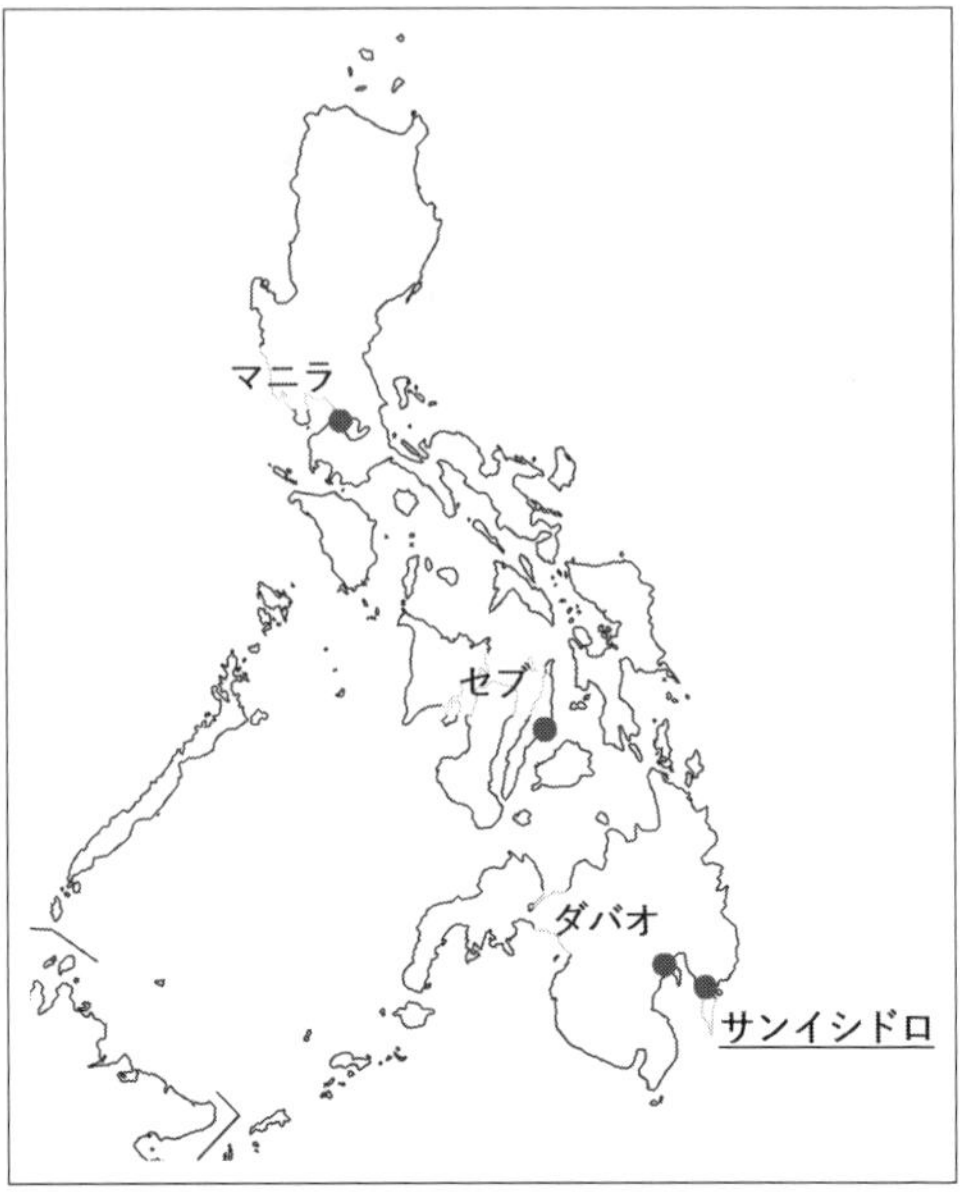

図 10-1　サンイシドロの位置

年次進行の教育改革を進めてきました（Reyes 2016）。具体的には、これまで10年制（初等教育6年、中等教育4年）だった教育課程を、12年制（初等教育6年、前期中等教育4年、後期中等教育2年）へと移行させました（２０１８年に完了）。また、教育方法も知識や概念の教授から、学習者の体験や問題解決など思考を重視したやり方への転換を求めるようになりました（Department of Education n.d.）。このような政府の方針から、教師は現状の教育方法を変化させていく必要に迫られています。

さて、事例として紹介するサンロケ小学校でこの取り組みを始めることになったきっかけは、学校が行っていた学校給食プロジェクトの支援者として学校見学をさせてもらったことでした。余談になりますが、この給食プロジェクトについて少し紹介します。フィリピンの学校では、通常学校給食は提供されず、子どもは昼休みに一度帰宅し、昼食をとって再び登校するという仕組みになっています。遠方から通う子どもはお弁当を持参するか、校内で販売されている軽食をとって午後の授業に臨みます。しかし、サンロケ小学校には貧困家庭の子どもも多く、昼食をとらずに午後の授業を受けるため、空腹から集中力が持続しなかったり、そもそも学校に登校しなくなったりするという問題がありました。この問題を解消するために始まったのが学校給食プロジェクトです。栄養状態の悪い子どもをピックアップし、無償で給食を提供するという活動です。この給食プロジェクトは、今では行政の支援も受けながら、規模を拡大し貧困家庭の子どもたちを支援するものとして、２０２０年２月現在も継続中です。

わたしは２０１６年から、このプロジェクトの支援者としてサンロケ小学校と関わってきました。そしてこの小学校に対し、さらに自分の専門である教育分野で何か貢献できることはないかと考え、２０１７年にサンロケ小学校を訪問し学校の様子を見学させてもらいました。その際、わたしは３つのことに気づきました。

１つ目の気づきは、学校の教育環境やそれを用いた教師の教育方法が、わたしがフィリピンでの教育支援を始めた約10年前とほぼ変化していないことです。サンロケ小学校の教育環境を見渡してみると、黒板とお手製のビジュアルエイドが依然として活用されていました（写真10－1）。さらに、それを用いた教育方法もいわゆる知識や概念の教授中心のままでした。先に説明したように、フィリピンでは教育改革に伴って学習者の体験や問題解決など思考を重視した教育方法が求められていました。しかし、サンロケ小学校の教師がこれらの教育改革への理解が乏しい、あるいは教育方法の改善のための努力をしていないとは思いませんが、限られた教育環境と授業自体が成立している状況の中で、従来の教育方法を積極的に変えていく必然性を感じていないように見受けられました。

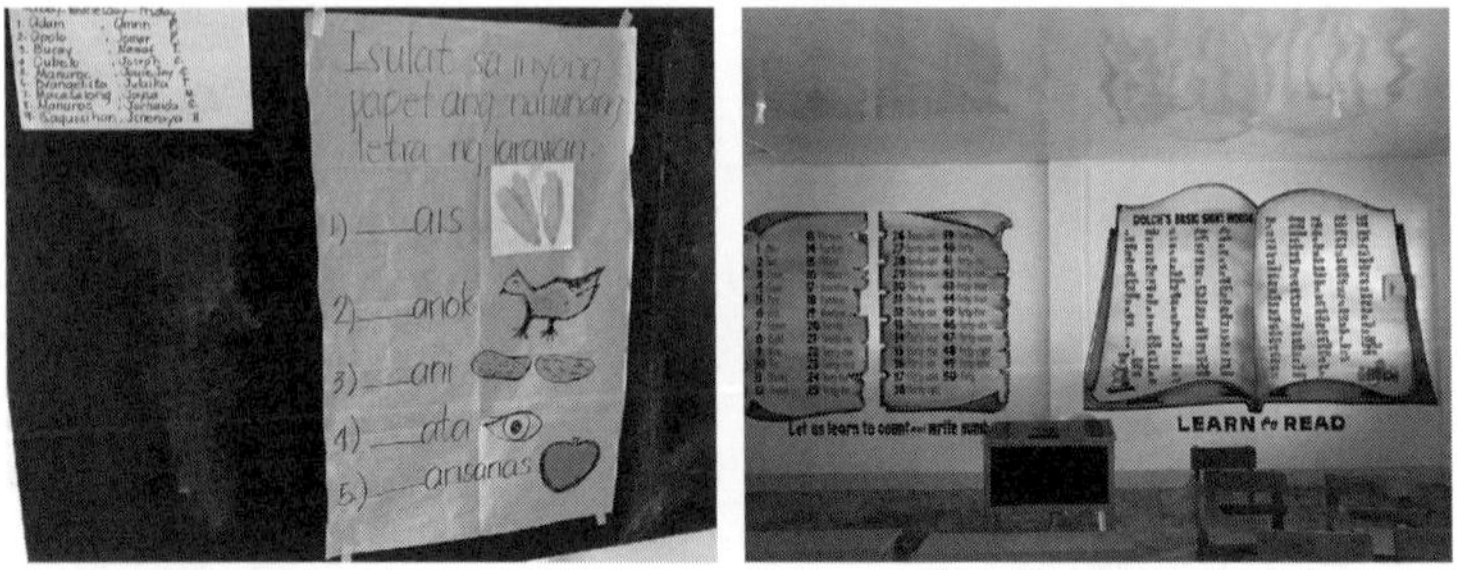

写真 10-1　教師が授業で使っていたお手製のビジュアルエイド

一方で、サンロケ小学校には工夫次第では教育的に活用できそうなさまざまなリソースがあることにも気づきました。

2つ目の気づきとして、給食プロジェクトの一環として立派な学校菜園が整備されており、さまざまな種類の野菜類が栽培されていたことです（写真10－2）。ですが、2017年の学校見学当時はこの学校菜園は収穫した野菜類を給食プロジェクトで活用したり、地域のコミュニティに販売したりするために整備されており、教育活用するという意識があまりありませんでした。また、フィリピンでは、学校環境の整備を積極的に行うことに対し表彰されることがあり、そのための整備という側面もあるように感じられました（校長と話していたとき、さらに魚の養殖池を作りたいと言っており、その後実際に作りました）。給食プロジェクトのために野菜を栽培したり、環境整備に対する表彰によってリソースを獲得したりすることによって、最終的には子どもの学習環境がより良いものになると思います。ですが、少なくとも今あるリソースをより効果的に活用してもよいのではないかと感じました。

もちろん、学校菜園が全く教育的に活用されていないわけではありません。フィリピンには、「生活・経済に関する教育」という科目が小学校4年生から配当され、園芸や野菜の栽培と販売などがカリキュラムの中に位置づけられていますし（Department of Education 2016a）。この科目の中で子どもが農作業に従事しているようでした。わたしはそれに加えて、日本の理科の授業のように、植物の成長やそのつくりを観察する学習を取り入れることができれば、身の回りにある植物が貴重な教育リソースとなるのではないかと思いました。

最後に3つ目の気づきとして、すべての教師がスマートフォンを保有しインターネットに接続してSNSや動画サイトなどにアクセスしていたことです。学校見学後、わたしのSNSアカウントに多くの教師がフレンドリクエストをしてくれました。このことからもわかるように、教師たちはスマートフォンを使いこなしているようでした。しかし、それらを授業に活用しようとする教師は1人も見られず、もったいないと感じました。スマートフォンはインターネットに接続し、静止画や動画などをダウンロードすることができます。また、教育アプリケーションも充実しています。さらにカメラやICレコーダーの機能もあり、スマートフォンの画面をプロジェクターなどでスクリーンに投影し、多彩な機能をうまく活用すれば教室内での子どもの体験を充実したものに変える可能性があります。フィリピンの公立学校では、授業で使用する教材・教具は基本的に教師が準備することになっています。教師は日常的にスマートフォンを使い、また各自がそれを保有しているの

写真 10-2　サンロケ小学校の学校農園

で、それならば教育のためにうまく活用できれば授業でできることが拡大し、子どもにさまざまな体験の機会を提供できるようになるのではないかと考えました。

これらの気づきから、２０１８年３月に現地を再訪した際、学校にあるリソースや教師が持つデバイスを用いて教師が現状の教育方法を改善できるようにすることをめざした取り組みを行うことをサンロケ小学校の校長と合意し、同年８月から開始することとなりました。

教師の主体性を促す形成的介入のアプローチ

学校見学から気づきを得たわたしは、サンロケ小学校の教師たちと一緒に授業改善に向けた取り組みを始めることになりました。フィリピンの教師は、自分たちが実施する教育方法を見ればわかるような、インストラクターによる一斉型の研修に慣れています。そのためスムーズに介入を行うためには、学校内に特定のプロジェクトチームを設置するようなやり方ではなく、一斉型研修という形式をとり、わたしの気づきに基づく新しい道具やその使い方を提示することが適切であると考えました。そこでわたしはインストラクターとして研修をデザインすることにしました。しかし、インストラクターであるわたしの気づきに基づく介入に従うべきであるとして研修を提供しては、わたしのこれまでのアプローチとなんら違いがありません。「問題」は教師が見つけ定義し、主体的にその解決に向かってもらわなければならないのです。わたしが気づいたことを教師に話すことは絶対に避けなければならないというわけではありませんが、あくまでも教師が自分たちで問題を発見するためのリソースの1つとして位置づけること、そしてそこから教師自身が、何が問題なのか、さらにそれを出発点としてどのように授業を作っていきたいのかを考えてもらうことが大事なのです。

そこで、わたしは一斉型の研修の形式をとりつつ、参加する教師が自ら新しい道具やその使い方によってこれまでの授業をどのようにより良くできるかを考えてもらうワークショップ型の介入を行うことにしました。その際、現場で日々実践する人たちが主体的に問題解決するための支援アプローチである「形成的介入」という理論的なアプローチを参考にしました。形成的介入とは、「実践的な変容に向けた努力と厳格な研究との融合を企図した研究プログラム」（Sannino et al. 2016: 599）で、現状の問題を現場の教師と共に発掘し、その解決のための方法を研究者と協働的に探索するアプローチです。形成的介入は、いわゆる伝統的な教育開発をはじめとした、研究者や外部の人間が問題を定義しその解決のために直線的なプロセスをたどる介入アプローチ（「線型的介入」と総称）とは、介入の目的やプロセス、成果が基本的に異なります。表10－1に、形成的介入と線型的介入の違いを示します。

●道具に媒介された行為

形成的介入は、社会文化的活動理論（エンゲストローム 1999）に基づくアプローチです。活動理論は、ある人の行為をその人が参加する集団との相互構成的な関係性に着目して分析する理論的なものの見方です。つまり、人の行為を、その人が持つ能力や資質によるものであると理解・解釈するのではなく、その人が参加している集団で共有されている目的、その達成に向けて使用される道具、メンバー間の関係性や分業体制、作られたルールや規範などとの関係の中で現れてくるものであると

表10-1　線型的介入と形成的介入の比較

	線型的介入	形成的介入
出発点	介入の内容と目標があらかじめ研究者によって知られている。介入それ自体が改善に向けたプロジェクトの参加者の生活活動から切り離されている。	参加者（子どもであれ大人の実践者であれ、あるいはその両方）は、生活活動に埋め込まれた問題のある矛盾した事柄に直面する。そして新しい概念の構築によってその事柄を分析、拡張する。その概念は事前に研究者に知られていない。
プロセス	参加者は抵抗することなく介入を受け入れることが期待される。介入の受け入れに困難が伴う場合は、デザインの弱点とされ、洗練され是正される。	介入の内容と経過は交渉の対象となる。介入の形態は最終的には参加者次第である。核となるメカニズムとしての二重刺激（後述）は、参加者が行為主体性を獲得し、プロセスの責任を負うことを意味する。
成果	すべての変数を制御し標準化された解決モジュール（通常は、異なる状況で実行されたとしても確実に予測された同様の結果を生むような新しい学習環境を想定）の達成。	（他の状況でも使用できる可能性があるかもしれないが）局所的に適切な新しい解決策をデザインするための枠組みとなる新しい概念の生成をねらいとする。鍵となる成果は、参加者たちの行為主体性である。
研究者の役割	すべての変数をコントロールしようとする。	参加者が導き責任を負う拡張的な変革のプロセスを呼び起こし、持続させること。

（エンゲストローム 2018、Engeström 2011 を参考に筆者が作成）

理解・解釈します。

その中でも本章では、行為と道具との関係に焦点化し、もう少し説明を加えます。活動理論のもとになっているヴィゴツキー（1978、2001）の考えに従えば、人の行為は、社会文化歴史的に形成された人工物、つまり道具に媒介されたものであると理解する必要があります。いわゆる「主体（学習者個人）－人工物（言語、文字、物理的道具、身振り、建築物など）－対象（達成すべき目的）」という、道具に媒介された行為の三項関係です（図10－2）。主体は、道具との相互作用によって行為を方向づけられます（久保田　2012）。そして、自分の行為を改めて意識することなく繰り返すようになっていきます。たとえば、「ノートをとる」という行為は、「ノートをとる」という目的（対象）に向かう行為を支える道具、つまりノートや鉛筆、文字といった道具（人工物）が揃っていなければ成立しませんし、そもそもそれらがない状態では「ノートをとる」ことをしたいと思うこともないでしょう。そして、「ノートをとる」ことを小さい頃から行い、またその行為のために必要な道具が整えられた環境にいるわたしたちは、「ノートをとる」ことが当たり前だし、これからも意識することなく繰り返していきます。

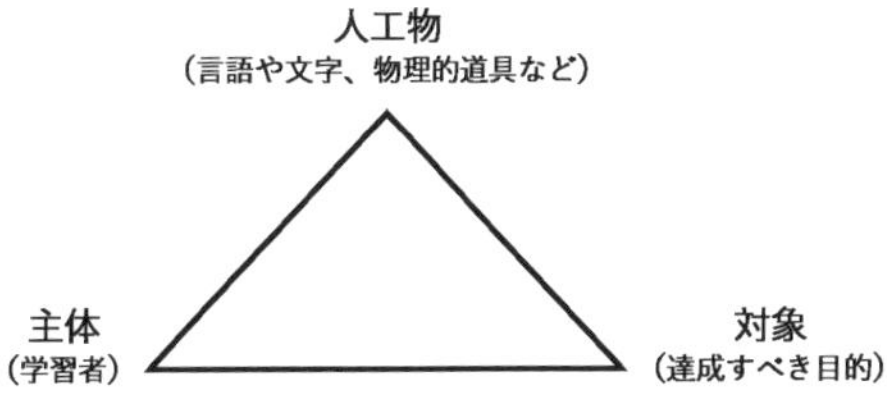

図10-2　道具（人工物）に媒介された行為

ノートの例からわかることの1つは、行為は道具によって促進されたり制約されたりするということです。このことをサンロケ小学校の教師の行為にあてはめて考えてみると、教師は限られた教育環境によってこれまでの教育方法を再生産し、新しい教育方法に向けた主体性を伴う試行錯誤が制約されている、と理解できます。具体的にどういうことかを説明してみましょう。

わたしがサンロケ小学校を見学した際、ほぼすべての教師が黒板とチョーク、蓄積されたビジュアルエイドを用いて授業を行っていました。これらの教材は、これまでの知識や概念の教授を目的とした教育方法を促進します。なぜなら、黒板やチョーク、ビジュアルエイドは、学習すべき内容を子どもに提示し、その内容を理解・習得させたり、繰り返し暗唱させたりすることに適しているからです。これらの道具だけでは、たとえば観察に基づく探究や子ども間の議論を通した問題解決などは、不可能ではありませんが適しているとはいえません。このように限られた教育環境の中では、これまでの教育方法が促進され、また繰り返しそれが実践されることで、新しい教育方法を試行錯誤することが制約されていると考えられます。

一方で、サンロケ小学校には教育の道具とは見なされていないものの、価値のある道具はさまざまありました。それが、わたしが気づきの中で述べた給食プロジェクトで開拓した学校農園と、教師のスマートフォンです。これらの道具を教育の中に取り込むことで、教師への制約が解かれ、より良い教育方法を探索する新しい行為が促進されるのではないかと考えました。

●問題発見と解決のための二重刺激の方法論

先の節にて、これまで教育で活用されていなかった道具を提示することによって、教師の新しい行為が促進される可能性があると述べましたが、それだけで変化が生じるわけではありません。道具が媒介する行為には、必ず「対象」という達成すべき目的が存在し、教師が新しい道具によって達成可能な行為に動機づけられていなければ、新しい道具は使用されることなく、これまで通り黒板とチョーク、ビジュアルエイドを用いたやり方が維持されます。したがって、教師自身が新しい道具によって達成可能な目的を見出し、主体的に使いこなしていくために試行錯誤しなければなりません。つまり、教師自身が既存の教育方法の問題点を認識し、新しい道具を伴ってそれを変化させていく主体性を形成し、行為していくことが必要になります。それを促す形成的介入の具体的なプロセスとしての「二重刺激の方法論」があります。

二重刺激の方法論とは、教師を問題が知覚できるような状況におき、同時に教師が知覚した問題を解決するための道具を提供したり、自ら解決のための道具を作り出したりすることを支援する介入方法です。「二重」刺激という名前の通り、次の2つの刺激（介入）から構成されています（エンゲストローム2018）。

第一刺激　既存の活動における危機的な出来事、トラブル、問題などの記録。主体自らが既存の活動に内在する問題を自覚するための「問題を映し出す素材」。

第二刺激　問題の分析と解決を促進し、既存の活動を変革するための新しい概念をデザインするための道具。

（エンゲストローム2018）

なお、第二刺激の補足として、第二刺激となる道具は必ずしも外部から与えられるだけでなく、主体が問題解決のために自ら構成することもあります。また、たとえ問題解決のための道具を外部から与えられても、当人がそれを問題解決の道具と捉えなければ、第二刺激とはなりません。

二重刺激の方法論で重要なことは、単に問題解決の道具を提供することではありません。もちろん、そのような側面はありますが、それよりもむしろ、新しい道具を手にすることによって自らの実践の「異なる見え」を獲得し、手に入れた新しい道具や自ら構築した道具によって実践を変革していこうとする主体性の形成を促すことが重要なのです。

前述のように、個人の主体性や自由意志は、個人の資質・能力のようにその人の内部から生じるというよりも、なにがしかの道具に媒介され、助けられることによって生じます（山住 2017）。したがって、介入者はその活動の主体である個人あるいは集団にさまざまな道具を提供して問題発見やその解決のための試行錯誤を動機づける役割を担います。ですが介入者は、主体が第一刺激の中から何を問題として認識し、第二刺激をどのように用いながらその解決に向かっていくか、あらかじめ想定できません。そもそも、提供する道具が第一刺激や第二刺激になるかも予測が難しいのです。そのため、あくまでも実践者と介入者とのさまざまな道具を用いたインタラクションの中で実践者の主体性やそれを支える動機が形成されることを念頭におき、介入を展開していくことが求められます。

●サンロケ小学校での介入計画

サンロケ小学校での取り組みは、2018年8月から開始することになりました。わたしがまず計画したことは、第一刺激となる道具とその活用方法を提示することで、既存の伝統的な教育実践と対比させ、教師自ら現状の実践の問題を発見し、積極的に改善していくための動機を引き起こすことでした。具体的には、①教師の持つスマートフォンやその操作スキルを活かすこと、②学校農園にあるさまざまな植物や生息している昆虫を学習に持ち込むこと、さらに③既存の授業とは異なる子どもの体験やそれに基づく問題解決を志向すること、という3点を満たす教材・教具や授業の実践事例を教師に提示することとしました。

わたしが第一刺激として想定し提示した教材・教具や授業の実践事例がそのまま教師の問題解決の手段としての第二刺激に発展していく可能性もありますが、教師の主体的な行為とそれを支える介入を行うため、まずは第一刺激から得られる教師の反応や意見に基づいて、第二刺激としてどのような介入を行うのかを決めることとしました。

事例における形成的介入のプロセス

２０１８年８月から形成的介入を開始し、介入後のモニタリングも含めて２０１９年８月まで継続しました。結論を先に述べると、すべての教師ではありませんが、およそ半数程度の教師は新しい道具を用いてこれまでとは異なる授業を実施したり、学習課題に応じて新しい道具と既存の活動で用いていた道具を使い分けたりするようになりました。これらから、より良い授業を子どもに提供するための教師の主体的な授業改善に向かう行為を促進したといえる、と思います。しかし、そこに至るプロセスは平たんではなく、介入中わたしもたくさん試行錯誤しました。以下の節でそのプロセスを紹介します。

●２０１８年８月と９月の介入

２０１８年８月と９月に、１回目の介入を実施しました。ここでは、第一刺激として既存の教育実践の問題を教師自身が知覚し、その解決に向けた試行錯誤へと発展させることをめざしました。第一刺激として提示した道具は、①プロジェクター２台、②教師のスマートフォンをプロジェクターに投影するためのケーブル２本、③スマートフォンのカメラに接続可能なハンディ顕微鏡（レイメイ藤井ハンディ顕微鏡ＤＸ）10台、でした。そしてそれらを活用して、学校農園にあるさまざまな植物やそこに生息している虫などを顕微鏡で撮影したりリアルタイムで提示したり、子どもが採集してきた植物や昆虫などを大きく提示したり観察したり、さらに日本の学校での観察学習の事例を紹介したりしました。これらの道具と授業のやり方と既存の授業とを比較して、これまでの授業の問題を発見し解決に向かっていく動機の形成をめざしました。

まず８月のある土曜日に半日のワークショップを実施しました。そこでは、スマートフォンを用いたプロジェクターへの投影方法や、スマートフォンのカメラ機能を用いてハンディ顕微鏡で観察した対象物の撮影などを体験してもらい、そこから可能な授業計画を考えてもらうようにしました（写真10－３）。サンロケ小学校の教師たちはスマートフォンの画面投影や、スマートフォンと顕微鏡を用いた観察に強い関心を示し、現状の授業と比較して提案した授業のやり方が子どもの学習を促進するであろうという、問題定義の出発点となる認識を持ってくれました。しかし、次の理由から主体的な授業改善に向かう動機の形成にはつながりませんでした。

１つ目の理由は、サンロケ小学校の教師が持つスマートフォンでは画面投影ができないことから、新しい教育方法が自分たちに達成可能な目的として認識されなかったことが挙げられます。フィリピンのスマートフォン普及率は、２０１８年のデータによると、44・８％（Newzoo 2018）で、村落部でも購入が可能でした。しかし、それらは非常に安い価格で販売されている廉価版のモデルで、未搭載

写真10-3　2018年8月に実施したワークショップの様子

の機能もたくさんあります。スマートフォンの画面をスクリーンやモニターに投影するには、その端末がＭＨＬ（Mobile High-definition Link）やMiracastと呼ばれる画像伝送インタフェースや技術に対応している必要があります。サンロケ小学校の教師は全員スマートフォンを保有していましたが、そのスマートフォンはいずれのインタフェースにも未対応で、画面の投影ができませんでした。先にも述べたように、多くの教師はスマートフォンのカメラと顕微鏡を活用した授業に関心を持ちました。ですが教師には、提案した教育方法はあくまでも理想的なやり方であって現実的ではない、と理解されてしまいました。ワークショップ後のアンケートでわたしに対して数人から、「もっとＩＣＴに精通してください」と投げかけられ、スマートフォン活用に対する期待があったにもかかわらず、それが実現できなかったことへの落胆が読み取れました。

２つ目の理由は、ワークショップで取り上げた内容が、科学の授業に強く関連づいているため、低学年を担当する教師には自分たちの授業と関連づけて考えることができなかったことが挙げられます。フィリピンのカリキュラムでは、科学は3年生より教え始められることになっています（Department of Education 2016b）。また、ワークショップは校長の尽力で地域を管轄する教育省の数学・科学教育の責任者が同席したため、ワークショップで提示した道具を科学でのみ活用するものであると教師に理解されました。その結果、ワークショップの後半に設定した新しい道具を用いた授業計画作成の時間で、低学年を担当する教師から「自分は科学を担当していないので授業計画できない」という声が上がりました。このことから、科学を担当していない教師が、新しい道具をどのように自分の授業の中に取り込むことができるか考えることが難しかったようでした。

２０１８年８月のワークショップ後に現地で販売されている廉価版スマートフォンを購入しさまざまな方法で画面投影ができないか試行錯誤し、同年９月に再度サンロケ小学校を訪問して別のケーブルや機材を用いて試行しましたが、いずれもうまく動作しませんでした。

２０１８年８月と９月の介入は、結果として教師の主体的な授業改善に向けた試行錯誤にはつながりませんでした。しかし、次の介入につながる大きな収穫がありました。それは、これまでスマートフォンなどを教育のための道具とは見なしていなかった教師が、それらを用いた新しい教育方法を知ったことです。このときの介入では、スマートフォンなどの道具に対する大きな期待は見られたものの、道具の制約から新しい授業づくりに向かう主体的な行為につなげることができませんでした。しかし、スマートフォンなどの道具が第一刺激となって既存の教育実践との比較が生じ、問題意識（ここでは問題というよりもむしろ、前向きな欲求に近いように思います）が芽生えました。これは、問題解決の道具となる第二刺激を生成することで試行錯誤が生まれる最初のプロセスであると考えられます。

●2019年2月の介入

2回目の介入である2019年2月の取り組みでは、2018年の介入を踏まえ、異なる道具を持ち込み、再度ワークショップを開催しました。具体的には、①モニターへの出力が可能なタブレットデバイス3台、②大型テレビモニター1台、です。タブレットデバイスは、本来的には教師の持つデバイスを活用できることが理想ですがそれが難しいため、すでに教師がスマートフォンの操作に習熟しており、タブレットデバイスの操作も難なくこなすことができることを活かすために提供しました。大型モニターは、わたしの他にサンロケ小学校の特別支援学級を支援している方が提供したもので、新設された特別支援学級用の教室に設置されたものでした。

ワークショップでは、あらかじめタブレットデバイスにインストールしたさまざまな教科で活用可能な無料の教育アプリや、前回のワークショップで提供したハンディ顕微鏡の科学以外の活用方法、さらにはさまざまな教科で共通するスマートフォンのカメラを活用した子どもの学習に対する即時フィードバックの方法を提示しました。そしてそれらからどのような授業計画が立てられるかを考えてもらいました。

教師らはそれぞれ自分が担当する教科の中でタブレットデバイスやモニターを活用した授業を実現するための試行錯誤を始めました。たとえば、ワークショップ中に、「モニターが1台しかなく、特別支援学級の教室に設置されているため毎回モニターを移動させなければならないがどうしたらよいか?」や「タブレットデバイスを活用したいが一人では不安があるがどうすればよいか?」という議題が提示されたり、わたしに対して「モニターと前回持ち込んだプロジェクターにはそれぞれUSB

ポートがついているがそれも使うことができるのか？」というワークショップ内で提示していないトピックに関して積極的に質問したりもしました。わたしもこれらの議論や機能の活用方法の探究に参加し、前者に関しては特別支援学級の授業スケジュールを確認し「午後であれば支援学級の教室は利用できるので、モニターを使って授業をしたい教師は時間割を調整し合いながら活用してはどうか」と提案したり、「同じ教科を担当する教師間で連携し合同授業を実施してみてはどうか」と助言したりしました。後者についてはその場で実際にＵＳＢポートが活用できるかを教師と共に実験してみたりしました。

さらに、ワークショップを実施して帰国した後、サンロケ小学校のＩＣＴ担当教師からさまざまなトライアル授業の様子がメッセージアプリを通して報告されました。以下でその具体的例を示します。なお、これらの授業の多くは特別支援学級用の教室で実施され、また教師間の連携によって実現したものでした。

１　教育アプリを活用した興味の喚起（特別支援学級）

アルファベットや簡単な計算を教える際にタブレットデバイスにインストールした教育アプリを用いた。教育アプリは子どもの回答を即時かつ楽しくフィードバックしてくれるため、子どもの興味を喚起した（写真10－４左）。

２　タブレットのカメラを活用した学習の振り返り（特別支援学級）

練習問題後に、全体への即時フィードバックのために子どもの問題用紙をタブレットデバイ

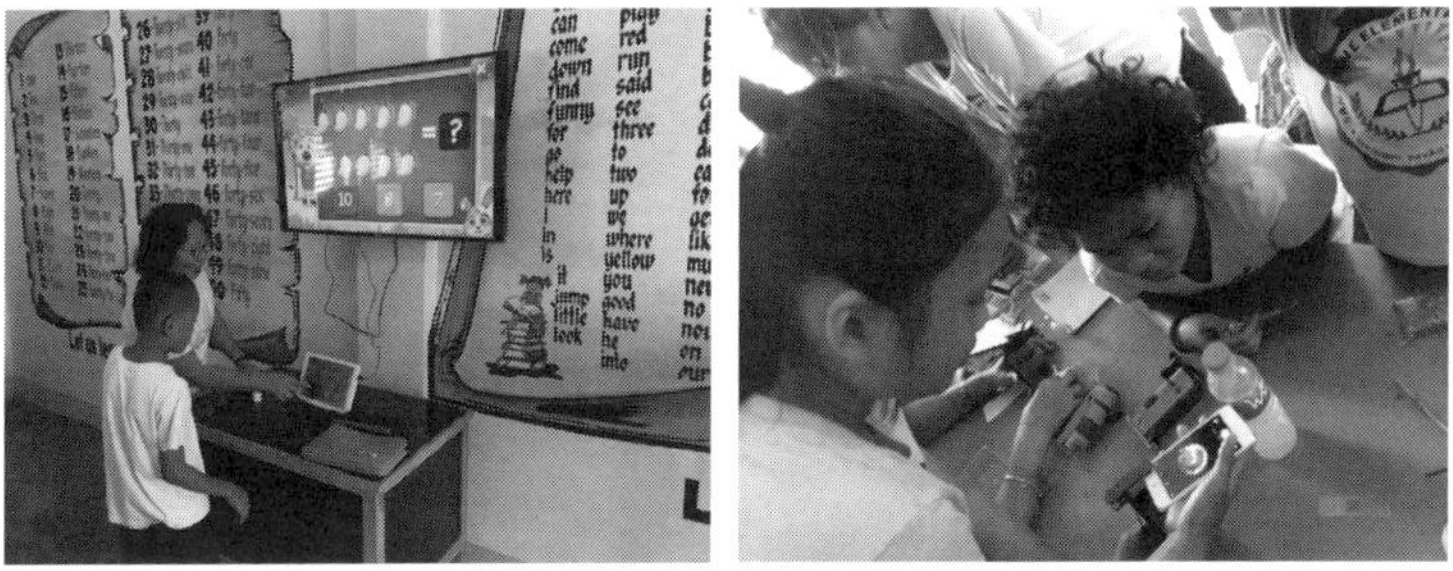

写真10-4　タブレットデバイスなどを用いた新しい授業実践

スのカメラで撮影し、間違った個所を全体で振り返るようにした。

3　顕微鏡、タブレットのカメラ、モニターを活用した探究心の喚起（6年生科学）

体の部位を学ぶ際、ハンディ顕微鏡を使って子ども1人ひとり自分の髪の毛を観察させたり、直毛とくせ毛がどのように違うのかをタブレットで撮影しながらモニターに提示して子どもの探究心を喚起したりする工夫をした（写真10－4右）。

さらにこうした授業を実施する中で生じた機材のトラブル、具体的には「タブレットデバイスが突然シャットダウンしてしまったがどのように対応すればよいか？」というように授業を実現するために主体的にトラブルへ対応するようになっていきました。わたしもタブレットデバイスのエラー表示を確認し、対策を提案するようにしていました。そのときは、エアコンのないフィリピンの教室ではタブレットデバイスに熱がこもってしまい、強制的にシャットダウンしてしまったことが原因でした。そこで、(1)タブレットデバイスを寝かして使うのではなくスタンドを使って熱がこもらないようにすること、(2)タブレットデバイスの横に扇風機を置き少しでも通気を良くすること、を提案しました。以後同様のトラブルはなくなったようでした。

このプロセスでは、わたしが第二刺激として提示したことが呼び水になり、新しい問題が生じました。それは、タブレットデバイスを使う教室の問題、タブレットデバイスを活用する際のスキルに関する問題、さらにモニターやプロジェクターをより発展的に活用する際の問題などです。教師はそれらを解決するために、わたしと協働しながら主体的に試行錯誤するようになっていきました。

2019年2月以降の教師の変化

2019年2月の介入までのプロセスによって、教師の授業改善に向けた主体的な行為が促進され始めたことが確認されたことから、サンロケ小学校での取り組みはいったん終了することとしました。ですが、取り組みを終了した後も教師たちは自分たちでさまざまな工夫を継続しています。たとえば以下のような事例が報告されました。

1　USBメモリとプロジェクターを活用した新しい学習素材の導入（1年生）
フィリピンでは一般的に、授業前の準備運動として歌とダンスをします。USBメモリに保存した音楽や映像をプロジェクターに直接挿入、出力して新しい素材を使うようになった。

2　学習目標に応じた教材の使い分け（特別支援学級）
タブレットデバイスを使うだけでなく、既存の授業で活用してきたビジュアルエイドやアナログ教材などを、学習目標に応じて使い分けるようになった。

3　提案されていないラップトップコンピュータの活用（さまざまな教科）
USBメモリに教材を保存するだけでなく、モニターやプロジェクターに投影するために私物のラップトップコンピュータを学校に持ち込み使用するようになった。

これらの実践からわかることは、介入者としてのわたしが提供したさまざまな道具だけを使用して授業するだけでなく、教師が自分たちで授業のための新しい道具（第二刺激）を自ら作り出すようになっていったということです。USBメモリの利用はわたしが提案したものではありませんし、ラップトップを授業で使うこともワークショップ中には一度も提案していません。USBメモリもラップトップも、教師はそれまで家庭では利用していたものだと思いますが、教育実践のための道具とは見なしてはいませんでした。しかし、新しい授業を実践しようとする試行錯誤の中で、わたしの提供した道具だけでは限界があると認識し、これまで授業で活用する道具とは見なしていなかったものに、新しい意味を与え問題解決のための道具として活用するようになっていったのです。

連鎖的で主体的な教育開発の出発点としての介入

ここまで紹介してきた一連の形成的介入のプロセスをまとめてみましょう。

まず、2018年8月と9月の介入では、第一刺激としてのスマートフォンや学校農園を活用するためのハンディ顕微鏡を用いた実践の提示によって、サンロケ小学校教師の意識されていない問題が顕在化してきました（第一刺激①）。それは、サンロケ小学校の教育環境が未整備であること、またそれによって新しい教育実践を作り出す主体性が制約されているということです。これらの道具は、まさに自分たちの実践の「問題を映し出す素材」であり、これまでの実践との比較によって新しい実践への期待を持つようになりました。

しかし、2018年8月と9月の介入で提示した道具は、問題解決のための道具（第二刺激①＋第一刺激②）とはならず、異なる問題を生み出しました。具体的には、教師が保有する機材の限界や、科学以外の教科での道具活用ができない、ということです。教師はこの問題によって新しい授業への期待を抱きつつも、具体的な行為を生み出すことができませんでした。

以上を踏まえた2019年2月の介入では、投影可能なタブレットデバイスとそれにインストールされたさまざまな教科で利用できる教育アプリ、さらにはモニターなどの道具を問題解決の道具（第二刺激②＋第一刺激③）として提示しました。これらは機材や教科の問題を乗り越えるための道具として活用可能でした。ですが、ここでも新しい問題が生じます。それは、道具の活用可能な教室や教師のスキルに関する不安です。さらに、これはポジティブな問題ですが、提示した道具以外のメディアやデバイスの活用に対する欲求がありました。

２０１９年２月の介入におけるさまざまな議論や助言、オンラインでの継続的なフォローアップから、サンロケ小学校の教師は自分たちで先の問題を解決していくようになりました。それは、提示したもの以外の道具（ＵＳＢメモリやラップトップなど）を活用して授業を作るようになったり、教室を移動して特別支援学級の教室を利用して授業をしたり、複数教師で連携して授業を行ったりするようになりました（第二刺激③）。こうした教師の主体的な授業改善に向けた行為によって、子どもの体験を重視した授業作りや、保有するデバイスを活用した授業の実施、必要に応じた教師間の連携、柔軟な教室移動（特別支援学級の教室の利用）などが、これまでのサンロケ小学校になかった新しい教育の概念として形成されていったように思います（新たな概念）。もちろん、こうした試行錯誤を支えた要因の１つとして、新しい授業を受けた子どものポジティブな反応があったことは付け加えておきたいと思います。これら一連のプロセスを図示すると、図10－3のようになります。

このプロセスを俯瞰してみると、サンロケ小学校での取り組みは、連鎖的で主体的な教育開発であったと特徴づけることができます。わたしが持ち込んだ道具は、教師の問題発見とその解決に向けた主体的な行為を導きました。教師の問題解決に向けた行為は、新しい問題を生み出し、その解決の過程で次の議論や試行錯誤が生じます。今回の取り組みでは、約1年間である程度安定した状態に至ったわけですが、これから学校や学校を取り巻く環境の変化が起こると考えられます。その際、今回の経験からサンロケ小学校の教師たちは、また問題点の発見とその解決のための行為を生み出して

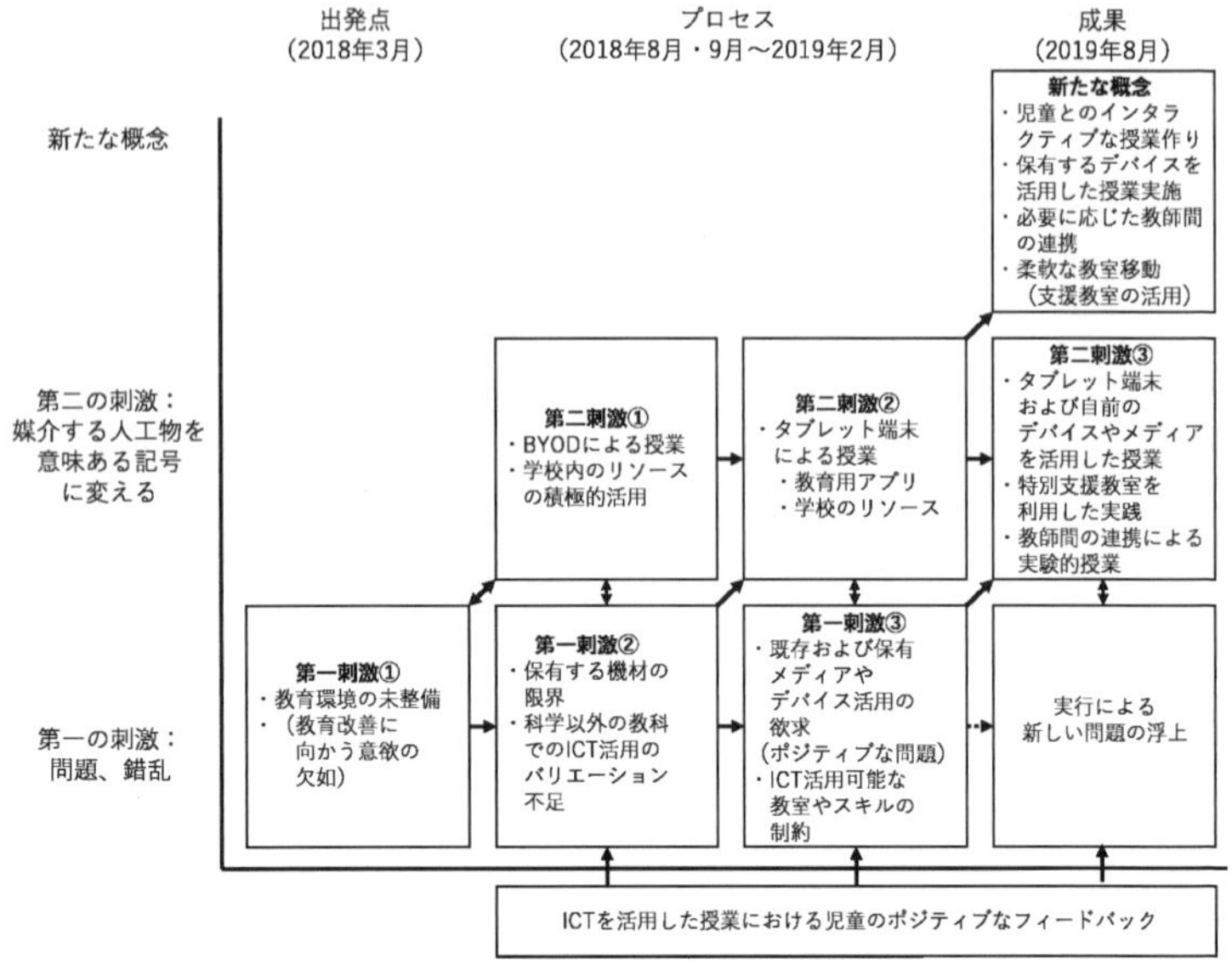

図 10-3　サンロケ小学校での形成的介入のプロセス

いってくれるのではないかと思います。その意味で、わたしがサンロケ小学校の教師たちと協働した取り組みは、連鎖的で主体的な教育開発の出発点であったと思います。

もちろん、現時点では教師の試行錯誤から新しい実践が生み出されていますが、継続していく中で固定化したり、状況の変化から新しい問題が生じたりする可能性があります。わたしが期待するような主体的な教育開発が持続しないこともあるかもしれません。その際は新たな介入が必要になるでしょう。ですが、この一度こうした問題解決のプロセスを経験したサンロケ小学校の教師たちは、自ら主体的に問題を発見し、その解決に向けた取り組みを動かしていくであろうことを期待しています。

協働的な問題発見と解決に向けて

本章を読んでくださった方の中には、「教師のスマートフォンや学校農園は、最終的にどこにいったのか？」という疑問を持たれる方もおられると思います。教師のスマートフォンや学校農園は結果的には教師の問題解決のための道具にはなりませんでした。このことから、もしかすると最初の介入デザインが悪く見通しが甘いから、行きあたりばったりの介入になってしまうのだ、と考える方もいるでしょう。

もちろん、わたしの介入デザインや見通しの甘さは自覚しています（教師のスマートフォン画面をプロジェクターで投影できなかったときは焦りました）。本事例の形成的介入は、試行的なものであり厳密にはより長期にわたり、緻密な手続きが必要であると思います（詳細は、チェンジラボラトリー〈エンゲストローム2018など〉を参照してください）。しかし、介入を始める以前から現地の教師がどのような問題に直面し、解決するために試行錯誤していくか完全に予測するのは難しいと思います。実際には、介入によって問題が顕在化し、その問題解決のために試行錯誤をしていくものなのではないでしょうか。そして、1つ問題が解決したと思ったら、また次の問題が湧き上がってくる、という連続的なプロセスがあるのではないでしょうか。それは外部の人間の予測を超えるものだと思います。したがって、教師の支援は、さまざまな介入の中で湧き上がってきた問題に対応するものでなければ意味がないのではないでしょうか。

本事例でのわたしの介入は、サンロケ小学校の教師との継続したやりとりがなければ考え出すことができませんでした。一方で、サンロケ小学校の教師の行為はわたしの介入なくしては生起しなかったでしょう。このように、わたしと教師の行為は相互構成的な関係にあり、共に教育開発の取り組みを作り上げる関係であると思います。形成的介入の理論的アプローチは、けっして「このように介入すべし」という答えを提供してくれるものではありません。ですが、介入者と現場の教師の協働的な関係を保証し、どのように介入を進めていくべきなのか、指針を与えてくれます。問題とその解決方法を「形成的」に生み出していく、それが教育開発であるべきスタンスのように思います。

最後に、一般的な教育開発の方法に慣れ親しんだ協働相手の場合、形成的介入のアプローチに不満を感じる可能性もあると思います。たとえば、明確な目的とその達成のための整理されたプロセスを提示し効率的に取り組みを遂行してほしい、明日の授業ですぐに役立つ知識やスキルを伝授してほしい、と感じる教師は少なくないでしょう。本事例のサンロケ小学校では、２０１８年８月にスマートフォンの投影がうまくいかなかったときでも、直接的にわたしに対する反発や研修の希望が述べられることはありませんでした（介入プロセスでも紹介しましたが、ワークショップ後の自由記述アンケートに「もっとＩＣＴに精通してください」という要望はありましたが）。それは、本事例を始める前からわたしがサンロケ小学校の給食プロジェクトの支援者として関与していたので、教師がわたしにそれなりの敬意を払ってくれたのが理由かもしれません。日々の実践だけでも大変な教師が時間をかけて授業改善に取り組むには大きなコストが伴います。さらに形成的介入のアプローチでは、教師が主体的に問題を発見しその解決に関与することを求めます。考え方によっては、より多くの負担を教師に強いることになります。反発があっても不思議ではありません。そのため、こうした介入を行うには何よりも介入者と教師との信頼関係が重要であることを付記しておきたいと思います。

【参考文献】

ユーリア・エンゲストローム（著）、山住勝広・松下佳代・百合草禎二・保坂裕子・庄井良信・手取義宏・高橋登（訳）（１９９９）『拡張による学習 ―― 活動理論からのアプローチ』新曜社。

ユーリア・エンゲストローム（著）、山住勝広（監訳）（２０１８）『拡張的学習の挑戦と可能性 ―― いまだここにないものを学ぶ』新曜社。

久保田賢一（２０１２）「メディア概念の拡張とこれからの『教育メディア研究』 ―― 社会文化的アプローチによる研究方法論再考」『教育メディア研究』第21巻第１／２合併号、49－56頁。

ヴィゴツキー（著）、柴田義松（訳）（２００１）『新訳版　思考と言語』新読書社。

山住勝広（２０１７）『拡張する学校 ―― 協働学習の活動理論』東京大学出版会。

【外国文献】

Department of Education (n.d.) K to 12 Basic Education Curriculum. http://www.deped.gov.ph/k-to-12/about/k-to-12-basic-education-curriculum/（accessed 2020.9.26）

Department of Education (2016a) “K to 12 curriculum guide Edukasyong Pantahanan at Pangkabuhayan (EPP) and Technology and Livelihood Education (TLE), Grade4-Grade6.” Philippine Department of Education. https://www.deped.gov.ph/wp-content/uploads/2019/01/EPP-CG.pdf（accessed 2020.9.26）

Department of Education (2016b) “K to 12 curriculum guide Science, Grade3-Grade10.” Philippine Department of Education. https://www.deped.gov.ph/wp-content/uploads/2019/01/Science-CG_with-tagged-sci-equipment_revised.pdf（accessed 2020.9.26）

Engeström, Yrjö (2011) "From design experiments to formative interventions." *Theory & Psychology* 21(5) (October) 598–628.

Municipality of San Isidro, Davao Oriental. (n.d.) "Profile of San Isidro." Municipality of San Isidro, Davao Oriental. https://www.sanisidro.gov.ph/profile/（accessed 2020.9.26）

Newzoo (2018) "Top 50 Countries/Markets by Smartphone Users and Penetration." Newzoo. https://newzoo.com/insights/rankings/top-50-countries-by-smartphone-penetration-and-users/（accessed 2020.9.26）

Reyes, Vicente (2016) *Mapping the terrain of education reform: global trends and local responses in the Philippines*, New York: Routledge.

Sannino, Annalisa., Engeström, Yrjö. & Lemos, Monica (2016) "Formative interventions for expansive learning and transformative agency."*Journal of the Learning Sciences*, 25(4) (June), 599–633.

Vygotsuky. Lev, Semenovich. (1978) *Mind in society: The development of higher psychological processes*, Harvard University Press: Cambridge.

第11章 教育開発プロジェクトへの大学生の関わり
――カンボジア

今野 貴之

はじめに

本章で紹介する教育開発プロジェクトは、カンボジアのシェムリアップにある教員養成校の授業改善に日本の大学生・大学院生が主体的に関わる事例です。日本の大学生・大学院生は、大学の授業としてではなく、主体的な活動として参加しています。大学生・大学院生が教育開発プロジェクトに関わる内容を取り上げるのは、わたし自身が大学院時代に経験してきたことに関係しています。

わたしは２００６年に大学院に入り、そこから６年間、シリアのパレスチナ難民キャンプの学校で教育開発プロジェクトに関わってきました（Konno et al. 2012）。初めて訪れる土地、アラビア語がわからない、幾度となく直面する過酷な状況を乗り越え、教育開発プロジェクトを進めてきました。その教育開発プロジェクトの目的は、現地の教員が学習者中心の教育の理念に基づいた授業実践ができることであり、そのためにカウンターパートと共に教員研修をコーディネートしたり、学校を基盤とした授業研究を紹介したりして、授業研究がうまく回るような仕組み作りをしました。

他章で紹介されている教育開発プロジェクトは、ＪＩＣＡやコンサルタントなど専門家が中心となって行う事例ですが、わたしが参加したものはそれらとは性質が異なり、大学生や大学院生が主体となるものでした。ここでいう大学生・大学院生が主体となる教育開発プロジェクトは、現地から彼らに依頼がきて始まったのではありません。当時の指導教員と現地の間で教育開発プロジェクトの立案がなされ、その活動に大学院生が参加していきました。そのような教育開発プロジェクトの経験や多様な人たちとの出会いは、わたしの価値観を変えてくれるものであり、今の自分の考えや行動に影響しています。

現在は大学教員として教員養成に関わる学部で働く中で、将来教師をめざす学生の指導にあたっています。将来教師をめざす学生に限ったことではありませんが、大学在学中に海外の教育に少しでも触れておくことは、その後の進路選択や多面的な考え方を持つきっかけになるのではないかと考えています。さらに教師をめざす学生であれば、大学卒業後に教師として教壇に立った際に、児童生徒に伝えられる幅が広がるとわたしは考えています。わたしのゼミの所属学生のほとんどが卒業後に教職につきますが、彼らにも是非、海外での教育開発プロジェクトを経験させたく、声をかけています。

大学生は、大学の授業としてではなく、主体的に教育開発プロジェクトに参加しています。他の章で説明している事例では、現地においていろいろな問題や葛藤がおき、問題解決がされながら協働的な学びがされています。本章で取り上げる事例においても問題や葛藤が起きましたが、それは専門家が参加して生じるものとは性質が異なってきます。

本章で取り上げるのは、大学生が教育開発プロジェクトに関わることで現地の人たち（教員養成校の教員や生徒）にどのような変化が起きるのか、さらに大学生を含む日本側の変化について、その関連性も含めて説明していきます。教育開発プロジェクトの現場に大学生をつれていく大学教員の目に現地での活動はどのように映ったのか、現地でのわたしの記録も含め考察します。

カンボジアにおける教育開発プロジェクトの概要

本章で取り上げる事例は、文部科学省が官民協働で日本の教育を海外に展開する事業、通称「EDU-portニッポン」（文部科学省 ２０１６）の一環として行われているカンボジアの教員養成学校でのプロジェクトです。

２０１８年2月、「今度、カンボジアのシェムリアップで、教育開発プロジェクトを進めるんだけれど、一緒にやらないか」と日本福祉大学の教員から声をかけられました。わたしはこれまでシリアやインドの学校を対象に、日本の授業改善の方法の1つである授業研究やＩＣＴを用いた授業づくりの教員研修などの教育開発を進めてきました。それらの経験を買われて、今回のカンボジアでの教員研修について声をかけていただいたと思っていました。ところが、このプロジェクトは、経験のある大学教員ではなく、大学生や大学院生が主体となり、カンボジアの教員養成校の学生に対して、授業力向上研修を実施するという計画でした。さらに、わたしの大学だけではなく、合わせて3つの大学の大学生がそれぞれの専門を活かして研修を行うという内容でした。これはまさしくわたしが大学院生時代に経験してきたシリアでの教育開発プロジェクトのように、大学生や大学院生が主体となり活動していくものでした。

カンボジアにおける教育開発プロジェクトの目的は、シェムリアップの教員養成校の学生たちが卒業後、それぞれの勤務校の英語教育においてICTを活用した指導法を実践できるようになることでした。予算が十分にないためほぼ無償のボランティアとして行われている事業でした。

わたしは教育学部の教員として、教育方法・技術や初等中等教育におけるICTを用いた教育方法を中心としたゼミを展開しています。そのゼミにおいて希望者を募ったところ3名の学生が手を挙げました。同様に他大学においても各教員のゼミから希望者を募り、本プロジェクトが開始された2018年8月当初は、大学教員3名、修士1年3名、大学4年生3名、大学3年生5名（このうちわたしのゼミから3名）でプロジェクトが動き出していきました。

カンボジア・シェムリアップの教員養成学校で研修を行うとしても、その準備は日本で進める必要があります。しかし3大学はそれぞれ東京・名古屋・大阪と距離的に離れているため、いつでも対面で相談できるわけではありません。さらに、学生たちは途上国の学生に対して研修を実施した経験もありませんでした。このプロジェクトの課題として日本の大学生が渡航前に必要な知識や技術を習得する必要があると感じました。

学生たちは、遠隔会議システムを通して全員で研修目的の共有やその内容を議論したり、専門書を読んだり、他国の事例を調査したりして自分たちの行う研修のイメージを固めていけるように話し合いました。大学院生が中心になり、定期的に情報共有や研修内容への議論を進めていきました。

研修計画を練る会議や専門書の読み合いにはわたしも加わり、準備状況の進捗を確認するとともに、特に3つのことを大学生たちに伝えました。

第1に、プロジェクトの最終受益者の目線に立つ想像力を持つことです。本プロジェクトに参加する大学生の中には、カンボジアの教育事情に明るくない学生もいました。そういうわたし自身もカンボジアは初めて関わる国であったため、文化や教育制度に関しては本や論文、各機関の報告書を通して得る知識のみだったため、彼らと一緒に勉強しながら議論を深めていきました。

第2に、研修の進め方についてです。当たり前のことですが、知識を伝えれば研修が成り立つわけではありません。それならば、教科書を読んで覚えなさいで終わります。そこで授業設計者が授業を設計する際の3つの質問（メイジャー 1970）について繰り返し問い、一緒に研修計画を練りました。

- 目標　Where am I going?（どこへ行くのか?）
- 評価方法　How do I know when I get there?（たどりついたかどうかをどうやって知るのか?）
- 授業方法　How do I get there?（どうやってそこへ行くのか?）

第３に、持続可能性を考慮することです。教育開発プロジェクトには期間があります。その期間の中で研修を一時的なイベントで終わらせるのではなく、プロジェクトが終了後、日本人（大学生たち）が関わらなくなっても研修内容が継続していくような持続可能性を踏まえるよう伝えました。

研修準備を進める中で、大学生たちは現地の窓口となる教員とＳＮＳやメールを用いて研修開催の連絡を取り合い、２０１９年２月に第１回の研修が行われました。

このような状況の中で進められていった教育開発プロジェクトにおいて、現地の教員・学生、大学生への影響について以下に説明していきます。

教育開発の現場に大学生が入ることにより、何が起こったのか？

本プロジェクトは、３つの大学の大学生や大学院生が主体となって研修を計画し、実行していきました。大学生が関わることでカンボジア・シェムリアップの教員養成校の教員（以下、カンボジア人教員）やその学生（以下、カンボジア人学生）へどのような影響を与えたのか、そして、大学生自身（以下、日本人学生）へはいかなる影響を与えたのかを述べていきます。

まず、カンボジア人教員への影響です。カンボジア人教員への影響は本プロジェクト開始1年目と2年目で異なります。1年目は全くといっていいほど、彼らのプロジェクトに対する関心が見られませんでした。シェムリアップ教員養成校で英語教育を担当する４名の教員が、日本側との窓口になり、連絡調整をしていました。ところが連絡が途切れることはほとんどなかったにしろ、日本側からの提案に対する反応が薄かったのです。たとえば、研修のねらいやその方法として、学習者中心の教育に基づいてICTを用いた英語教育を実施したい、それについて意見を聞きたいと尋ねたとしても、「そちらの考えていることを、すべて認めます」「それで大丈夫です」といった返事が返ってきました。このようなやりとりが続くと、カンボジア人教員の意見は日本側の提案をすべて受け入れてくれるともいえますが、別の視点から見れば、このプロジェクトに興味がないともいえました。

日本人が現地に渡航し、実際に研修が始まった際の彼らの関わり方については、研修会場準備やカンボジア人学生への指示などはしてくれるけれども、研修が始まるとその場からいなくなってしまいました。

現地に渡航した際に、カンボジア人教員4名とこの件について話す機会がありました。すると、彼ら自身は葛藤を抱えながら本プロジェクトに関わっていたことがわかりました。たとえば、彼らは1人のカンボジア人として、教員養成校の教員として、国の発展のために日本や諸外国の優れた知見や方法を取り入れたい、自分たちやカンボジア人学生にとって新しい知識・経験を学びたいという思いを持っていました。しかし、プロジェクトに関わるにあたりカンボジア人教員に給与面での手当がつかないことや、日本人が行う研修時間を確保するためにそれまでの授業カリキュラムを変更し、本来カンボジア人学生に対して行うはずだった英語の授業を放課後に行う必要が生じていました。つまり、4名の教員にとってこのプロジェクトはほぼメリットを感じることができないボランティアのような関わりであり、むしろそれに関わるために自分たちの授業時間を変更しなければいけないなど負担が増える状況だったのです。

日本人学生たちはこの4人のカンボジア人教員にも研修に参加してほしいと考えていました。なぜなら、自分たちが現地に渡航し、研修が実施できるのは半年に1回だからです。本プロジェクトで大事にしている研修内容の継続性を考えるならば、カンボジア人教員の関わりが必要不可欠です。しかし、プロジェクト開始1年間はカンボジア人教員ほとんど参加しない状態が続いていました。

ところが、2年目に入った頃から、4名のカンボジア人教員のうちの2名と頻繁に連絡をするようになってきました。たとえば、プロジェクトが始まってから1年間は日本人学生が研修内容や教員養成校の状況を質問し、カンボジア人教員はそれに答えるコミュニケーションでしたが、2年目からはカンボジア人教員から「自分たちは今こんなことをしている、そちらはどう?」と研修内容について話題が出るようになりました。さらに日本人学生のSNSへ、研修以外にもグリーティングメッセージを送るなど、カンボジア人教員からの連絡が増加したのです。

このような変化が生まれたことについて2名の教員に聞いたところ、英語教育に関わる研修に参加したことがきっかけになっていたことがわかりました。カンボジア国内において学習者中心の教育に関わる教員研修が開催されるようになり、また海外で行われる英語教育のシンポジウムに参加したりしたことで、教員が学生に教えるのではなく、学生が学ぶ環境をどう教員がデザインしていくかという意識が高まり、教育理念やその方法に関心を持つようになったというのです。つまり自分が受け持つ学生の関心・意欲を高めるような学習環境づくりに関心が向くようになり、ちょうどそれがこのプロジェクトで進めている活動と重なったというわけです。

学習者中心の教育に関わる研修に参加するまで、カンボジア人教員にとって日本人学生と連絡を取り合うことはメリットを感じることがない、業務の一環であったといえます。しかし、いくつかの研修に参加し、授業改善に対する興味関心が生まれたことで、日本人学生とのやりとりは自身が授業を改善するためのリソースの1つであるという認識に変わり、その結果積極的に連絡を取り合うという行動に現れたといえます。そして、2020年2月に行った研修では、カンボジア人教員は研修中も会場に留まり、カンボジア人学生と一緒に日本人学生の話を聞いたり、カンボジア人学生たちとの議論に参加したりして、本プロジェクト開始当初と比べると行動が大きく変化しました。

日本人学生を中心とした教育開発プロジェクトはカンボジア人教員の意識や行動を直接変容させているわけではなく、彼らを取り巻く教育環境の変化に相まって、カンボジア人教員の授業リソースの1つとして認識され始めたといえます。

次にカンボジア人学生への影響です。それを説明する前に、カンボジアにおける学校文化を少し説明する必要があります。カンボジアの文化では、日本よりも父母や教員など目上の人を敬う習慣が一般に広がっています。特に、子どもたちは教員に対して挨拶や礼を欠かしません。そのため学校における教員は絶対的な尊敬の対象となっています。このような関係性は授業においても影響し、学習者中心の教育の理念が理解され始めているとはいえ、自分の意見を述べたり、教員と意見交換をしたりするような授業方法は慣れないようです。本プロジェクトの対象校となっている教員養成校のカンボジア人学生の中には、学生同士の議論よりも教員に直接知識を教えてもらうことを好む学生もいます。

このように学習者から見れば教員は敬うべき存在であるため、授業中に学生同士で議論をすることや、教員と意見交換をするようなことに、カンボジア人学生は慣れていませんでした。そのような学校文化を持つカンボジア人学生を対象に研修を進めることは、彼らと年齢が近い日本人学生といえども、研修では「講師と受講生」という「教える側と教えられる側という関係」があり、心的距離感がありました。たとえば、研修中のグループワークにおいて日本人学生が各グループに入りファシリテータを務めようとしても、日本人学生が発言した内容をカンボジア人学生はそのまま受け入れたり、そもそもグループワークに慣れていなかったりしていたため研修自体が予定していた通りに進まないこともありました。

もちろんカンボジア人学生の特徴については研修の計画時点で想定されていたため、カンボジアの学校文化を理解したうえで全員が発言し合えるような雰囲気づくりも計画されていましたが、日本人学生が研修ファシリテータに慣れておらず、臨機応変に対応できない場面もありました。

カンボジア人学生との心的距離を縮め、研修内容を理解してもらい、カンボジア人学生が将来小学校教員なったときの実践につなげるかが２０１８年に第1回目の研修が終了したときからの日本側の課題でした。この課題に対し、「講師と受講生」の関係を少しずつでも変えていこうという取り組みがされていきました。たとえば、半年に1回の研修で関わりを止めるのではなく、研修の内容がどのように影響していくのかをお互いに話し合う関係になることが大事と考え、研修の1つのアクティビティとしてSNSでつながり連絡し合うことや、一緒に昼食を食べることを試みていきました。研修以外で日本人学生とカンボジア人学生が情報共有していくことで、つながっている友人という関係に変化させていきました。

最後に、日本人学生への影響です。本プロジェクトに関わる日本人学生を見ているとカンボジア人教員やカンボジア人学生から受けた影響は2つに整理できます。1つは、遠隔で研修を計画することに伴う悩みを抱えたことです。日本人学生は日本国内でも東京・愛知・大阪という離れた地点で研修計画を練り上げていくことと同時に、カンボジア人教員と打ち合わせを進めていかなければいけないという、対面での話し合いを持つのが困難な状況でした。この状況において遠隔会議システムを用いて計画を立てていくわけですが、「自分の意見を発信したときに相手にどう思われるだろう」「遠隔会議システムを用いると、誰か1人が話すことになり同時に相談がしにくいし、年上や先生が話した後は特に意見が言いづらい」という個人の意見を発信しづらいという悩みを抱えていました。その結果、「意見があっても今は言わなくていいかとあきらめた」ことも起きていました。特に、カンボジア人教員との連絡調整は、担当の日本人学生2～3名で行い、メールやSNSなどのテキストベースのみでのやりとりであったため、相手の感情を読みにくいことに悩んでいました。

本プロジェクトの特徴である遠隔協働活動は、専攻が異なる大学生が協力し合い研修を作り上げることができるという利点がある一方で、遠隔会議システムを使ったコミュニケーションでは相手の感情を読み取りにくく、日本人同士やカンボジア人教員と意見交換をしにくいという欠点を抱えていました。

もう1つは、研修内容の修正です。カンボジア人学生に学習者中心の教育理念を理解してもらうことを研修目標においていましたが、カンボジア人学生との友好な関係性づくりに重点がシフトしました。研修ではカンボジア人学生からたくさんの反応があり、日本人学生は達成感を得ることができましたが、教員養成校を修了し、小学校教員となるカンボジア人学生に学習者中心の教育理念がどの程度定着したかわからないという問題がありました。その原因として、カンボジア人学生は日本人が行う研修に1回しか参加することができない点が上げられます。研修後、カンボジア人学生がどのように変容していったのか追跡することができませんでした。そこで、前述したようにカンボジア人学生が1回しか研修に参加できなくても、彼らのその後についても関わり続けることができるように、研修期間中に一緒に昼食をとり仲良くなり、お互いの名前がわかる関係づくりに重点をおきました。また、帰国後もＳＮＳで交流を継続していくことが重要であると考えるようになりました。

カンボジア人学生に対して学習者中心の教育理念を伝えることを目的とした研修を行うよりはむしろ、本プロジェクトにおいて大学生が継続的に実践できることは何かを探った結果として、つながりを持ち続けることで学習者中心の教育に継続的に取り組んでもらうことをねらう研修へシフトしました。わたしたち大学教員が、個々のカンボジア人学生とつながりを持ち続けることは難しいことですが、日本人学生だからこそ同じ学生の立場にたち、友人としての人間関係をベースにお互いに関わり合い続けることができる教育開発プロジェクトの方法であると考えます。

教育開発プロジェクトに大学生が関わる意義と課題

本節では、教育開発プロジェクトに大学生が関わる意義と課題について、①大学教員の立場から、②教育開発プロジェクトの枠組みから整理していきたいと思います。

わたしは、途上国の教育に興味関心を持ち、何かしら現地の人のために力を注ぎたいと思う学生に対して、わたし自身が参加するフィールドに学生を巻き込んで経験を積んでもらいたいと願っていました。教育開発の現場は甘くはない、あえて在学中に参加しなくとも、卒業してから国際教育開発の仕事に従事してもいいのではないかという意見も聞きますし、大学生が教育開発プロジェクトに関わる限界もあります。たとえば、現地に関わることができる時間の短かさや、プロジェクトをマネジメントする能力不足など挙げればきりがないかもしれません。しかし、そういった限界がある中で、途上国の教育開発に興味関心を示す大学生たちは、プロジェクト活動に挑戦しています。そうであるならば、実際の教育開発プロジェクトに参加してもらい、大学生の興味関心を引き出すような支援をしたいと考えます。

現地では、実社会とのつながりや自分たちが行動しなければ進まない状況を経験することができます。また、グローバルな社会において日本以外とのつながりを持つことで、大学生が彼ら自身で近い将来、新しい活動を生み出していくきっかけになるかもしれません。このような大学生の興味関心や新しい活動のきっかけになるような「大学生の学ぶ機会の提供」という側面が、大学教員として教育開発プロジェクトに大学生を関わらせる意義であると考えています。

ところが、実際の状況におかれてみると、現地の人のためを考える教育開発プロジェクトなのか、教育開発プロジェクトという名前を借りた大学生のためのスタディツアーなのか悩むことがありました。

スタディツアーは、事前学習や現地での経験、そしてその経験を振り返るプロセスを伴う教育活動であるといえます。加えて、現地の人々や他の地域への貢献と還元が生まれ、支え合いを生み出していくこともねらいとしています。近年では、国際協力、中でも現地の人々と協働して現地の教育問題の解決をめざす取り組みも実施され、途上国といわれる国に興味関心を持つ大学生にとって、現地の教育に関われる機会の１つになっているといえます。このようなスタディツアーは高等教育機関やＮＰＯ・ＮＧＯ、地方自治体などの公的機関、さらに企業が企画し、その目的も多様になっています。途上国の社会問題は１つではなく、すべての社会問題を学生が深く理解することは容易ではありません。そのため現地の状況を十分に理解できていない大学生を海外へ送り出し、現地の人々と関わりを持たせることは、受け入れ団体や現地の人々にとってそれ相応の負担となることも報告されています（髙橋 ２００８）。

本プロジェクトにおける現地の人々への負担については、前述したようにカンボジア人教員はわたしたちが研修を行うために、自分たちが本来行うはずだった授業カリキュラムを変更したり、補講をしたりして対応していました。日本人学生のプロジェクトへの関わりを尊重すればするほど、プロジェクトの当初の目的を達成することが困難になるかもしれません。「カンボジア人学生の教授力の向上というプロジェクトの目的」と「日本人学生のプロジェクト運営力の向上という日本人教員の意図」との板挟みに悩むことになりました。

次に、教育開発プロジェクトの枠組みから「大学生が関わる意義と課題」を整理していきます。

特定領域の専門家ではない大学生は、カンボジア人教員やカンボジア人学生との間で、利害関係が生まれにくいと考えられます。ここでいう利害関係とは、教育開発プロジェクトを進めるうえでの援助・被援助者の関係を意味します。Gaventa（2005）が述べるように教育開発には大小さまざまな「力関係」が存在します。ところが大学生が関わるような教育開発プロジェクトの場合、一般的にＯＤＡとして取り組まれる教育開発プロジェクトとは性質が異なります。期間や人間関係、アカウンタビリティなど従来の教育開発プロジェクトで重視される面がある意味自由でした。それは、日本人学生とカンボジア人教員・学生の間に強い利害関係のないプロジェクトだったといえます。

だからこそ、ＳＮＳでつながる、プロジェクト以外の話をする、互いの情報を共有していくことなどにより、後々、日本人学生とカンボジア人学生、カンボジア人教員やわたしたち大学教員などの関係は友人のようになっていきました。このような利害のない関係性は、今後のプロジェクトの円滑な進行や、教員同士が共同研究者になりやすくなると考えます。

課題に関してです。大学生が関わることで力関係が少ない教育開発になるということで前述のような意義も生まれるのですが、同時に、プロジェクト目標の達成に向けた内容の深まり（成果）を担保しにくいという課題も生まれます。日本人学生は教育開発プロジェクトの経験がないため、自分がどのような枠組みから現地の人たちを見ているのかをメタ的に捉えることや、プロジェクトがＰＤＭに沿って進んでいるのかなど、マネジメントをすることが容易ではなくなるでしょう。これらに対しては、大学教員が対応する必要があるでしょう。

カンボジア側の変容と教育開発における今後の課題

カンボジア人教員は、日本人学生と関わることにより学習観の変容が促進されたと考えます。この変容のプロセスを個人と個人、個人や組織のつながりを説明する社会的ネットワークの理論の１つである「弱い紐帯の強み」から捉えていきます。

「弱い紐帯の強み」とは、ある人にとっての新規性の高い価値ある情報は、身の回りの人間関係という社会的なつながりが強い人々（強い紐帯）からよりも、普段はあまり接触しない、社会的なつながりが弱い人々（弱い紐帯）からもたらされる可能性が高いという理論です（野沢２００６）。

カンボジア人教員は、当初、ＩＣＴを活用した学習者中心の教育方法があるということは知っていましたが、カンボジアの教育とは関わりが薄いと思っていました。なぜならカンボジアの小学校や中学校にはＩＣＴが整備されておらず、教員養成校にはすでに決められたカリキュラムがあるために、新しい教育方法を導入する余裕がなかったからです。ですから、日本側が行っている活動と教員養成校での実践の間にギャップを感じていました。もちろん彼らは新しい教育方法を導入することは大切であるということを頭（言葉）ではわかっていました。しかし、現状に鑑みると新しい教育方法を実施できないという葛藤を抱えていました。

そのような状況の中で、カンボジア人教員はプロジェクトを継続してきました。そして学習者中心の教育に関わる研修に参加したり日本と連絡をとったり、日本人学生が行う研修に参加したりすることを通して、考え方に変化が見られるようになりました。授業中には教科書を教え、一定の知識を学生に伝えなければいけないというプロジェクト前の教育観から、学生同士が一緒に活動することを通して学ぶという教育観にプロジェクトを通した日本人学生との関わりから変化してきたのです。言い換えれば、学習者中心という教育方法があるという理解を越え、学習者中心の教育を教育理念として理解するようになったといえるでしょう。これは単に新しい方法を取り入れるというだけでなく、カンボジア人学生にどのような学び手になってほしいのかという学習者像の変容であるといえます。

ＩＣＴ活用や学習者中心の教育の理念の重要性を認識し始めた際に、カンボジア人教員は日本人学生との弱い紐帯という関係を変えていきました。具体的には、積極的にコミュニケーションをとることでその帯域幅を広げ、日本人学生との関係を自ら新たに構築していきました。日本人学生との弱い紐帯から新しい情報を得ることができ、自分たちの働き方や授業方法に影響を受けたと考えたからです。日本人学生は当初からプロジェクトへのカンボジア人教員の関わりを強くすることをめざしていたことから、カンボジア人教員からの交流の深まりを快く受け入れることができました。カンボジア人教員のこのような行動変容は、権力関係のない日本人学生との関係性からきているのではないかと推察できます。

今後の課題は、カンボジア人教員を取り巻く環境の変化が起きることを踏まえて、彼らがアクセスできるリソースの1つとしての「弱い紐帯」を配置していくことです。この課題に対して本事例の知見からいえることは、利害関係のない弱い紐帯を「意図的に継続する」ことです。教育開発プロジェクトの受益者にとって、プロジェクトの関係者とは常に行動を共にするため、自分の日常生活にいる存在になりかねません。自分の日常生活にいる存在とは、社会的なつながりが必然的に強くなり、時には強制力を伴う関係性にもなり、その影響を常に受けることになります。もちろん強制力やそのような状況が良くないこととは思いません。しかし、本事例のように、カンボジア人教員と日本人学生の関係のような「弱い紐帯」が、変容のきっかけになると考えられます。本教育開発プロジェクトにおいて、日本人学生はカンボジア側にとって教育開発の利害関係を意識しない存在であり、まさに「弱い紐帯」の相手であったといえます。このつながりがあったからこそカンボジア人教員は自身の興味関心をきっかけに、日本人学生と積極的にコミュニケーションをとるに至りました。また、カンボジア人学生は対等な立場で情報交換や情報共有を進めることや、ＳＮＳを介してもつながっている友人となりました。

ところで、本事例では日本人学生が関わることで、カンボジア側との「弱い紐帯」ができていましたが、これは本プロジェクトの最初から意図していたわけではありませんでした。教育開発プロジェクトにおいて、受益者に向けて利害関係のない、そしてあまり会うことのない関係者を配置しつつ、受益者にとって有益な情報を提供できるような環境、言い換えれば「弱い紐帯の強み」を、そもそもどのようにデザインできるのかという課題についても今後検討していく必要があるでしょう。

【参考文献】

藤原孝章・栗山丈弘（２０１４）「スタディツアーにおけるプログラムづくり――『歩く旅』から『学ぶ旅』への転換」『国際理解教育』第20巻、42－50頁。

ロバート・Ｆ・メイジャー（著）、産業行動研究所（訳）（１９７０）『教育目標と最終行動――行動の変化はどのようにして確認されるか』産業行動研究所。

文部科学省（２０１６）「EDU-port ニッポン」https://www.eduport.mext.go.jp/（accessed 2020.9.26）

野沢慎司（２００６）『リーディングス ネットワーク論――家族・コミュニティ・社会関係資本』勁草書房。

【外国文献】

Chambers, R. (2008) *Revolutions in Development Inquiry*, London: Earthscan.

Gaventa, J. (2005) *Reflections on the Uses of the 'Power Cube' Approach for Analyzing the Spaces*, Places and Dynamics of Civil Society Participation and Engagement. prepared for Assessing Civil Society Participation as Supported In-Country by Cordaid, Hivos, Novib and Plan Netherlands 1999–2004, The Netherlands: MFP Breed Netwerk.

Konno, T., Kishi, M., Kubota, K. (2012) "The Conflict and Intervention in an Educational Development Project -Lesson Study Analysis Using Activity System in Palestinian Refugee Schools-." *Educational Technology Research*, 35(1/2), 43–52.

第３部

これからの教育開発

第12章

座談会
――経験者に問う「現場の実情」

時任　隼平

第12章では、編著者の久保田と岡野（第6章）、岸（第2・4章）、伊藤拓次郎（第8章）による教育開発のあり方に関する座談会をトピック別で紹介します。第1～11章では、国際協力に携わってきた専門家たちがこれまでの経験をもとに途上国における教育開発の活動について解説してきました。しかし、読者の方々が執筆者らのように教育開発の経験を持っているわけではありません。内容によっては、十分理解できなかった部分があるかもしれません。そこで、本章では途上国での教育開発経験がないわたし（時任）が、本書の第1部と第2部を読んだ際にもっと詳しく知りたいと思った部分について4名の著者らに質問を投げかけました。

本章は、2つのパートで構成されています。座談会パート1では、教育開発の基本的事項に関する8つの問いを設定し、久保田と岡野が議論を行いました。教育開発の経験がない方は、パート1から読み始めてください。パート2では、教育開発支援のあり方について、「環境」「対話」「評価」に関する7つの問いを設定し、久保田と岸、伊藤が議論をしました。すでに教育開発の経験があり基本的なことをご存知の方は、パート2からお読みください。

【座談会パート1】

トピック1　教育開発プロジェクトの目標設定とはどのようなものなのでしょうか？

時任　JICAなどの援助機関が実施する教育開発プロジェクトでは、「プロジェクト形成の時期」「プロジェクトを実施する時期」「終わって評価する時期」と大きく3つ部分にわかれていることを知りました。プロジェクト形成する人が、必ずしも実施する人になるとは限らないということですが、実際に久保田さんや岡野さんがプロジェクトに参加する際には、プロジェクト形成の段階ですでに誰かによって目標が設定されていたのですか？

久保田　JICAのプロジェクトが始まるときには、すでにPDMが作られています。もちろん、そのPDMは、固定的なものではなく、状況によりプロジェクト期間中に改訂されることもあります。しかし、プロジェクト開始時には、PDMが作成されていて、これで行きましょうということで始まるわけです。

時任　では事前に設定されていたのですね。たとえば岡野さんの場合どういった目標設定がされていたのですか？　それはどのくらい具体的だったのですか？

岡野　PDMでは、プロジェクトの実施を通じて達成されるプロジェクト目標と、プロジェクト目標の達成を通じて期待される上位目標があります。高等教育案件の場合、プロジェクト目標は「教育の質が向上し、研究能力が強化される」といったものになります。その目標が達成されたかどうかを、あらかじめ設定された指標によって判断することになります。指標は、たとえば、教員の研究論文数や共同研究数といったものになります。

時任　プロジェクト目標は抽象度が高いですね。

岡野　そうです。「研究能力が強化される」などの抽象度です。さらに、上位目標は「ASEANの経済発展に寄与する人材の育成」といったより抽象度が高いものになります。

時任　数値で示す指標をあげないのですか？

岡野　数値で指標を定めます。ただし、他の領域のことはよく知りませんが、高等教育関連のプロジェクトでは活動の領域が広いため、研修を何回やるなどと詳細な指標を設定しないと思います。そういうものを細かく設定すると、目がそちらにばかり向いてしまうことになるからです。

時任　それは、岡野さんが高等教育の支援に関わっているからですか？　たとえば、インフラの整備などのプロジェクトでは、数値を細かく上げているのですか？

岡野　インフラ整備についてはわかりません。ただ、ＰＤＭの場合はどうしても達成目標を数値化する必要があります。皆、教育開発は、インフラ整備とは違い、簡単に数値化できないことを理解しているのですが、そこは難しいところです。なので、数値化できる論文数とか共同研究数とかが指標になってしまいがちですね。教員が国際的なジャーナルに論文を発表する数が増えるといった感じで設定されていますね。

久保田　学術的な発表が「増える」でいいのですか？　もっと具体的に何本発表するとかいった数値目標は出てこないのですか？

岡野　もちろん数値目標が必用です。本数でいうならば1人年間1本という感じだと思います。ただ、目標に設定するものは、一定の努力があれば達成できる目標に限られている気がします。指標設定は、プロジェクト形成時のＪＩＣＡ担当者に委ねられているのが現状です。しかし、高等教育は活動範囲が広いので、ＰＤＭで協力の内容や評価指標を定めつつ、実際にはかなり柔軟にプロジェクト運営を行うことが求められます。そのため、高等教育案件はコンサルタント企業に任せるのではなくて、ＪＩＣＡ直営でやることが多いと思います。わたしも、ＰＤＭはプロジェクト運営の大きな方向性、枠組みといった形で認識していますね。

トピック2　現場のニーズと教育開発プロジェクトの目標は合致していますか？

時任　話を実際にプロジェクトの実行段階に移します。形成段階で作られた目的や到達目標について、実施の段階においてプロジェクトを実施する人たちが違和感を抱くことはありませんか？

岡野　プロジェクト目標に違和感を持つことはさすがにないと思います。ただ、プロジェクトを進めていく途中で、状況に応じてプロジェクト活動が変わることはあります。たとえばエジプトの場合は、大学院設立プロジェクトでしたが、エジプト側の提案で、学部を作ることになりました。そうなると活動内容の大きな変化ですので、PDMを変えないといけません。また、エジプトの教員の研究能力を高めるとか教育を充実させるという目標は、プロジェクト形成時にありました。しかし、大学事務能力が脆弱で、強化が課題となっていました。そこで日本とエジプトの双方が同意して、職員の能力強化を新たにPDMに付け加えることになりました。PDMの改訂は双方で活動内容に合意するという意味もありますが、公金を使う以上、このPDMの活動に紐づけられないと予算が使えないという制約もあります。自分がどれだけ大切で重要だと主張しても、PDMによって合意した活動の中に位置づけられないと、1円も使えません。なので、工学部設立も、事務能力強化もお金を使って取り組む以上PDMの改訂が必要になるという事情もあります。

時任　追加した活動は、岡野さんが専門家の立場からなんとかしなければと提案をしたからですか。それとも、エジプト側になんとかしなければという認識があったからですか。実際のところはどうですか？

岡野　まず個々の職員の事務能力が弱いというのは、エジプト側もよくわかっていました。ただ全体としての組織マネジメントの弱さは認識していなかったと思います。そのため、ＪＩＣＡチームとしては、職員の能力強化といいつつも、ねらいは大学組織マネジメントを改善していこうという意図がありました。ただ大学マネジメントが悪いというと、マネジメント層は受け入れられないので、当初は事務職員の能力強化という切り口で進めましたね。

時任　組織マネジメントが課題というのはどういう点でしょうか？

岡野　計画が立てられないし、立てても尊重されない。予算計画もどんぶり勘定。戦略的な人材雇用とか、そういう計画策定が弱いですね。あと、そもそもエジプトの場合は意思決定が非常にトップダウンです。そのため意思決定を民主的に下から上にあげてくというプロセスではなく、「こうやれ、ああやれ」と上から指示を出すため、下で決めて持ち上げても、「そんなことやるな」「これをやれ」となるのがエジプトのオーソドックスな組織のあり方です。計画を立てても、上の一声ですべて変わるから皆やりたがらないですね。それでも中には「やっぱりそれはおかしい」と思っている人がいます。自分たちはなぜそこで働いているのかがわからずモチベーションが下がる人もいます。そういったときにＪＩＣＡのプロジェクトは仲介役として、外から全体を見ることができるので、個々の職員が活躍できる組織とはどういったあり方がよいのかを、大学関係者と対話しながら組織強化を進めていきました。

時任　エジプトでは今までトップダウンのやり方をしてきたのですから、ＥＩＪＵＳＴと日本側とで作り上げたものを受け入れるのは難しくないでしょうか？　権力のある人がない人に対して命令するという組織体制は、長い歴史の中で作り上げられたものではないでしょうか。ＪＩＣＡという外から来た者が、そうでない仕組みを作るということ自体は衝突を生むようにも思えます。

岡野　ＪＩＣＡが作るのでなく、ＪＩＣＡ専門家が入り、現地の人たちと一緒に作るというのが実際です。オーナーシップはエジプト側にあるのですが、一緒に一定のオーナーシップを共有するスタンスで、一緒に作るという感じですね。だから、元々組織図が不明確だったり、仕事内容が明確ではなかったり、報告のプロセスがおかしかったりしていたのを、たとえば人事課の人たちが「それをどうにかしないといけないね」と声を出したとしたら、タスクチームを作って、トップマネジメントも交えながら検討するようにしました。そのプロセスが個々のスタッフの能力強化であり、成果として組織強化につなげるというイメージでした。

久保田　部外者が触媒になって組織改革をするってことですね。

岡野　人事課のスタッフが声を上げるだけでは、管理職は聞く耳を持ちませんが、ＪＩＣＡ専門家も一緒になって活動することで、組織の問題として位置づけて一緒に改善していく体制にすることができます。

トピック3　現場に入るのは難しくないですか？　専門家には何が求められるのですか？

時任　実際に、部外者が介入することで、現場での不満は生じませんか？

岡野　組織強化についていえば、実際に本格的に取り組み始めたのは5年くらい経ってからですかね。それまでもいろいろ取り組みはしてきましたが、当初はエジプト人の大学職員とはあまり大学づくりを一緒にはしていませんでした。

時任　どうしてですか？

岡野　プロジェクト開始当初は、日本の大学との連携促進が自分に求められる役割だと思っていました。エジプトの大学と日本の大学をつなぎ、円滑なコミュニケーションを図るというものでした。もちろん、機材の供与や研修などにも取り組みます。ただ、大学の財務とか人事とかの事務機能や、大学運営をどのようにしていくのかという議論には参加していませんでした。大学の組織運営の部分に介入しようとするとエジプト側から暗に「そこは俺たちがやるから介入するな」という態度が見えてきますよね。

時任　岡野さん自身はそこに悩みはありませんでしたか？

岡野　それは相手国のオーナーシップだとして尊重する気持ちがある一方で、介入しないと大学は良くならないという気持ちもありました。縁故採用とか、懲罰人事とかを目の前にして、どうにかならないかと、専門家の役割と現実で、そこは大きな悩みでした。そういうことを自問自答している間にアラブの春（2011年初頭から中東・北アフリカ地域に拡がった大規模反政府デモなどの総称）で大学のマネジメント体制が崩壊しました。そのタイミングで2代目の学長に就いた人が、「マネジメントをしっかりやりたいから一緒にやろう」と言ってくれたことがきっかけで、大学組織の中に入って一緒に仕事をすることができるようになりました。ですので、組織強化の部分はJICAプロジェクトの専門家がその必要性を主張したのではなくて、学長から声をかけてもらったことで徐々に関われるような体制を作っていきました。

時任　なるほど。そうやって関わる中で、専門家としてのどういった部分が受け入れられたと思いますか？

岡野　たとえば、大学アドミニストレーターの育成です。日本の大学の良さは、職員が教務課や学生課などの経験を通じて、大学行政全体を見る人材を育成していくことです。しかし、エジプトの大学で働く職員は財務なら財務、広報なら広報といったそれぞれの部署で必要とされる限定的なスキルが重視され、大学アドミニストレーターという発想がありません。そのため、個別の能力強化には意識が高いのですが、大学経営の観点が欠如していました。それに関連して、大学で働いている意識があまりなくて、学生への対応とかはおざなりでしたね。ですから、大学アドミニストレーターを育成するという概念を共有できたのだと思います。

時任　概念を一緒に作るというのは重要なポイントですか？

岡野　そうですね。日本から見ているとどうしてもJICAの専門家がやってきて外から持ってきたものを現場に無理やり入れ込もうとするように見えるかもしれません。しかし、そういったやり方では現場の人たちから不満が生まれますし、たとえ入れ込んでも絶対根づかないでしょうね。

久保田　そういう意味では、日本でも同じようなことが起こっていますね。文部科学省と教育現場の関係はそれに近い気がします。上からいろいろな仕事が降ってきて、現場が疲弊していきます。

時任　教育開発においては、外から持ち込むだけではダメだという考え方を、専門家の方々は一般的に心得ていますか？

岡野　わかる人はすぐわかりますが、わからない人はずっとわからないかもしれないですね。

トピック4　現地の人たちとの対話のあり方は？

時任　一緒に概念を作るということは、現地の職員との対話があったと思います。エジプトでの事例も含めて、教育開発において対話する際にどういうことが重要になりますか？

岡野　現地の人たちとの対話の際に、「自分の何かを教えよう」「何かを変えよう」という考えを専門家が持っていると失敗します。「日本はこうだから」という気持ちで現地と向き合うと、「エジプトはこうだから」となってしまい、そこで話は終わってしまいます。現地の人たちは、そこで長年活動してきた経験と知識を持っています。こちらも日本での経験と知識があるわけです。それらはどちらが優れているというよりも、両方共に重要な経験や知識です。ですから、知恵を出し合い、一緒により良いものを作っていくという発想が大事だと思います。

時任　その作っていく過程というのは、具体的に何をしていますか？

岡野　わたしはまずタスクチームを作りますね。

時任　タスクチームとはどういったものですか？

岡野　先ほど言った通り、エジプトでは、人事部は人事、財務部は財務の業務しかしません。なので、視野が極端に狭いのです。大学の仕事は各部署だけで完結するわけではありません。また、職員同士だけでなく教員が関わる必要性のある業務もあります。そこで、さまざまな部署の教員や職員が混在するタスクチームを作ります。異なる部署のメンバーからなるタスク活動を通して組織全体を俯瞰できる人材を少しずつ育成していこうと思っています。

時任　つまり対話の場を作って、現地のいろいろな人たちを巻き込むというイメージですか？

岡野　そうですね。場を作るだけじゃなくって、自分も一員として巻き込まれます。そこで、自分に十分な知識や経験がない場合は、さらに他の人を巻き込みます。たとえば日本の大学とテレビ会議をして、こちらの活動に対して日本人の専門家からフィードバックをもらうこともありました。わたしも一緒に学ぶのです。

久保田　外部刺激が重要ということですね。

岡野　そうですね。研究者育成については、日本の大学の研究者が関わることが多いのですが、日本の研究者が現地の研究者の能力を上げるという発想は無理があると思いますね。同じ研究者ですし、学生じゃないですからね。普通は多忙な先生が短期でやってくるだけだから。

久保田　確かに高等教育案件は従来の国際協力の枠にはまっていない気がしますね。技術移転というよりも、共同研究をして成果を出していくという方向性ではないでしょうか。

岡野　そうですね。長い期間共同研究を一緒にできると、研究者の育成につながると思います。でも、現実的には難しい。また、「教えてあげる」という考えを日本側が持ちすぎないようにするためにも、共同研究をうまく発足させるというのも一つの形だと思います。わたしは、日本の大学が支援するという言い方があまり好きではありません。日本の大学が支援するという構図は、支援する側、される側という硬直した関係性を作ってしまうからです。高等教育案件では、共に研究するという形の対話が必要だと思います。

トピック5　教育開発の中でも、大学が対象の場合と小学校～高校が対象の場合で内容は異なりますか？

時任　これまで、岡野さんから高等教育を対象とした教育開発について教えていただきましたが、それは初等中等教育を対象とした場合でも特徴は同じですか？

久保田　高等教育の場合は研究者や産業、職業的人材を育成するという目的が明確です。しかし、小学校の場合は人材育成という観点だけでなく、国民を育成するという観点もあると思います。そこに高等教育案件との違いがあります。高等教育のように、勉強の得意な上位層だけを伸ばすのではなく、初等教育では国民全体の底上げをしなくてはなりません。

岡野　小中学校などの義務教育と、国のリーダーを育成する高等教育では性格がやはりかなり違いますね。プロジェクトの内容も全く違うものになると思います。

久保田　たとえばアフリカでは、全国共通の教科書を作って全国に配ることで児童・生徒全体の学力底上げを図るというのが基本的なスタンスですね。

時任　全国に広めるのは誰ですか？

久保田　それは現地政府とＪＩＣＡが共同でやっています。たとえばミャンマーの場合、小学校の教育レベルを底上げするためには免許を持った教員の育成が必要でした。そのため、我々は教員養成校の先生たちを対象にワークショップを実施し、教育内容を充実させようとしました。教員養成校でレベルの高い小学校の先生を育成することで全国の子どもたちの学力が上がるというロジックです。いわゆるカスケード方式ですね。わたしたち専門家とカウンターパートで全国の20数校ある教員養成校を順に訪問し、ワークショップを行い、それに参加した先生が地域の小学校の先生に教えるという方法でした。

時任　それでうまくいきましたか？

久保田　課題はたくさんあります。

岡野　カスケード方式は、下に行くほど量も質も低くなってしまいがちです。高等教育案件の場合、すべての大学で同じことをやる必要はなく、むしろ各々の大学が特徴ある取り組みを行うことが推奨されるという前提があります。ですので、その大学でやっている教育開発を、国内のすべての大学に展開しようという発想にはなりません。

久保田　初等教育では全国の子どもが対象になるので、随分状況が異なってきますね。

時任　初等教育の場合、カスケード方式をとることでトップの考えが徐々に伝わらなくなっていくと仰っていましたが、具体的にどういった課題が生じますか？

久保田　伝言ゲームのようになりますね。徐々に曲解されていくイメージです。

岡野　それは日本でやっている教員研修も似ていると思います。日本で行っている、アクティブラーニングに関する研修も、受講した先生はやってみようって思い現場に戻るけれども、現場に戻るとやるための十分な時間も環境もないという状況ですね。それはどこも同じだと思います。

久保田　同じようなことが途上国でも起きていますね。

岡野　つまり途上国の現場が特別なわけではなくて、それはたぶん、普遍的にどの国も同じ状況で、教員研修は世界中どこも同じような課題を抱えているのだと思います。

久保田　教員研修だけをやっていてもなかなか課題は解決しませんね。研修をしてその効果をすぐ検証しようとするのではなく、もっと長いスパンで教育現場の変化を捉えた方がよいと思います。

トピック6　教育開発にとって十分な時間というのは、どれくらい必要ですか？

時任　長いスパンと仰っていますが、プロジェクトは平均的に3年、5年とお聞きしました。それは十分ではないのですか。

岡野　そうですね。5年、10年の話ではなく、10年、20年、30年スパンだと思います。そのロードマップを細かく描く必要はありませんが、それくらいの時間がかかるということを研修だけでなく双方の政策レベルのレイヤーでも考慮する必要があると思いますね。

久保田　たとえばミャンマーの場合でいうと、教員養成校が2年制に設定されています。学生は2年勉強して、すぐに小学校の先生になります。小学校の先生になり、教え方が上手な先生は数年で中学校の先生になります。中学校の先生で教え方が上手な人は、高校の先生になるという制度をとっています。この制度だと、常に小学校には教え方の上手でない先生が残りますよね。しかし、それを我々が急に変えるといっても、それは現場の反発につながります。

そうではなく、今どのような問題があるのかを、現場の先生たちと対話をしながらどう変えていくのかを模索する必要があります。その変化のための対話は、とても時間がかかることです。日本でも、戦争が終わって昔の大学が新制大学になりました。当時はいろいろな問題がありましたが、50年以上経ってようやく整理されてきた印象があります。教育開発に関してもそれは同じで、20年、30年はかかります。

時任　そう考えると、教育開発に取り組むことができる期間は3年から5年と短いですね。

岡野　プロジェクトとはそういうものですね。エジプトの案件も、終われない難しさがあります。どこで終わるのかを考えると始めることができなかったので、まずは5年のスパンで始めました。今は、10年を超えて第3フェーズに入っていますね。

久保田　一つのプロジェクトがフェーズーだとすれば、フェーズ2、3とつながっていけばいいと思います。ミャンマーでのプロジェクトはフェーズ4くらいまで続いていて、始まってから20年近く経ちます。

トピック7 教育開発を進めていくうえで、現場ではどのような連携が必要ですか?

時任　プロジェクトが長期間続くとなると、現地の人の中でも当然プロジェクトをけん引する人や組織が必要になると思いますが、教育開発を進めていくうえで、現場ではどのような連携が必要ですか?

岡野　わたしは高等教育関係の案件を担当していて、もっと現地にある大学や技術学校、企業、地域などを連携させる必要を感じました。現地にいるプロジェクトのメンバーだけだと活動が固定されすぎてしまうと感じます。大学の中にいるのではなく、外につなげていく視点です。

久保田　専門家がその部署に配属になると、目標が固定されてしまい、専門家はそこしか目が向かなくなってしまいがちです。もっと広い目で見なければ、組織間の連携は生まれにくくなります。

岡野　いろいろな組織と連携して、ワークショップを開催したり、学校訪問したり、そういった連携が行われていくと現場の雰囲気も変わり、面での広がりが出てくると思います。地域連携などは専門家も自分の仕事に関係ないと考えるのではなく、積極的にそういう事業に関わっていくべきだと思いますね。専門家自身も学ぶきっかけになりますし。実際、エジプトでは地域の障がい者施設と連携したPBL授業の実施とかもしましたが、双方にとてもインパクトが大きかったです。

久保田　わたしたちがミャンマーで関わったのは教員養成校であって、大学ではありませんでした。教員養成校は教育省の下にあり、大学省のような組織は別にあり、そこの下にヤンゴン教育大学がありますそこは、4年制なのですが、ヤンゴン教育大学と教員養成校に全く関わりがありませんでした。やはり、そうなってくるとプロジェクトの活動にも限界ができてしまいます。

岡野　ミャンマー工科大学もJICAの案件をやっています。うまく、理科や算数のワークショップや出前講座みたいな交流ができればよいのですが。大学側も交流を通じて刺激になりますし、そういうときJICAのネットワークは使えますよね。

久保田　専門家の役割はネットワーキングをすることだと思います。今までつながらなかったところ同士をつなげて、新しい発想などを作っていくことが必要だなと思います。そういった外部からの支援がないと実際はそれぞれ忙しいから、なかなか連携するのが難しいのでしょうね。

岡野　そこは専門家の力の見せどころだとわたしは思っています。専門家が柔軟な発想で、人と人のつながり、組織と組織のつながりを広げていく必要があると思います。さまざまなしがらみがないぶん、それができる立場でもありますし。日本の大学や企業との連携に固執するのではなく、もっと柔軟にその地域の広がりの中での大学を見ていかないと。

トピック8　教育開発を進めていくうえで、どのような限界がありますか？

時任　専門家の担うべき役割についてイメージはできましたが、逆に役割を担うのが困難なことはありますか？

岡野　たとえば、わたしが携わっていた当時のベトナムの場合、共産党政権なので、意思決定によくわからないくらい時間を要しました。また会議とかになかなか入れてもらえないとか。なかなかプロジェクトではそういう体勢を変えるのは難しいように思います。

時任　他の国でも同じですか？

岡野　たとえばマレーシアの場合、国民のうちマレー系が6割、中華系3割、インド系が1割です。国立大学の場合、大学から学生に対する奨学金を考えたときに、給付されるのはマレー系だけという実情があります。明らかに国の政策としてマレー系優遇政策（プミプトラ政策）を敷いていて、同じ国民なのに奨学金は中華系、インド系には給付されていません。考え方としてそれは明らかにおかしいと思いますが、実際にその部分には介入できません。

久保田　我々としては、「人種差別はおかしい」と思っていたとしても、現地で「人種差別はおかしい」とは直接言うことはできないわけです。言ったとしても、社会・歴史的文脈の違うところで意味を理解してもらうのは難しいと思います。

たとえばミャンマーの場合、少数民族が多く存在していて、内戦もあるわけです。そういうところに話題がいくのは、暗黙的に避けることになります。もちろんミャンマー政府はいろいろな民族グループを尊重し、民族が共存できるような配慮をしていることを強調していますが、解決することができていない現実もあります。

岡野　そこは一歩、我々の立場としてわきまえないといけないのかもしれません。あくまでもそこは外国人として、踏み込みすぎないという意味ですね。

久保田　まさに各民族のことは自分たちで決めるという民族自決の原則ですね。その部分の話題にはタッチすべきではないかもしれませんね。わたしがミャンマーにいた頃は、軍事政権だったから、まさにそういうことを日常生活で語ることがタブーでしたね。

時任　エジプトも同じようにタブーがありましたか？

岡野　エジプトはムバラク政治のときは町の中が秘密警察だらけとよく言われていました。選挙に誰も行っていないはずなのになぜか投票率90何％だとか。「そういう世界なんだ」と思うようにしていました。

座談会パートーまとめ

パートーでは、初学者のわたしから投げかけた8つの質問に回答いただきました。ここで、わたしなりに回答をポイントにまとめてみます。

高等教育の教育開発では目標設定がすでになされており、その抽象度は高く設定されているようです。実際に、岡野氏が関わったエジプトの事例では、プロジェクトの途中で再設定されたそうです。また専門家の役割として、「何かを教える・変える」という心づもりで行うのではなく、タスクチームを作って多様な人を巻き込むなど、人々との協働の中で共に行うことの重要性を指摘しています。

座談会を通して、高等教育に関する案件と初等中等教育に関する案件では、特徴が異なることがわかりました。大学の場合、大学間で差をつける前提でプロジェクトが進められますが、初等中等教育の場合「国民を育てる」という要素を持つため、全国的に教育改善をする必要があります。その際には、カスケード方式を採用するため、改善の内容がうまく伝わらないこともあります。教育開発プロジェクトは、期間こそ決まっているものの、10年、20年、30年のスパンで捉える必要があるようです。

もちろん、長く続けていくためには工夫が必要です。現地のさまざまな組織をつなげることは、専門家の役割の1つだといえます。文化的・宗教的・政治的な理由で踏み込むことができないことはたくさんあるため、そこは注意が必要です。

では、座談会パート2ではさらに教育開発に取り組むうえで生じる課題についてお聞きするとともに、その克服に向けた方法について学びましょう。

【座談会パート2】

座談会パート2では、教育開発に関わる際に生じる課題を挙げるとともに、課題を克服するためのアプローチに関する7つの問いについて議論を行います。まずは、久保田・伊藤・岸の教育開発に対する問題意識から始めたいと思います。

トピック9　外部の人間が関わることによってどのような問題が生じるのでしょうか？

時任　皆さんはこれまで多くの国々に教育開発の専門家として関わってこられました。現地の人たちにとって、「外部の人」が関わることによって、どのような問題が生じたと考えますか？

久保田　2つ課題を感じています。1つは、我々が関わる際の初めのステップである、「プロジェクト形成」に関することになります。ODAの建前としてはまず途上国から要請が出ることになっています。要請がありそれを日本政府が受けて、要請に沿ってプロジェクトを形成し、専門家を雇い、派遣するというのが基本的な形だと思います。たとえば、第6章や座談会パート1で解説した事例とは別に、エジプトでは日本型教育を導入しようというプロジェクトが動いています。それはエジプトの大統領からの要請があり、それに合わせて日本型の学校を作りましょうという話になり、エジプト・ジャパンスクールができました。35校くらいあったと思います。しかし、それが現場の実際のニーズとつながっているのかというと、おそらくつながっていないと思います。何を導入して

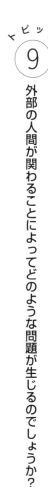

いるのかというと、特別活動や学級会、運動会のような仕組みを取り入れようとしているそうです。ＪＩＣＡの広報紙を読む限りでは、現地では喜んでやっています、掃除に対する考え方が変わりましたなどの成果が書かれています。途上国のトップが要請した日本型教育ですが、現場のニーズと乖離しているのではないかということが課題だと思います。

２つ目は、ＪＩＣＡの枠組みから外れることができない点です。ＪＩＣＡのプロジェクトでやる際には、ＪＩＣＡが想定する目標に向けた活動の枠組みの中でプロジェクトを進める必要があります。そこから外れることは、ＪＩＣＡとしては困るわけです。しかし、エジプトの例と同様に、たとえばミャンマーで子ども中心の教育をしましょうと政府が要請し、わたしたちが専門家として活動しました。しかし、実際にはわたしたちが「子ども中心の教育をこういうふうにやりましょう」と現場の先生に伝えても、全く通用しません。実際には、現場の状況に合わせながら、どういうふうにやることができるかを考えていく必要があります。現地の人とうまくやるにはどうしたらいいのかを考えたときに、必ずしも解決策がＪＩＣＡの想定した枠組み内にあるとは限りません。専門家としては、ＪＩＣＡの要求を満たしつつ、現場の人たちと協力して現場にとって良いものを作り上げる必要があります。

伊藤　わたしは、途上国においてはそれも教育が良くなっていくためのプロセスだと捉えています。そういう考え方もあってよいと思っています。以前わたしが関わったミャンマーの児童中心型教育を普及するプロジェクトの場合、現場の先生たちはそういう教育を受けた経験がありません。そのため、日本人の専門家から聞く情報は、新しい方法の導入になります。その場合、彼ら自身が自分でやってみた経験を持っていませんが、日本人専門家の助言を参考に子どもたちにやってみて、年月が経ち次の世代の教師たちになっていけばそれを経験した子どもたちが今度は教師として教壇に立つことになると思います。提案された新しい方法が、本当に途上国の人たちに合っているかどうかを判断するのは難しいと思います。

ミャンマーで、たとえば理科の実験や算数でやり方を助言しますが、そのやり方が本当に現地の子どもたち、先生たちにとって良いのかはわたしたちもわかりません。しかし、最初に彼らが一度経験してみて、何度も繰り返していくうちに「日本人はこう言っているけれども、我々としてはこうじゃないかな」と自分たちなりの考え方ができてくると思います。それには、時間とプロセスが必要だなと思います。

久保田さんがご指摘した問題は、我々外から来た者たちが、これは一つの取っ掛かりであることを理解したうえで次のシナリオを考えながら指導することができればよいのですが、外から持ち込んだものをそのまま「普及していこう」とするところが課題なのだと思います。

久保田　いわゆるフランチャイズですね。

伊藤　世界中にフランチャイズして、どんどん同じやり方でやっていこうという姿勢を持ってしまうのは問題だと思っています。以前、ドミニカ共和国で仕事をしたときに、アメリカのジョンズ・ホプキンス……ノーインターナショナルという企業がやっているエイズ孤児を保護しケアしている取り組みについてインタビューをしたことがあります。彼らは「わかりやすく言うと我々はソーシャルデベロップメントのマクドナルドです」という言い方をしたのですが、そのときにわたしはとてもおもしろいと思いました。過去にブラジルでやって成功したプロジェクトを、他の国で展開しているようですが、パッケージ型で「こうやれば、こういう結果が出ます」「ここでも同じ予算を準備すれば、同じ成果が出せます」という、とてもわかりやすいものでした。そして、そういうプロジェクトにはODAの資金援助がつきやすいと思いました。しかし、わたしが感じている疑問は、本当に同じことを多くの国で展開していくやり方が、現地のためになっているかどうかです。

たとえば、SMASSEという理数科プロジェクトの場合、ケニアでの成功例をパッケージ化してナイジェリアで実践しています。しかし、ナイジェリア人にするとなぜ自分たちがケニアの作ったことをしなければならないのかという不満が当初はあったようです。

久保田　ナイジェリアにはナイジェリアのプライドがありますね。ただし、わたしはナイジェリアなどの他のアフリカの国々がケニアに行って実践を見学すること、自分たちのやり方とは違う実践を見るのは、とても良いと思います。その理数科プロジェクトの場合、最初に実践したのはフィリピンでした。フィリピンで理数科プロジェクトが立ち上がり、それからケニアへと実践が広まっていきました。そのときに、アフリカの人たちはフィリピンに見学に行くと、「すごく学ぶものがある」というリアクションが返ってきたのを覚えています。そのため、他国の事例を参考にするのは大切だと思います。もちろん、それは一つの方法であって、それがすべてではないため、フランチャイズのようなやり方は難しいと思いますね。現地の事情をしっかり考慮する必要があると思います。

岸　外部の人による解決すべき問題と介入方法の押しつけは問題だと思います。専門家は、現場の状況をより良くするために何が問題なのかを見つけて、解決のための介入策を提案します。確かに専門家は、問題解決のプロですが、問題を見つけるのも、問題解決するのも、当事者であるべきだと思います。とはいっても、現場の教師は、実践のど真ん中にいるので、自分の実践を批判的に見ることがなかなか難しい。そのため、専門家と現場の教師が一緒に授業を理解し、一緒に改善の方向性を決めてアクションを起こすことがとても重要だと思います。ところが、これにはとても時間がかかります。限られた時間の中で成果を出さなければならないため、結果として、一緒に理解し、一緒に問題を定義し、一緒に解決するというやり方ではなく、専門家が問題を見つけ、解決策を提案し、相手が合意すれば、その方法でプロジェクトを進める、といったことが起こりうるのです。これは現地ではとてもやりやすいのです。なぜなら、現場の教師も、「専門的な知識や経験がある人に教えてもらうこと」を求めるからです。結果、専門家中心の解決すべき問題と方法が決められ、開発教育のプロジェクトが進んでします。時任さんがいう「外部の人」のほとんどは、その国や地域に一時的にしかいない人たちです。いずれは去っていく人たちです。短期間のうちに効果的効率的に成果を出したとしても、長期的な目で見たときに、現地の人がそれに対して価値を見出すことができず、その社会的文化的な文脈で活用できなければ、いずれ消えていきます。継続的な発展をめざすならば、時間がかかっても、現地の教師たちがやりたいこと、挑戦したいことを見つけることができるように働きかけ、それができるような環境を作っていくことだと思います。

トピック10 現地の人々にとって必要な環境とはどのようなものなのでしょうか？

時任　環境というのは、具体的にどういったことですか？

岸　たとえば、カウンターパートが自分で調べたいと思ったときに、調べることができるパソコンやその場所などです。ミャンマーのプロジェクトでは、当初カウンターパートは「言われたことには従う」けれども、「自分から何か意見を出したり、自分から何かを考えたりする」ことがとても難しかったのが印象的でした。しかし、そのカウンターパートが、「やってみたい」と思ったときに、環境が準備されていて、「できるんだ」「やらせてもらえるんだ」と思えるようにする必要があると思います。

時任　やらせてもらえないというのはどういった状態ですか？

久保田　現地では、「仕事」とは基本的に言われたことをやることです。特に、わたしがミャンマーに関わっていたときは軍事政権だったので、やりたいという意思表示なども、堂々とできない状況でした。

伊藤　ミャンマーの文化的な背景としては、僧院教育も影響していると思います。伝統的にミャンマーではお寺で読み書きを教えていましたが、そこでの方法が教育に対する考え方のベースになっています。近代の学校ができる前は、子どもはお寺でお経を暗記する教育が行われていました。お経の意味がわからなくても、書いてあることを疑わず、ひたすら覚え込むことが身についていたのです。

久保田　軍事政権下では、「これはおかしいのではないか」とは絶対に言うことができません。政府から言われたことは粛々とやるのが基本です。現地の人たちは長年そういった経験をしてきたので、本人が「おもしろそうだな」と思ったときに、それをやることができる場があればモチベーションは高まります。ただし、そういった環境は、プロジェクトの一環として作ることができますが課題もあります。たとえば、ミーティングをするスペースを作り、会議を開催することで人は集まりますが、そういった環境を準備したとしても、そこに参加する人たちの交通費などの必要経費をどうするかという場合、日本人が関与することが難しい場合があります。ミャンマーの教員の給与体系や教員の働き方は、こちらが直接関わることができない部分です。現地の公務員は給与が安いため、たとえば土曜・日曜に集まろうとなっても、交通費がないから参加できないということはよく起こります。

岸　プロジェクトへ参加することによって、余計な仕事が増えた、という意識では活動はできません。そこで、伊藤さんは常にこのプロジェクトは、「明るく楽しい学びのプロジェクト」と呼んでいました。業務を行うのではなく、自分自身が楽しく学ぶことが大事だと常にカウンターパートに声をかけていました。そういう意識が生まれてくると、カウンターパートたちは、あれをやってみたい、これに挑戦したいと、自分たちから声を出すようになってきました。そしてわたしたちもそれを全力で支援しました。ミャンマーのプロジェクトにおいて、わたしたちの支援は、彼らと一緒に、成長し続ける環境を共に作っていくことだったとわたしは認識しています。

トピック 11 現地の人々にとって必要な環境をどのようにして作っていくのでしょうか？

時任　現地の人々が能動的になれるような環境作りについて語っていただきましたが、実際にそういった環境を作るためにはどのようにすればよいでしょうか？

岸　環境作りはとても重要です。外部から人が入ることで、彼らの環境に変化が生じます。教育開発のプロジェクトが始まることで、彼らが挑戦したり学びやすい環境作りを政府側に働きかけたりすることができます。

伊藤　その際の方法として、さまざまなメディアを使うことが重要だと思います。メディアというのは、マスメディアだけでなくポスターやパネルやニュースレターなども含めたメディアです。ちなみにミャンマーのプロジェクトでは軍事政権下の情報統制のためニュースレターの発行が許可されませんでした。そのため「活動フォトレポート」と称して各地で開催した教員向けワークショップの様子やそのポイントを整理しプリントしたものをワークショップ終了時に参加者に配り、各教員養成校や学校の掲示板に張ってもらいました。こうやって限られた情報伝達方法の中で児童中心型教育の啓発を行いましたが、新しい情報に飢えている当時のミャンマーの先生たちにとってはとてもインパクトがありました。

久保田　建物にポスターや看板を張ったり置いたりするなど、見た人が認知しやすいようにするのは重要だと思います。看板が置いてあると、いろいろな人が「こんなことをやっているんだ」と気づきます。日本では当たり前のようですが、途上国ではそれが当たり前ではない場合もあります。

時任　環境作りのときに、そういったメディアを使うだけでなく、外部から専門家として関わる人は具体的に何に気をつけるべきですか？

久保田　まずは関係づくりをしっかりとすることだと思います。そのためにはそこにいる人たちの言語能力が重要ですね。

伊藤　言語は重要だとわたしも思います。特に、言葉の意味には気をつけなければなりません、ミャンマーの場合、現地で使用されているのはビルマ語です。当時現地のプロジェクトメンバーに１人英語が堪能な所長がいましたが、１つおもしろいことが起こりました。現地の教員たちと、教育の効果と効率化について話をしたときに、単に通訳をするだけでなく、話が盛り上がっていました。何を議論しているのかと尋ねると、「効率化」という言葉がビルマ語にないということでした。おそらく、「要領良く」のような言葉はありますが、「効率化」という資本主義の考え方そのものが当時はありませんでした。短い時間と少ない予算で成果を出すという考え方は資本主義に基づいています。しかし、ミャンマーは仏教の国であるため、短い時間でたくさんの仕事をすることが良いという文化ではありません。彼らは来世のために徳を積むという考えに基づいており、今回成果を出すのではなく、現在取り組んでいることが次の人生につながり、そこで身を結べば良いという考え方をします。単に現地の言葉に訳するだけではなく、文化的な背景についても理解する必要があると感じました。

久保田　わたしもおもしろい話を紹介します。ミャンマーのある村に日本人が行き、その村の発展のためにお金を使ってくださいと渡しました。日本人としては学校を建てたり、道路を作ったりすることが村の発展につながると考えていたのだと思います。その後日本人が村を訪問したときに見たのは、建設が終わったばかりのお寺だったそうです。村人は、日本人から受け取った全額をお寺の建設に注ぎ込み、立派な仏様をおいたそうです。村人にとっての発展は、立派なお寺を作ることでした。まさに、日本側の考える「良い生活」と現地の人たちが考える「良い生活」に大きなギャップがあった例になると思います。

時任　それは、現地のニーズに合わせる必要があるということでしょうか？

久保田　ドナーとしては、そういうことに使ってほしくないと思っています。

時任　伊藤さんは、「効率」という概念を使いたいと思い現地でその言葉を使い、現地にはそのような考えがないとわかったときに、どうすればよいと考えたのですか？

久保田　そのギャップを埋めるのが、対話だと思います。

伊藤　そうですね。実はわたしも短い期間で早く効果的にすることが、彼らにとっては価値のあることではないとわかり、そこでとても考えさせられました。それは、わたしにとっての学びであり、それがわかってから一緒に対話をしながら、教育を良くするということについて一緒に考えていくようにしました。

時任　では、「効率化」という概念を理解するようには働きかけなかったのですか？

伊藤　その考え方を押しつけるということではなく、彼らの価値観を尊重しながらどうやって授業を良くしていくかということを一緒に議論しました。

久保田　日本側はミッションを背負って現地を訪問しているからにはそれを達成する必要があり、現地の人たちにもやりたいことや価値観があるため、双方がどう折り合いをつけていくのかが重要になりますね。

伊藤　カリキュラムに関しては、決められたコンテンツ内容と期間がありますので、その中に収める必要があるように思います。パプアニューギニアで教材作成のプロジェクトに関わりましたが、現地の先生たちが予定していた内容を時間内に終えることができず、次の科目の時間になっても授業を終えることができないということが起こりました。時間を気にする結果、授業で扱う内容が中途半端になり、結果的に子どもたちの学びも中途半端になってしまいました。試験の結果を見ると、中途半端に指導した部分の点数が明らかに低いことがわかりました。わたしはカリキュラムという枠組みの中においてはある程度効率的にする必要性はあると思います。しかし、「それだけでいいのか」という疑問もあります。カリキュラム通りにすることで、言われた通りにしか行動しない教員が増えるような懸念もあります。カリキュラムで示された内容をカバーしつつ、教員が子どもたちの学習に合わせて広がりのある指導をするためには教員の能力強化が不可欠です。

トピック12　環境を作るとともに、どのようにして対話を進めていくのでしょうか？

時任　先ほど、皆さんから「対話」という言葉が出ましたが、現地の人々にとって必要な環境を作る際に、どのような対話を進めていく必要があるのですか？

岸　短い期間で早く効果的にすることが、彼らにとっては価値のあることではないということは同感です。ミャンマーのプロジェクトでは、早く効果的効率的に授業改善をするよりも、時間をかけてでも、現地の教師らがどのような授業にしたいのか、それをどう実現できるのか対話を始められる仕組みが必要だと思いました。そこで、取り組んだプロジェクトが授業研究でした。授業研究をやり始めた際、同じテーブルに上司となる偉い人がいると参加者は意見を言うことができませんでした。もし間違えたら、できてない、わかっていないと評価されることに不安を感じていました。しかし、徐々に皆が意見を出せるようになってきました。その徐々にできるようになったのも、上の力のある人たちに対して、たとえば伊藤さんが、そういうふうに指導をするのではなくて、「先生はファシリテーターなのですよ」など新しい言葉を持ち込んだことがきっかけになったと思います。今までは評価をする人っていう役割を持っていた人が、あっ、そうじゃない役割があるのだという新しい考えに出会ったのです。わたしたちを通して、現地の人たちが、新しい概念や考え方に出会うことで、当たり前だった日常が少し違って見えたり、新しい気づきのきっかけになったりします。今まで自分は「評価をする人間」だと思っていた人が、ファシリテーターやコーチング、メンターという言葉に出会うことで、違う自分の可能性に気づくことができたのを目のあたりにして、国際協力プロジェクトはとてもおもしろいと思いました。

久保田　異質性が重要なのだと思います。異質性を入れなければ、今までと変わらないため対話する機会を設けることがないのだと思います。

伊藤　対話をする際には、これまでのやり方と新しいやり方が話題になりますが、これまでのやり方や体制を変えることは大変なことだけれども、それでも変えることによって自分たちにプラスになるということに現地の人たちが気づくことが重要だと思います。管理職の教員に「評価するという観点で接してはダメですよ」という言い方をすると、現地の人たちを否定していると受け止められてしまうので、「評価するという観点も良いが、ファシリテーションという観点も持ってみてはどうですか」という接し方をすると、「えっ、ファシリテーションって何？」と興味を持つと思います。そういった用語の使い方、伝え方は重要ですね。

久保田　ミャンマーで現地の人々との対話で「児童中心型教育」という言葉を使う際、デューイが言っていることをそのまま受け止めるわけではなく、「何か新しい言葉が入ってきたぞ。今までとは違う」といった気持ちで受け止められたのかもしれません。

伊藤　そうですね。「児童中心型教育」と我々は呼びましたが、その言葉が新しい価値となって現地に普及したと思います。

岸　わたしにとって対話とは、YES ANDで一緒に生み出すことです。現地にある既存の環境を否定して変えようとするのではなく、そこにある強みを見つけて、そこに、対話を通して、何かを足していく形をとります。「技術移転」という言葉は、「ここからあそこへ持っていく」ことだと捉えていましたが、それではうまくいきません。ミャンマー、トルコでのプロジェクトでは、伊藤さんが、それを見事に実現しているな、と思いました。たとえば、ミャンマーの案件では、軍事政権下の強みでもあるトップダウンの意思伝達の強みを活かして、授業改善のノウハウを全国に伝えると同時に、ただ教師がそれを模倣するのではなく、そのノウハウを工夫して活用できるように現場の研究力を高めるボトムアップを強化する取り組みを行いました。伊藤さんは、案件に関わる人たちの話をよく聞いて、既存の制度や仕組みの強みを見つけて、それを活かしながら、より良い方向へ変化を生み出せるよう、常に現地の人と対話をしていました。わたしはその様子を見て、対話＝YES ANDで一緒に作っていくことだなと思いました。対話をとても重視する伊藤さんのマネジメントを見て、支援する人／される人という関係性ではなく、一緒にプロジェクトを作り上げるという関係性が生まれていくのを見ました。

伊藤　「教える」という概念が変わってきたのと同じですね。教育分野の用語では昔は「ティーチング・メソッド」、つまり教授法という言葉がよく使われていましたが、最近では「ラーニング」（学習）という言葉に変わっています。受け手側の視点に変わったわけです。教育開発のプロジェクトでは、まずは視点を変えて考えるために用語から変える必要があります。

久保田　活動の中身が同じだったとしても、「教育援助」といった言い方はなるべく使わず、「教育協力」といった言葉に変わってきました。しかし、オブラートに包んだだけで、捉え方自体は変わっていない気がします。

トピック13　対話の後、現地の人々が能動的になるにはどうすればよいのでしょうか?

時任　対話をするための環境を整えるうえで、用いる言葉の重要性についてはわかりました。そういった対話の後、現地の人々はすぐに能動的になるのでしょうか?

久保田　学習者を中心に捉えるという方向に向かって、いろいろな活動が動いてきているとは思います。しかし、言葉には歴史があるので、常に過去の言葉を引きずりながら、新しい言葉を模索していく必要がありますね。「教える」という概念と、「教えられる」という概念の間に、中間のような概念があることを解説した本を読んだことがあります。「教える、教えられる」という二者択一ではなくて、その中間的なものをこれから見ていく必要があると思います。

伊藤　参加型開発の理論の一つに、アーンスタインの「市民参加の8段のはしご」があります。この理論では段階的に対象者の主体性を引き出していく必要があるといわれています。最初の段階は、たとえば、インタビューに答えてくれる、協力してくれるといった形から、徐々に彼らの参加の度合いが高まっていって、最終的には、相手側が主体的に関わるようになります。大事なことは、彼らが徐々に自律的に判断すること、すなわちデシジョン・メーキング（意思決定）に参加し始めることです。開発プロジェクトを例に考えると、初期の段階では、こちらが提案した授業の形や授業研究という方法に対して、現地の人たちは従いますが、今度は彼らが自らこういう形でやろうとアイデアを出し始めると、そこにコミットメントとオーナーシップが出てきます。久保田さんが

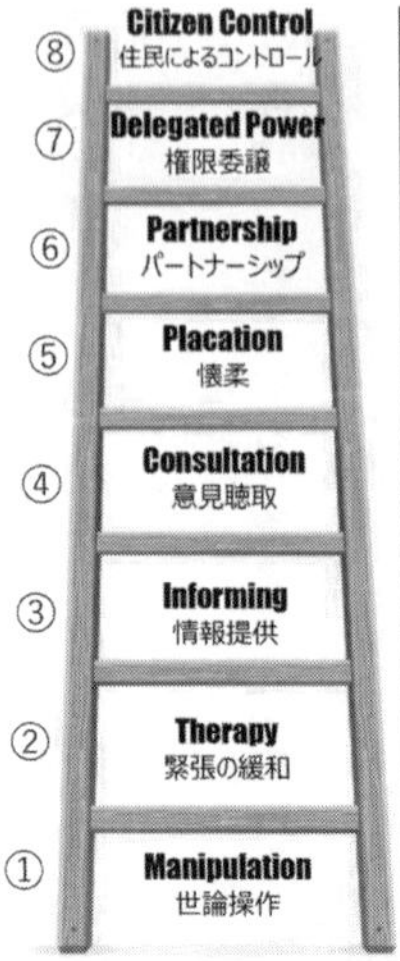

段階	状態の説明	ステージ
8. Citizen Control 住民によるコントロール	事業や組織の運営に住民が自治権をもっている状態	住民側が主体になって活動を決定し運営している状態
7. Delegated Power 権限委譲	住民側により大きな決定権が与えられている状態	徐々に住民側が決定に参加し，活動に対する主体性が高まっていく段階
6. Partnership パートナーシップ	住民と権力者の間で決定権が共有されている状態	
5. Placation 懐柔	インセンティブなどにより住民が活動の実施に参加．決定権はまだ与えられていない	住民側が情報を提供したり，インセンティブにより労働力を提供したりする段階
4. Consultation 意見聴取	アンケート調査やワークショップなどに住民が協力	
3. Informing 情報提供	一方的な情報提供や形式的な公聴会が開催され，それに対して住民が耳を傾ける	外部からの介入に対して地域住民が受け身ながら徐々に関わっていく段階
2. Therapy 緊張の緩和	住民の不満感情をなだめるためガス抜きとして話し合いの場が設けられ住民が参加	
1. Manipulation 操作	すでに決定された活動への誘導，形式的な住民参加	

Sherry R. Arnstein's "A Ladder of Citizen Participation," Journal of the American Planning Association, Vol. 35, No. 4, July 1969, pp. 216-224をもとに伊藤が解釈を加えた.

図 12-1　アーンスタインが提唱した「市民参加の８段のはしご」

仰っている中間的なものとも関連しますが、まさしくそこの切り替わりの大事なポイントがあると思います。

久保田　その中間的なもので切り替わるためには、環境をどのように整えるのかを考えなければなりません。現地に何もなく、全部自分で用意しなければならないと、挫折してしまいます。やりたいと思ったときに、「あ、コンピュータで作ってみよう」や「話し合う場所があるから皆で集まってみよう」など、自然にそういう方向に向かっていくのが大事だと思います。

伊藤　PCMのロジックは仮説検証型です。最初に仮説ありきでプロジェクトの計画を立てます。そこに問題があり、それを解決すれば、自分たちの目標が達成できるという仮説を作り、それをその通りにプロジェクトでやってしまおうとするわけです。エンジニアリング的な考えなので橋や建物を建てるのは効果的だと思います。

久保田　工学的アプローチですね。ねじ1本足りないだけで問題が起こる。という考え方です。

伊藤　そうですね。ねじが1本足りないと、大事故が起こるという考え方です。建物が崩れることになるかもしれません。そのため、元々立てた計画通り完璧にプロジェクトを進めようとします。しかし、教育開発ではその手法は使えないと思っています。常に状況や条件が変わるため、実際にプロジェクトを進めながらみんなで常に考えてやっていきます。PCMの原則では、PDMは毎年リバイスしていきましょうという考えはありますが、関わっている当事者にとっては、変更は大変な作業を伴うため、あまりやりたがりません。そこが問題かもしれません。

トピック14　教育開発における教育効果をどのように捉えればよいのでしょうか？

時任　教育開発において教育が改善された際に、その効果をどのように捉えればよいのか、わたしはまだ具体的にイメージができていません。先生方は現地での教育効果をどのように捉えていますか？

久保田　教育開発において、テストの点数や具体的な目標とする数字があって、それがクリアできれば目標達成だと捉えられていると思います。しかし、テストの点数はあくまでも能力の一側面でしかありません。教育目標には互いに相矛盾する目標が同時に存在しているように思いますが、それを一つの目標に設定してしまい、他の目標が消えてしまっているのが現状だと思います。

伊藤　現地の教育熱心な先生たちは、教員としての責任上、点数については最低限の条件はクリアしながらも、それ以外のことをいろいろ考え、子どもたちの人間形成っていう視点でやっているように思います。

久保田　しかし、それはプロジェクトの目標の対象外になってしまっているように思います。

伊藤　そうですね。それはプロジェクトの成果としては評価されませんが、良い先生たちはそこをすごく意識していますね。そのため、成績に反映されないところにも時間をかけたり、子どもたちにいろいろな指導してあげたりしていますね。だから、プロジェクトの目標以外にも大切な目標があることを理解している先生たちがやればいいのですが、問題は与えられた目標だけをやればいいと思い込んでしまう先生もいることですね。

久保田　手段が目的化してしまいます。

伊藤　一方で、政府の予算を用いる場合、国民に対するアカウンタビリティ（説明責任）があります。専門家でない人たちがわかるような形で成果のエビデンスを示さなければいけません。

久保田　教育の成果を捉える場合、まさにそのエビデンスベースに問題があると思います。

伊藤　エビデンスだけにとどまってしまうと、手段の目的化という問題につながります。では、どうやってエビデンスにはならない、つまり評価されない部分を伸ばす環境づくりをできるのかが、国際協力では重要なことだと思います。技術協力プロジェクトで最近残念なのは、開発コンサルタントの中にも、業務指示書の内容をこなせば、もうそれ以外のことは一切やらなくていいと思っている人がいることです。わたしは、契約をゴールだと思っていませんので、PDMには明記されていない、カウンターパートが学ぶ楽しさを見つけ出すことや自ら学ぶ環境を作り出せるようにすることが大事だと思っています。

時任　無駄と言われるけれども、大切なこととは具体的にどのようなことですか?

伊藤　最初にミャンマーでやったことの1つが、プロジェクトに関わるメンバーでお昼ご飯を一緒に食べる場所を作ることでした。基本的にミャンマーでは家からお弁当を持参し、職場で食べます。外食は全くしません。わたしは、事務所の建物で1か所空いていた部屋を使い、そこをダイニングルームにしました。水道をひいて簡単な洗い場とガスコンロを設置し、冷蔵庫を購入し、テーブルと椅子を並べました。当然、プロジェクトにはそんな予算はありませんので、わたしと仲間のポケットマネーで購入しました。お弁当を食べる場ができると、カウンターパートの先生たちと日本人専門家は毎日お昼ご飯の時間にそこに集まり、お互いにお弁当をシェアして食べるようになりました。この取り組みはプロジェクトのアサインメントではありません。でもこれをすることによって日本人専門家とカウンターパートのコミュニケーション、そしてカウンターパート同士のコミュニケーションが非常にうまくいくようになりました。また会議の場では出てこないような本音の話ができたり、情報共有の幅が広くなりました。

久保田　潤滑剤ですね。

岸　他にも現地の先生たちが作った教材を共有する際に、ブリティッシュ・カウンシルや教育NGOも職場に招待し、学会のような発表の場を作りましたね。割と大規模に実施したのですが、これは、ＪＩＣＡの業務的にはやらなくてもよいことでしたが、結果として、カウンターパートが自分たちの取り組みを評価、称賛してもらうことができ、カウンターパートたちの大きな自信になりました。

伊藤　その参加したＮＧＯの人たちからは、軍事政権になってから政府系とＮＧＯなどの教育関係者が一堂に集まってお互いの知識や経験を共有する場が与えられたのは初めてだと感謝されました。聞くところによると、その学会はプロジェクトが終わってからも毎年ブリティッシュ・カウンシルがスポンサーになって続いているそうです。

時任　そういった部分は、プロジェクトの評価では見られてないのですか？

久保田　ほとんど見ません。

伊藤　ＰＤＭの指標に入っていないことでも、インパクトとして捉えられるものもありますが、基本的にはあまり評価されません。でも長期的な視点ではミャンマーの先生たちにとってはとても重要な活動となったのです。

トピック 15　今後の教育開発のあり方は？

時任　最後になりますが、皆さんの考える教育開発のあり方についてご意見をお願いします。

伊藤　原則として、教える側や指導する側、支援する側に立った考え方、つまり「サプライドライブン」ではなく、「デマンドドライブン」になる必要があるとわたしは考えます。つまり我々が関わっている国や地域の人たちに対して、我々外部の人間ができる役割とは何かを常に考えていくということです。自分たちのやり方や考え方が正しくて、それを普及していくというような押しつけにならない、彼らを中心に考えて、一緒に学び合いながら対話の中で一緒に作り上げていくことが大切と思っています。

久保田　現地の要求が何なのかを確認することが大切です。しかし、実際には日本は何ができるのかという発想しかなく、現地から要求が来てもできないことはできません。そこに難しさを感じますね。

伊藤　ＰＣＭは「ロジカルフレームワーク」がもとになっています。ロジカルフレームワークでは、「Aという目標を達成するためにはBというやり方が良い」という仮説があり、そのプロセスを経るうえでどこに問題があるのかを見つけ出そうとします。そして、その問題を解決すればAという目標を達成することができるというロジックです。しかし、実際に我々国際開発のプロジェクトは、1枚の紙に書かれたロジカルフレームワークに収まるような単純なものではありません。あまりにも、その紙に書いていない、外部要因がたくさん周りにあり、1つ2つの問題を解決しても目標達成をすることができません。ところが、逆に問題を解決しなくても目標を達成できるときがあります。それは、現地の人たちが本当に自分たちにとって必要なものだという気持ちになるときです。たとえると、ぼろぼろな自動車を完璧にすべて修理しなくても、目的地にたどりつくことができるようなイメージです。我々のように教育開発に携わる人間が考えるべきことは、すべて完璧に車の整備をすることではなく、彼らが一番やりたいこと、関心があることは何かを見つけ出して、その目的を達成するための条件を整えてあげるのを手伝うことだと思います。

岸　今後の教育開発に期待したいことは、現場の教師が支援される立場ではなく、専門家と共に実践を作っていけるようになることです。共同で実践を研究することで、双方ともに成長していけるような教育開発になればよいと思います。

久保田　まさに問題解決アプローチから抜けるということですね。

伊藤　トルコのプロジェクトでカウンターパートから一度言われたことがとても記憶に残っています。プロジェクトのプロセスや内容をわたしが説明した後、カウンターパートはわたしに向かって「ちょっと待って、伊藤さん。あなたが言っていることはとても論理的で説得力があり、納得します。しかし、我々はそれとは違う考え方とやり方で今までやってきましたので、自分たちがそれを受け入れるのにもう少し『熟成の時間』が必要です」と言い「マヤランマ」というトルコ語を教えてくれました。頭ではわかっているけれど、心はまだ受け入れられない、そのための時間をくれと彼は言いたかったのです。わたしは、それを聞いたときにとてもショックを受けました。これまでわたしが言ってきたことに対して、彼らがそこに本当に頭だけでなく心もついていかなければならないという配慮がわたしには抜けていたなと気づきました。「マヤランマ」という言葉はヨーグルトなどを作るときに使う言葉だそうですが、ミルクが発酵してヨーグルトになっていくように、心で受け止めるのにも時間が必要なのだっていうことを正直に言われたことは、わたしにとって大きな学びでした。そう考えると、技術協力プロジェクトで、たとえば3年間という期間を決めて日本人の専門家が年間に3か月、4か月の間現地に入って一気に仕事をするというのは、そういった「熟成の期間」を全く考慮していないことになります。受け手側の視点を配慮するとしたらプロジェクトデザインの段階から考え直す必要があると思います。

座談会パート2まとめ

パート2では、久保田氏・伊藤氏・岸氏に新たに7つの質問を投げかけ、より具体的な教育開発のあり方について議論をしていただきました。左記のポイントが、そのまとめとなります。

3名とも、教育開発プロジェクトにおける現地政府と教育現場のニーズには乖離があるという問題意識を持っていました。現地のニーズと一言で言っても、政府レベルと現場レベルでギャップがあるといえます。そのため、他の国でうまくいった事例を外から持ち込み、広範囲に普及させようとしても、うまくいくとは限りませんし、現地のためになるかどうかもわかりません。それでは、現地において、教育現場におけるニーズをプロジェクトに反映させていくためには、どうすればよいのでしょうか。3名から出た回答は、現地の人々が「〜をしたい」と感じた際にその実現を手助けする環境です。それは、場所やリソースの提供などを意味します。国によっては、宗教や歴史などの理由により自分の「やりたい」を表明できないときがあります。文化的背景に配慮した対応が必要になります。また、そういった「環境」が整ったとしてもすぐに現地の人々が環境のもとで能動的になるわけではありません。労力や金銭的事情も含めて考慮する必要があります。

環境づくりの手法として、ポスターなどのメディアの活用や人間関係作り、言語の重要性が挙がりました。特に、言語については現地の人々が使う言葉の意味や価値観と専門家との間でギャップがあり、それを埋めるための手法として対話が必要になります。対話をする際には、「これまでとは違う何か」を示す異質性を持ったものが必要になり、既存のものを否定せず、新しいことへのチャレンジに対して前向きになれるようなアプローチが求められます。そのためには、「教えられる」者として現地の人々を捉えず、目標を達成するためには外部の者が考える唯一の方法だけでなく、多様なものがあることを自覚する必要があります。

しかし、実際のところ教育の効果を捉えることは、困難です。数値化された目標以外にも、現地の人々にとって重要なことはたくさんあります。現地の人々は何を求めているのかをよく理解し、「与える・与えられる」の関係性を脱するとともに、現地に「問題がある」のではなく、現地の人々と共に問題を考え、解決していく必要があります。そのためには、現地の人々が外部からの関わりに対して頭だけでなく心で受け入れるための、十分な時間が必要になります。

第13章 教育開発の展望

久保田 賢一
時任 隼平

教育分野における国際協力には、さまざまな活動があることが理解できたでしょうか。校舎を建設したり、学校に教材・教具を配置したりするハード面の協力から、子どもたちが学校で食事をする給食プログラムをはじめ、学校の運営システムや教師の教え方などを改善するソフト面での支援まで多様です。「万人のための教育（EFA）」が始まった1990年代には、就学率を上げるための校舎が不足するため、まず校舎の建設が行われてきましたが、2000年代に入り教育の質を改善しようとカリキュラムや教授法の改革に取り組むプロジェクトが増えてきました。ソフト面に重点をおいた活動について、第2部で8人の執筆者に各自の体験に基づく途上国における教育開発の活動について語ってもらいました。ソフト面の協力においても教具や機材の導入はありますが、第2部の執筆者たちは、教師の教え方の改善や新しいカリキュラムに沿った教科書の改訂などに力を尽くしてきました。この章では、彼らの活動を振り返りながら、途上国における教育開発の現状を分析し、これからの方向性について展望していきたいと思います。

第2部の振り返り

第4章から第9章までは、日本のODAとして教育開発の技術協力プロジェクトに参加した専門家の立場から教育開発の取り組みについて報告しています。第10、11章は、教育や研究に携わる大学教員の立場から、途上国での教育開発について書かれています。国際協力の活動は、大きく3つの時期に分けられます。プロジェクトが始まる前、プロジェクトを実施するとき、そしてプロジェクト終了後です。ここでは、3つの時期それぞれの活動について振り返ってみましょう。

プロジェクト開始前には、プロジェクトを立ち上げるために事前調査をしたり、関係者と調整をしながら計画を作り上げていったりします。第4、5章には、プロジェクトを立ち上げる前に行われる調査や準備について書かれています。第4章では、岸がパレスチナの学校で授業を観察し、教師の教え方のどこに問題があるのか調査をしました。この調査に基づいてプロジェクトを立案していきます。第5章では、鈴木がザンビアの社会文化的な状況にあった教育開発の活動についてザンビア人教師をはじめケニアにいる日本人専門家、日本大使館、JICA本部や現地事務所の人たちと調整をしながら、理数科教育のプロジェクトを立ち上げる準備をしました。

第6、7、8章では、プロジェクトが始まり、そこに専門家として参加した執筆者たちが、プロジェクトに関わる相手国の人たちとプロジェクトを成果ある活動に発展させていく取り組みが報告されています。第6章では、エジプト日本科学技術大学（E－JUST）の創設期から関わってきた岡野が、第2期の学長と共に大学運営を改革していこうと、現地スタッフと共に活動する様子が描かれています。第7章では、PNGのカウンターパートが自力で活動ができるように、伊藤（明）は彼らに常に寄り添いながらビデオ制作や教材開発を30年にわたって行ってきた体験が書かれています。第8章では、民主化政策が本格的に始まったネパールにおいて、地方行政を自立的に運営していくための研修をデザインするプロセスが伊藤（拓）によって書かれています。

多くの技術協力プロジェクトではプロジェクト終了後、日本からの資金は止まり、専門家の派遣、日本での研修などもなくなるため、せっかく新しい教育実践が導入されても元に戻ってしまう場合が多いと批判されてきました。第9章では、技術協力プロジェクトが終了した後も、西尾が日本からインターネットを介してアドバイスをしたり、ボリビア教師による全国大会に日本から自費で参加したりして、国語研究会を支援する様子が描かれています。

第10、11章では、ODAのプロジェクトとは違って小規模で短期的な教育開発の事例が紹介されています。これらの事例は、大学教員によって取り組まれました。第10章では、フィリピンによく訪れる山本が、訪問先の村の小学校教員がどうしたら主体的な取り組みをするようになるか、さまざまな介入を試みている事例です。新しい実践を取り入れたとき、子どもの反応が変わっていくことを確認したフィリピン人教師が、授業を改善しようと積極的に取り組むようになっていく様子が描かれています。しかし、十分な機材がないために、失敗続きの様子も伝わってきます。第11章は、文部科学省が推進しているEDU-Portニッポンの一環として、3大学の学生が協働してカンボジアの教員養成校で行う取り組みについて書かれています。自費で参加した学生が主体的に取り組み、継続的な活動によるカンボジアの教育改善と日本人学生の成長がうかがえます。

第2部では各執筆者が、途上国の教育を良くしたいと取り組み、現地の人たちと真摯に向き合ってきた様子が描かれています。彼らは途上国の教育開発のための活動に参加し、途上国の人たちをはじめ、外務省、ＪＩＣＡ、大学などと関わり、対話を通してさまざまなことを調整していきますが、その調整は簡単ではありません。特にＯＤＡによる教育開発への取り組みは、第3章でも説明したようにＰＣＭ手法など一定の手続きに沿って物事を処理していく必要がありますが、教育活動は目標設定を数値化することが難しく、現場の教師と接する中で政策との矛盾に直面したりすることになります。

教育開発に参加するきっかけ

執筆者たちが途上国の教育開発に関わるようになったきっかけはさまざまだと思いますが、多くの方は若いときに途上国を訪問し、そこでの体験がもとになっているようです。学生のときに途上国にバックパック旅行をして現地の人にお世話になったり、海外ボランティアとして途上国の人たちと共に活動したりした体験は、その後の生き方に大きな影響を与えるようです。この本の執筆者全員がそのきっかけについて語ってはいませんが、20代のときの体験が深く途上国の人々や教育に関わりたいと思うようになった原点になっているのではないでしょうか。

伊藤（明）は、20代で海外青年協力隊に参加しＰＮＧに派遣されました。ボランティアとして８年間ＰＮＧで生活する中で、ＰＮＧの社会・文化が自分に合っていると感じ、伴侶を見つけＰＮＧで長く暮らしています。ワントークとは、英語のone talkから派生したピジン英語であり、言語を共有する人々の集団を意味します。それが、オセアニア地域での相互扶助の社会規範として広く受け入れられています。[1] 同じ言葉を話す人たちは互いに助け合い、それはセイフティネットの役割を果たします。その結果、同じ言葉を話すということだけで多くの人たちが裕福な人のまわりに集まることになり、大家族が形成されます。

そのような人間関係は日本人にとっては受け入れられないかもしれません。しかし、伊藤（明）にとっては、ワントークという文化の中で暮らすほうが居心地が良いのだと思います。現在、彼は妻や子ども、孫の他甥・姪を含んで21人の家族、そして犬と猫だけでなくワニもペットとして一緒に暮らしています。彼自身がワントークという社会規範に則り、一族の一員として一緒に暮らす中で、ＰＮＧ社会に深く入り込むことができたのです。そして、そういう暮らし方をすることで、ＰＮＧの社会規範を深く理解できるようになり、教育開発の取り組みでは日本とＰＮＧの２つの文化をつなぐ重要な役割を担えるようになってきたのだと思います。

このように途上国の社会文化的状況を理解し、彼らの生活の中に入り込むことは重要です。しかし、外部者としての立場も忘れてはいけません。ワントークという文化は、同じ言語を話す仲間に対しては手厚く対応をしますが、外側の人に対しては排他的になりがちです。縁故者を重用する考え方は、物事の正しさよりも縁故を優先してしまい、賄賂や汚職などにつながることもあります。現地の文化になじみ、人々と共に暮らすこととともに、日本人として外部者の視点を持って、伝統文化の良い面と悪い面の両方をしっかりと把握して活動することが大切です。

第2部では、専門家として教育開発の活動に参加し、活動する様子が各章に描かれていますが、どのような立場で参加するのか、プロジェクトのどの時期に参加するのかによって、活動内容が変わってきます。たとえば岸（第4章）の場合は、パレスチナで教育開発プロジェクトを計画するために、パレスチナを訪問しました。パレスチナ教育省の担当者と会議を持ったり、学校を訪問し授業を観察したりして、パレスチナの教育ニーズを明らかにすることをめざしました。しかし、滞在期間は2週間と短いため、授業観察の後、教師と授業についてじっくりと話し合う時間を持つことができませんでした。短期の滞在では、教師との信頼関係を作り彼らのニーズを引き出すのは簡単ではありません。

彼女の場合、教育開発との関わりはＪＩＣＡボランティアでシリアのパレスチナ難民救済事業機関（ＵＮＲＷＡ）に所属したことから始まります。ボランティアとしてパレスチナ人と接する中で、パレスチナへの深い共感が生まれてきました。もっとパレスチナの人たちと関わりたいという強い思いが、アラビア語の習得やパレスチナ文化の理解につながっていきました。20代に活動したシリアでの体験が、中東の教育開発に関わりたいという強い意識の原動力のようです。彼女は短期間しかパレスチナを訪問できませんでしたが、パレスチナへの彼女の共感には、パレスチナ教師のニーズに対する深い理解が示されています。限られた時間の中で現地のニーズを掘り起こすには、途上国の社会・文化的な状況を深く理解しておく必要があります。

同様に、山本（第10章）、今野（第11章）は学生時代に途上国の学校支援として、授業改善の取り組みに参加をしますが、挫折を多く味わう結果になりました。それでも受け入れてくれる途上国の人たちに心を打たれ、自分のできることは何だろうかと模索していきます。学生時代や卒業後の20代に途上国で活動した体験は強烈に心に刻まれます。

第2部の各章を読むと、大学時代に途上国を訪問した原体験が、その後の教育開発への関わり方へとつながっていることが理解できます。執筆者たちは、青年時代に途上国に出かけ、そこでの体験が教育開発に関わるきっかけとなりました。そして、活動を通して感じたこと、おかしいと思った気持ちを持ち続け、どのような関係が望ましいのか模索をしています。そういった思いを大切にして、途上国の人々に寄り添いたいという気持ちが、各章に明確に示されています。しかし、思いだけでは現実の状況を変えていくことはできません。大切にしたい態度や価値観を持ち続けるとともに、ＯＤＡの枠組みを理解することで、問題解決の方向性が少しずつ見えてくるようになるのではないでしょうか。

ＯＤＡによる教育開発の枠組み

日本政府が行う二国間の政府開発援助（ＯＤＡ）は、円借款、無償資金協力、技術協力の3つに分かれていますが、２００８年よりＪＩＣＡが一元的に管理するようになりました。第4章から第9章までは、執筆者がなんらかの形でＯＤＡによる教育開発に参加し活動をしたことに関する記述です。

ODAは、日本政府による国際協力ですから、日本政府の国際協力政策のもとに進められます。「政府開発援助（ODA）大綱」が1992年に閣議決定され、その後、幾度かの改訂を経て、2015年には「開発協力大綱」として改訂され、日本の国際協力の理念が次第に明確化されました。「開発協力大綱」は法律ではありませんから、法的な束縛力はありませんが、日本のODAの基本方針が掲げられています。留意するポイントとして、経済成長による開発という視点が強まり、途上国のニーズよりも、日本の外交・安全保障、経済という「国益」重視の方向性が鮮明になってきたといえます。

そして、この大綱に基づいて外務省は、アジア、アフリカなど地域別の援助の方針を立てていきます。JICAはこの方針に基づいたうえで、途上国のニーズを把握し、実際の事業を実施していきます。外務省は日本の外交政策の一環として、そしてJICAは国際協力の視点からODAに取り組んでいるので、二者の視点には微妙なずれがあります。しかし鈴木（第5章）の事例を見ると、そのずれよりもそれぞれの組織における担当者の意識や考え方の違いが、活動を進めるうえで障害になっていたようです。

教育開発プロジェクトの実施期間は一般に3年から5年程度であり、実施前にプロジェクトを形成するための調査期間があり、プロジェクト終了後にはフォローアップを行うこともあります。そういう流れの中で、自分がどの部分の教育開発に関わっているのかを理解しなければいけません。それぞれのプロジェクトで個別に違いはありますが、基本的には1つのプロジェクトが発案されてから終了するまでの期間は、プロジェクト形成期間、3年から5年のプロジェクト実施期間、その後にフォローアップ期間と大きく分けて3つのステージがあります。ただし西尾（第9章）が関わったプロジェクトのように、追加的なフォローアップがないこともあります。プロジェクトが構想されてから終了するまでは先述したように何年もかかりますが、途上国において教育分野の課題は多岐にわたります。1つのプロジェクトが終了しプロジェクト目標を達成できたので、日本からの教育協力をそこで中止するわけではありません。伊藤（明）は、30年にわたりＰＮＧの教育開発に関わってきましたが、ＰＮＧでは教育に関するＯＤＡの仕事が継続的にあったため、それらの仕事に長年関わることができたといえるでしょう。

教育開発への参加形態

教育開発への参加の仕方はさまざまです。ＪＩＣＡが実施する国際協力プロジェクトには、大きく2つの形があります。1つは、ＪＩＣＡが直接プロジェクトを管轄する形です。岡野（第6章）は、長期専門家としてＪＩＣＡと直接、雇用契約を結びエジプトの高等教育プロジェクトで9年間活動しました。[2] 鈴木（第5章）は、2年間の契約で長期専門家としてザンビアの教育省へ派遣されました。西尾（第9章）は、7年にわたりボリビアのプロジェクトに関わりましたが、最初は小学校教諭として京都で働いていたため夏休み期間中に3週間程度しか行くことができませんでした。しかしその後、教師と専門家の両立が困難になったため、小学校を退職し年に3回各2か月間、短期専門家としてボリビアのプロジェクトで活動しました。これらは、直接ＪＩＣＡと個人との間で結んだ契約に基づきます。

もう1つは、JICAが案件を一般入札として公示し、コンサルタント企業や一般企業、NGO、大学が応募する形です。伊藤（明）と伊藤（拓）（第7・8章）は、コンサルタント企業の社員としてプロジェクトに参加しました。個別の専門家は期間限定の契約のため雇用が安定しませんが、企業派遣の専門家はコンサルタント会社の正規社員として派遣されるため、契約期限が切れても失職することはありません。伊藤（明）は、協力隊員として活動した後は、コンサルタント企業に所属し、PNGを生活の拠点にPNGの案件に特化した活動をしています。伊藤（拓）もコンサルタント企業に所属していますが、ラテンアメリカなどのスペイン語圏だけでなく、トルコやエチオピア、ネパールなど地域を選ばずに教育、人材開発の分野の専門家として複数の途上国を常に行き来して活動をしています。岸（第4章）は、大学教員としての本業の傍ら、短期の調査員としてパレスチナの授業分析に参加しました。彼女は、コンサルタント企業と契約して、調査に参加しました。JICAが公示した案件には、目標が明確に示されており、受注者はその目標を達成するために効率的に作業を進めていく計画（プロポーザル）を策定し、実施することが求められます。岸は授業分析を行うためにパレスチナを訪問しましたが、短期間の調査のため、多くの授業を観察するだけで、授業を公開してくれた教師と十分な対話ができず、教師の授業にかける思いを共有できなかったことに物足りなさを感じました。短期の訪問のため業務内容に沿った活動をし、報告書を書くことに重点がおかれ、教師との関係性を築くことができなかったからです。彼女は、パレスチナでの授業分析の調査に参加して、JICAやコンサルタント企業から求められたことと彼女自身が教育開発の中でやりたいことのギャップに悩みました。

わたし（久保田）は、両方の契約で教育開発プロジェクトに参加したことがあります。直属のプロジェクトの場合、ＪＩＣＡ職員と協働して活動するために、共に教育開発に向けて努力をする同僚としての関係性を培い活動することができました。一方、コンサルタント企業がＪＩＣＡから受注して活動する場合、どうしてもＪＩＣＡから与えられた目標に目が向きがちになってしまいます。ＪＩＣＡから提示された目標に合わせ、コンサルタント企業が実施計画を立てて入札に応募し、ＪＩＣＡの合意のもとプロジェクトを進めていくことになります。入札は他のコンサルタント企業との競争になります。競争を勝ち抜くためには、他の企業が真似できないプロポーザルを作成する必要があります。しかしこれが、実現することが難しい無理な計画を提案することにつながってしまいます。つまり、クライアントとしてのＪＩＣＡの提案をもとに他企業との差別化を図り、できること以上の提案をしがちになります。

発注者としてのＪＩＣＡから元請けであるコンサルタント企業が仕事の依頼を受け、企業はそれを下請けである大学教員に依頼するという関係性の中での活動をするわけです。結果として、評価のための指標にどう合わせるかということだけに目がいくようになってしまいます。このような状況の中で仕事をする歯がゆさを感じました。もちろん、ＪＩＣＡ直属のプロジェクトも、企業がＪＩＣＡから請け負うプロジェクトもそれぞれ長所と短所があると思います。形態が違えば、そこに参加する専門家としてのわたしの立ち位置も変わってくるので、その点を意識した活動をすることの重要性を感じました。

ＪＩＣＡが行う教育開発の他に、ユニセフなどの国際機関や国際ＮＧＯも教育開発に携わっています。ＪＩＣＡや国際機関に比べると、ＮＧＯが行う教育開発は自由度や柔軟性がありますが、資金的には小さな規模になります。ＪＩＣＡは政府間の合意に基づいた教育協力なので学校教育が中心となりますが、ＮＧＯは僧院学校やイスラム学校などノンフォーマル教育に焦点をあて公立の学校にもいけない子どもたちを対象にした教育開発をすることもあります。[3] 今野（第11章）は、学会活動の一環として取り組んでいるカンボジアの教員養成校への国際協力について、教員として参加するおもしろさと悩みについて語っています。山本（第10章）も、一研究者としてフィリピンの小学校におけるＩＣＴを活用した授業に取り組みやフィリピン人教師の変容について記述しています。これらの教育開発は、明確な目標を設定しない、小規模な取り組みです。教師や学生と対話を重ねながら、望ましい教育開発の方向を模索しています。介入と振り返り、そして修正を加えて新たな介入のサイクルを繰り返していきます。援助をする「上位の人」から援助を受ける「下位の人」という関係性ではなく、協働して授業の改善に取り組んでいこうとする関係性が生まれやすいプロジェクトであるといえるでしょう。

教育開発のレイヤー

第2部の各章を読むとわかりますが、途上国の教育開発では、多くの組織や人が関わります。まず途上国政府や教育省、県の教育局、ＮＧＯ、学校などの組織、そして教師、子ども、地域の人たちなど学校を取り巻く人たちです。加えて、日本側は大使館やＪＩＣＡ、コンサルタント企業などの組織、そして専門家や大学教員などです。これらのステークホルダーが複雑に絡み合い、さまざまな手続きを通してプロジェクトが運営されていきます。このプロセスを俯瞰するために、４つのレイヤーに分けて分析していきましょう。

第１のレイヤーは政策です。日本の総理大臣や閣僚たちが途上国を訪問し、友好関係を築いていく政治的なやりとりが一番上のレイヤーになります。先述した通り２０１５年に「開発協力大綱」が閣議決定され、この大綱を基盤として援助政策が作られていきます。しかし大綱は必ずしも途上国の開発ニーズを満たすものではなく、日本の安全保障や経済発展に重きをおいた国益優先の色彩が強いものになっています。[4]外交政策における安全保障の面では中国などの諸外国を強く意識し国際社会における日本のプレゼンスをアピールし、経済面では民間セクターの海外進出を後押しする経済成長を重視した姿勢を鮮明にしています。国際協調を謳ってはいますが、相手国の支援を通した「国益」重視の内容といえるでしょう。

第１のレイヤーには、政治家や政府高官が属しています。大物政治家が途上国を正式に訪問する場合、お土産としてなんらかの援助案件を持っていき、日本のプレゼンスを高めることをめざします。教育開発においては、日本型教育や教科書開発などの協力を途上国政府に提案し友好関係を築くとともに日本の存在をアピールしていきます。一方、途上国の政治家も国民から支持を得るために、日本からの無償資金協力や技術協力などＯＤＡの提案を積極的に受け入れ自国民に政治的成果をアピールします。

第2のレイヤーは戦略です。政策のレイヤーで日本からの援助の大枠が合意された後、大使館やJICAにその政策が下りてきます。このレイヤーでは、相手国のニーズに合った教育開発の具体的なプロジェクトの原案が策定されていきます。JICAは大学教員などから構成される調査団を派遣したり、コンサルタント企業に依頼したりしてニーズ調査を行います。ニーズ調査の報告書に基づき、大使館やJICAは途上国の教育関連の管轄省庁と調整に入り、プロジェクトの方向性を決めていきます。そして途上国政府との合意がとれれば、プロジェクトとして教育開発を実施する準備をします。

第3のレイヤーは実践です。専門家が途上国で、現地の人たちとプロジェクトを立ち上げ活動します。先述したようにプロジェクトには、JICA直轄のものとコンサルタント企業が請け負うものとあります。どちらも専門家が派遣され、必要な資機材が投入されます。第2レイヤーまでは、準備の段階ですが、第3レイヤーでは、専門家と途上国のカウンターパートが協働してプロジェクトに取り組みます。外交は国際社会に貢献することをめざしますが、その根底には日本国民の利益になるということが前提です。その前提のもとに日本からの協力が行われますから実践のレベルでは、途上国の実情に合わない部分が出てくることもあります。しかし、プロジェクトは実際に動き出していますから、現場に派遣された専門家はそのギャップを埋めるために調整をしていくことが求められます。プロジェクトの成否は、専門家の調整能力にかかっているといってもよいでしょう。

そして最後の第4レイヤーは実践の成果です。成果とは、プロジェクトによって実際に影響を受ける人々が得る利益になります。それらの人たちを受益者と呼びます。教育開発の受益者は、子どもたちであり、地域の人々です。学校教育が改善されることにより、子どもの学力が向上し、卒業後は社会に貢献できる度合いが高くなるという想定です。しかし、そう簡単には物事は進みません。社会にプロジェクトのインパクトが現れるまでは長い時間がかかります。有能な人材を学校が輩出しても就職口がなければ失業者は減りません。プロジェクトにより子どもたちの負担が増えたり、学力の差が拡大したりする可能性もあります。

第4レイヤーの人たちを「受益者」という用語で表現しましたが、わたしはこの言葉はあまり好きではありません。単にプロジェクトから恩恵を受けるだけの受身な存在に聞こえるからです。単に受け取るだけではなく、積極的にプロジェクトに関わる「当事者」として捉える視点が大切です。プロジェクト活動になんらかの形で参加し、積極的あるいは消極的に関わりを持つ人たちです。彼らはプロジェクトから直接的、間接的に影響を受けるだけでなく、彼らの活動がプロジェクトにも大きな影響を与えます。教育開発では、教員や子どもたちに加え、地域の住民やコミュニティのさまざまな団体などがこのレイヤーに含まれます。彼らは、プロジェクトから利益を受ける対象ではありますが、時には動員されたり、被害を被ったりすることもあります。

プロジェクトの活動は3年から5年の期間実施されます。期間限定ですからプロジェクトが終了するとき、計画に盛り込まれた目標を達成できたという報告をすることが求められます。そのため、目標は誰が見てもわかりやすく、達成基準は数字で示すことができる指標が用いられます。その結果、短期的で目に見えやすい成果を求めがちになります。しかし、教育開発は建物を作ったりするプロジェクトとは違い、その成果は短期間では数値としては出にくいものです。逆に数値に拘泥しすぎると、プロジェクトの方向性があるべき姿からずれてしまうかもしれません。教育実践は、長期的な展望を視野に入れた活動ですから、指標だけでなく、質的なデータをどう収集するか、それを質的にどう分析するべきか、別の観点からの評価も必要になると思います。指標にこだわりすぎると評価が偏ったものになるので、意識して多面的な評価をすることが大切です。

日本型教育の輸出

国際協力の4つのレイヤーについて、具体例を挙げて検討していきたいと思います。グローバル化が進んできていますが、世界的な動向として反グローバルな方向への力が大きく働いていることも事実です。ＯＤＡは外交政策の一環として捉えられ、貧困撲滅や環境保護などを含んだ途上国への貢献であると謳われていますが、それらは最終的には日本の国益に利するものであるという論理を前提としたものになりがちです。国民の支持を得るためには、まず自国民に納得してもらう必要があるからです。自国優先主義は、アメリカのトランプ大統領の政策だけでなく、基本的にはどこの国でもその根底に流れているといってもいいでしょう。ＯＤＡをそう捉えると、必ずしも途上国のニーズに沿ったものだけとは限らないということになります。

経済が低迷している日本政府にとっては、経済をどう活性化させるかは政策の大きな課題になっています。政府は積極的に民間資金を途上国に投入するような後押しをしています。具体的には、日本の外交や経済戦略の大きな柱として、鉄道や道路、上下水道などのインフラシステムを海外に展開していこうという政策方針を打ち出しました。日本のインフラシステムを海外に展開していこうと、Ｏ

ＤＡや公的機関による支援を行う方針です。[5] 日本型教育を海外に輸出していこうとする官民挙げての戦略は、政府が打ち出した「インフラシステム輸出戦略」の延長線上にあります。日本の教育産業で採用している教育管理用のオンラインシステムや教材などソフト面の教育インフラを輸出することに力点がおかれていることが読み取れます。つまり文部科学省やＪＩＣＡが進めている、日本の教育の良いところを海外に広げていこうとする日本型教育の推進事業は、教育企業や塾などの海外展開を後押しし、日本の経済発展にもつなげていこうとする戦略といえるでしょう。第3章でも紹介した文部科学省が主導する官民共同のプラットフォーム「EDU-Portニッポン」は、日本型教育を海外展開していこうとする方針を具体的なプロジェクトとして落とし込み、企業や大学などに幅広く参加を呼びかけているものです。もちろん、そうした取り組みがすぐに日本の経済発展につながるわけではありません。しかし日本型教育を導入するということは、日本の優秀な教育を導入することで途上国の教育を改善していくとともに日本の教育関連産業を後押しすることをめざしているわけです。そこにはすでに「上位の人」という前提があります。

事例としてエジプトを取り上げてみましょう。エジプトでは、日本型教育の導入に円借款や無償資金協力、技術協力が導入されています。２０１６年より日本とエジプト政府との間で協定が交わされ、エジプトの基礎教育から高等教育までの広い範囲において日本型教育の導入が始まりました。それは、１８６億円の円借款により校舎を建設するとともに、留学生を受け入れたり、専門家を派遣したりして日本型教育の導入を図ろうとするものです。それは日本の外交政策に則った校舎というハードなインフラと教育システムというソフトのインフラを抱き合わせたものであるといえます。これは第１レイヤーである政策に関するものです。

第2レイヤーにおいてJICAは、それを戦略として落とし込み、エジプト日本学校を新しく建設し、小学校において日直当番、清掃、体力測定など日本の学校で行われている活動を試行的に導入するプロジェクトを立ち上げました。JICAは、エジプトにおいて日本型教育を広げようと日本の教育における得意分野を特定し、日本の教育実践を途上国に売り込もうという観点からのアプローチになります。それは外交戦略として、海外における親日層を拡大することをめざし、プロジェクト終了までに200校に増やしていく計画です。そしてJICAはこのエジプトにおける日本型教育を積極的に広報しています。[6]

そのプロジェクトはコンサルタント企業が受注し、専門家が派遣され、カウンターパートと共に特別活動などを小学校の授業に導入するための活動が組み込まれました。プロジェクトの目標は、日本型教育をエジプトの学校に移植することです。それが果たしてエジプトの社会文化的な状況とどのようにかみ合うのかという議論は十分なされているのでしょうか。日本型教育をいかにエジプトの学校に根づかせるかという点により関心が寄せられているのではないでしょうか。

「日本型教育」を輸出するという考えには「日本の教育は優秀だから、途上国の教育に取り入れることで途上国の教育の質が高まる」という日本側の姿勢が見られます。第3章で紹介した、アメリカの大学の優良な実践であるシラバスを、日本の大学に取り入れるように文部科学省が促したやり方と変わりありません。それはトップダウンの取り組みであり、受け入れる日本の大学教員が必要性を感じているわけではありません。そう捉えると、日本型教育の輸出は途上国の社会文化的な状況を捉える観点を抜きに、日本向けの外交政策であるといわざるを得ません。

第1、第2レイヤーにおいては、日本の利益に重点がおかれますが、第3のレイヤーである実践においては、プロジェクトの担当者や専門家は直接、現地の教師や子どもと接することになります。専門家としての立場は、カウンターパートとしてのエジプト人教師に日本型教育を理解してもらい、学校の活動に取り入れてもらえるように働きかけをすることです。エジプト・日本学校の教師に日本型教育を理解してもらうために苦労している様子がうかがえます。プロジェクトを実際に運営する専門家が、第1、2レイヤーと第4レイヤーの間で、途上国の人たちと直接関わり、その時々の状況に合わせて調整を図る努力が求められるからです。

第4レイヤーの受益者としての子どもや保護者は、プロジェクトでどのような反応をするでしょうか。JICAの広報誌によれば、子どもが学校で清掃することについて、はじめは戸惑いがあったけれど、子どもの態度や行動が変わり、保護者が高く評価をしていることが書かれています。もちろん、そういう思いを持った保護者がいるかもしれませんが、清掃を下層階級の行う仕事であると文化・歴史的に捉えてきた社会において、人々の清掃に対する態度はそう簡単には変わるとは思えません。たとえ子どもたちが自身で清掃をすることは大切だという態度を学校の中で培ったとしても、それは学校の内側だけの特別なものであって、卒業後の子どもたちは旧来の社会の中に入っていくことになり、他の学校に広がる可能性もないだろうと言われています。[7]

岡野（第6章）も、エジプト日本科学技術大学に日本型教育を取り入れようと試みています。彼の配属先の大学には、日本人の大学教員に加え、日本で博士号を取得した教員が多く在籍しているので、日本の大学の教育方法について理解し、好意的に捉えている人が多くいました。日本型教育を導入するためには、それをよく理解して取り入れようとする受益者（この場合は、エジプトの大学教員）と専門家が協同して取り組むことが大切です。また、この取り組みはエジプト日本科学技術大学という一大学内での実践であるため、取り組みに柔軟性があり、共に新しい大学を作ろうという共通の目標を持って取り組みやすいものであるといえるでしょう。

理数科教育や児童中心の教育などを日本の優良な教育実践として、途上国に導入する取り組みは、これまでに多く教育開発のプロジェクトで実践されてきました。しかし、日本型教育をそのまま途上国に持ち込んでもうまくいかないことは明らかです。そこにはいつも第1レイヤー（政策）と第4レイヤー（成果）との間にギャップがあります。ボリビアに派遣された西尾（第9章）が日本の板書技術や授業方法を導入しようとしても、多くのボリビア人教師に反発され受け入れてもらえませんでした。それは、教師たちが当初、西尾を「上位の人」と見なし、トップダウンの研修に参加させられているという意識を持っていたからです。西尾は教員たちとの関係性を深める中で、「外部からやってきた専門家」から次第に彼らと同じ立場にいる「日本人の一教師」と見なされるようになり、共に協力し合う仲間という関係性を作り出して初めて、日本のやり方を受け入れてもらえるようになりました。第1・第2レイヤーと第4レイヤーの間のギャップを埋めるには、第3レイヤーにおいて専門家の努力が欠かせません。

このような大型の技術協力プロジェクトと比べ、規模の小さい教育開発では、必ずしも4つのレイヤーがすべて含まれているわけではありません。山本（第10章）が紹介したフィリピンでの小学校の教師向け研修では、第1と第2のレイヤーがありません。フィリピンの農村部の小学校でICTを導入した教育を紹介したのですが、フィリピンの教員は自身の教え方に問題を感じていたわけではないので、新しい教授方法を取り入れようとしませんでした。当事者としての教師が問題を見出して、解決しようと思わなければ、ICTを取り入れた授業実践はできません。山本はフィリピン人教師とのやりとりの中で、どのような介入をすれば効果があるのか、いろいろ試して失敗をしてきました。

このような活動は、事前に目標を設定して、目標を達成する取り組みではありません。山本と教師とのやりとりの中で、いろいろなことが生起していきました。あるときは、山本の介入が教師の意識を刺激したり、また介入に失敗したことが教師の意欲を高めたり、思わぬところから新しい活動が始まったりしました。大型のプロジェクトでは、事前に明確な目標が立てられますが、山本の取り組みは試行錯誤の中でフィリピン人教師とのコミュニケーションに重点がおかれています。このような活動は、第1、第2のレイヤーがないために、比較的自由に行うことができます。目標に向かって達成しようとする取り組みではなく、フィリピン人教師との対話を通して、共に活動していく取り組みになります。第3レイヤーは実践、第4レイヤーはその成果であると説明をしましたが、山本の取り組みはそういうレイヤーという見方はあてはまらないかもしれません。教育実践に介入する専門家とそこから利益を得る教師という関係での説明では不十分だと思います。日本の研究者とフィリピン人教師が対話を通して、互いに刺激し合う関係を作り上げた新しい事例として取り上げたいと思います。

学生が参加する教育開発

日本型教育を輸出することの課題について検討しました。わたし（久保田）が参加しているカンボジアの教育開発プロジェクトが「EDU-Portニッポン」の応援プロジェクト[8]として採択されました。このプロジェクトには、日本の学会と企業、大学が参加しています。参加を表明した3大学から学生が自主的に参加し、ＩＣＴ活用やアクティブラーニングを取り入れた英語教育についてカンボジアの教員養成校でワークショップを実施しています。今野（第11章）は、大学教員の立場からこの事例を紹介しています。

日本の学生は年に2回、カンボジアの教員養成校を訪れ、ワークショップをカンボジア学生に対して実施します。日本政府のお墨つきがあるので、カンボジアの教員養成校は快く合意してくれました。参加する学生も文部科学省の認定があるということで家族からの了解もとりやすくなります。文部科学省からの資金援助はありませんが、日本政府が推進している活動ということで、日本からもカンボジアからも安心感を持って受け入れてもらえました。

文部科学省は、EDU-Portニッポンにおいて日本型教育を世界にアピールしたいという目的があります。もちろん、日本型教育を海外に一方的に輸出するだけでは好ましいとはいえません。国際協力は、日本の存在感をアピールする場ではないからです。しかし、わたしたちは政府の取り組みをうまく活用することで、学生たちが国際協力に関わり、その活動を通して多くのことを学ぶことができると考えました。

この活動には、東京、名古屋、大阪に位置する3大学が関わっているので、事前の打ち合わせを対面で行うことは難しくなります。テレビ会議を毎週定期的に行い事前調整しますが、それだけでは不十分です。学生たちは対面で時間をかけた話し合いが必要だと判断し、合宿を開き、夜遅くまで議論をしたりしました。そして学生は自費でカンボジアに出かけました。また、正課外活動ですから単位にもなりません。それでも、学生は自分たちで計画を立て、自分たちで立てた目標に向かって活動できるので、積極的に参加するようになります。

ここでも第3レイヤーにいる教育開発の実践者たちが共同して、第1、2レイヤーと第4レイヤーのギャップを埋める努力をしています。カンボジアの教員養成学校と連携した活動は、援助や支援というよりも交流と呼ぶ方が適切かもしれません。一方的な援助ではなく、互いの国を訪問し合い、意見交換を継続していくプロセスで、双方の学生が互いの存在を認識し合い、学び合う関係が構築されていくのではないでしょうか。

教師の自立的な活動の支援

教育開発プロジェクトにおいて日本から教育技術を単に移転することよりも、途上国の教師が自立的に教育を改善していく取り組みのほうが持続性もあり、効果が上がります。十分な教育環境が整っていない途上国においても、授業を良くしたいという教師の思いは世界共通です。国によって違いはありますが、教師が自発的に集まり教科の知識を深めたり、教え方を改善したりしていこうとする活動は小さいながらも、いろいろな国で取り組まれています。本書でもザンビア（第5章）とボリビア（第9章）の教育開発において、教師の自主的な相互学習グループについての紹介がありました。これらは、自主的なグループであるがゆえに、正規の教育システムに組み入れられなかったり、十分な支援を得られなかったりしますが、逆境を乗り越えていく中でグループの結束が深まったりもします。

ザンビアの事例では、熱心な教師が担当科目ごとに集まり、授業での問題を共有したり、授業を改善したりすることをめざした「教師会」という自主的なグループが以前からありました。教育開発の活動をするにあたって、新しい枠組みを既存のシステムに作るよりも、既存の社会組織をうまく活用することにより、効果的に新しい教育方法を定着できたりします。ザンビアでは鈴木（第6章）の前任者の協力のもと、教師会は理数科教育の質を向上させる勉強会や地方での研修会を小さい規模でしたが開催していました。後任の鈴木は、ザンビア教師のオーナーシップや自助努力を重視していたので、まずは教師会のリーダーとの信頼関係を築くことに時間をかけました。しかし教師会は、教師による自主的な集まりで、資金は自前で調達しなければならず、活動は低迷しがちでした。ですから教師会を活性化するには、その活動を教師の日常業務の中に位置づける必要があります。鈴木たちは、政府が策定している教育計画の中に「教師会」や「理数科」「授業改善」といった用語を盛り込むことに成功し、教師会は教育省の認める正式な活動であることが承認されました。

ザンビアでは先進各国の援助協調の結果、コモンファンドが設置されましたが、ファンドをどのように使うか関係者の間でなかなか合意がとれず、手つかずの状態でした。先進国のドナー機関からコモンファンドに十分な資金は投入されましたが、その資金を引き出すにはそれぞれの国の国民に対して納得のいく説明ができなければならないからです。そういう状況の中、鈴木たちは理数科教育を強化していくことが謳われた国家教育計画を根拠に、コモンファンドから資金を引き出すことに成功しました。そして教師会は理数科教育を重点化する活動の一環として位置づけられ、正式にファンドを使って教員研修を幅広く開催できるようになりました。

一方、ボリビアではJICAの教育開発プロジェクトは成果を上げることはできましたが、ボリビア人教師のリーダーが育っていなかったため、プロジェクト終了後に教育活動がプロジェクト前に戻ってしまうのではないかという不安がありました。一般にJICAの技術協力では、プロジェクトの終了後すぐに援助を打ち切るのではなく、フォローアップという枠で、専門家をプロジェクト終了後も派遣したり、活動が継続できるように予算を措置したりしますが、ボリビアの場合はプロジェクト終了と同時に日本からの援助は打ち切られることになったからです。西尾たち専門家は、教師たちが研修で学んだ技術を他の教師たちと共有できる仕組みを作っていかないと、それらの技術がボリビアに根づかなくなると憂慮しました。そこで浮かんだのが「教師の手による研究会活動」でした。日本では、学校間の垣根を越え、教師が自立的にお互いの経験を共有する場としての研究会活動が盛んです。それをボリビアに作ることで、プロジェクト後の継続的な研修を保証しようとしました。しかし、これを教育省の下におくのは良くないと考えました。ボリビアの場合、不安定な政府から補助金を受け取ることで、政権からの圧力がかかったり、教育方針が突然変わったりすることで、せっかくの活動が翻弄される可能性があるからです。そこで、教師が自立的に活動できる場として「国語研究会」を作り、それを支援する組織としてNGOを立ち上げました。NGOにはボリビア人教師と共に日本人専門家も参加し、企業や国際NGOなどから寄付を集めたり、各県への働きかけをしたりして、国語研究会の活性化を後押しするようにしました。国語研究会も、会費を集めたり冊子を販売したりして、活動の財源を確保します。プロジェクトが終了した後も、西尾は日本からフェイスブックを通じて相談にのったり、全国大会には自費でボリビアまで出かけたりしました。プロジェクトが終了して10年経った現在でも、このように密接なやりとりをするのは、7年間関わってきたボリビア人教師たちと、教育開発という目標を「互いに同じ教師である」という意識で共有できたからではないでしょうか。

途上国の教育開発にどう関わるか

国際協力の4つのレイヤーを具体例とともに説明してきました。この本の執筆者たちには、第3レイヤーの実践者として、日本から途上国を訪問し、現地の人たちと協働する活動を報告してもらいました。実践者は、現場に入り人々と接する過程において、第1、2レイヤーと第4レイヤーの間にあるさまざまなギャップに直面します。それぞれのレイヤーの社会文化的な状況が異なることで生じるギャップに対処していかなければならないわけです。そこで実践者としての力量が問われることになります。

わたしたちが国際協力に参加する場合、日本は協力（援助）する側、途上国は協力（援助）を受ける側という構造的関係の中で活動することになります。ですから、教育開発に参加するわたしたちは「上位の人」、途上国の人は「下位の人」という関係から、プロジェクトがスタートすることになります。日本人であるわたしたちは、日本人の立場から捉えた途上国の問題に目を向けがちになります。一方、途上国の人は、毎日の生活に困っていることは自覚していますが、教育活動の何が問題なのか厳密に把握しているわけではありません。そういう関係性を前提として、わたしたちは途上国を訪問し、そこでの問題を特定し、解決方法を提示していくことになります。資金や知識は日本側から出してもらうのですから、途上国の人は、その提案を基本的に受け入れ、プロジェクトが始まります。しかし、このような関係が継続して維持されるとしたら、途上国はいつまでも問題を抱え、援助を受けるという位置から抜け出ることはできません。そこで描かれる問題は、日本人から見た問題であり、途上国の人たちが切実になんとかしたいとは捉えていないからです。上位の人と下位の人の関係は固定化されていきます。ものや情報の流れは、上から下へ垂直方向に一方的に流れるだけになってしまいます。

垂直的な関係性の中で教育開発を行うのではなく、コミュニケーションが双方向で行き来する水平的な関係の中で、教育開発を行うにはどうしたらよいのでしょうか。これまでの内容を総括する形で、水平的な関係性を築くための3つのポイントを示します。

●1人称複数の観点から現地を捉え、関わること

本書で紹介してきた著者は皆、現地の人々に寄り添うことを怠りませんでした。外から見たときの

立場は「専門家」ですが、著者たちから見た現地の人々は、3人称複数「They（彼ら）」ではなく、1人称複数「We（わたしたち）」です。各章において、現地の人々との協働による紆余曲折が記述されていますが、単に事務所から電子メールや電話で指示を出すのではなく、現場に赴き、共に考え、共に行動した様子が伺えます。その姿勢と行動が、権力関係に基づく垂直の関係を作り直し、水平方向の関係性を生み出すといえます。

もちろん、著者たちがそういった捉え方や行動を初めからできたわけではありません。学生時代を含めた20代の経験に始まり、途上国の文化社会的な状況を肌で感じ、長期に教育開発の現場に関わることを通して培われていったものだと思います。

●共に学び、共に変わるということ

本書で紹介した教育開発は、「日本の知見を持ち込むことで、現地の状況が改善された」という事例ではありません。むしろ、日本の知見だけでなく、いかに現地にある既存のシステムや考え方を尊重しつつ、現状の改善を模索していくのかに注力しています。本書を読むことで、「日本人が教える・現地の人々が学ぶ」といった構図ではうまくいかないことがよく伝わったと思います。大切なことは、日本から来た専門家と現地の人々が共に考え、共に問題を発見するとともに、試行錯誤の中でお互いが考え方や行動を変容させていくことです。それは、上位の組織が資金や技術を提供して下位の組織がそれを受け入れる構図になっていますが、現場での実践では、専門家やカウンターパートが交流を繰り返しながら、新しい関係性を作り上げていくイメージです。その関係性とは、水平的なコミュニケーションであり、相互の学び合いの中でお互いが変容していくプロセスそのものです。本書では、専門家とカウンターパートだけでなく、プロジェクトに参加する日本の大学生と現地の学生たちが、当事者となり活動に参加することで新しい関係性が生まれつつあることを紹介してきました。教育開発プロジェクトではＰＣＭやＰＤＭのフレームワークを使いますが、現場での活動はそれに縛られることなく、多様な実践が展開していきます。従来のフレームワークを参考にしながらも「共に学ぶ・共に変わる」ための新しい方法論を模索していくことが大切です。

●ライフワークとしての教育開発[9]という捉え方

本書で紹介してきた著者たちは、それぞれの立場は異なりますが、皆生涯にわたって教育開発に携わってきています。１つひとつのプロジェクトにおいては、雇用契約を結び仕事としての関わりがありますが、プロジェクトの終了とともに現地との関係性が終わるのではなく、現地で生まれた人間関係を大切にしています。それがすぐに新しいプロジェクトにつながらないとしても、一度生まれたつながりは、新しい人たちを巻き込んだつながりへと発展していきます。そして、それは教育開発が一時的な関わりではなく、長い年月をかけてじっくりと進めていくことを意味しています。

人の長い人生において人との出会いや協働の経験が、これまでになかった新しい世界を切り開きます。そこでは、「援助する人－援助される人」といった二分された関係性は重要ではありません。共に自分の力を出し合い、新しい人たちを巻き込み、新しいものを作り上げていくときに重要なのは、相手への心配りや文化・価値観に対する尊重、そして共に対話を続けていこうとする、水平的なコミュニケーションに対する姿勢です。

【注】

1　上西英治・河辺俊雄（2012）「近代と伝統が混在するメラネシアの金融事情――ソロモン諸島とパプアニューギニア」『地域政策研究』第14巻第4号、17－32頁。

2　長期専門家としての契約期間は原則2年間。それ以上の期間、専門家として従事する場合は、契約の延長あるいは、再公募に応募し再契約を結ぶことになる。岡野の場合は、契約の延長を何度か行い、エジプト日本科学技術大学で通算9年間従事することになった。

3　丸山英樹・太田美幸（2013）『ノンフォーマル教育の可能性――リアルな生活に根ざす教育へ』新評論。

4　高木昌弘（2017）オックスファム・ジャパン・ディスカッション・ペーパー「SDGs時代を迎えた日本のODAとその課題――オックスファム報告書『アカウンタビリティとオーナーシップ――ポスト2015の世界における援助の役割』の視点から」（特活）オックスファム・ジャパン。

5　首相官邸（2019）「インフラシステム輸出戦略（令和元年度改訂版）」https://www.kantei.go.jp/jp/singi/keikyou/dai43/siryou2.pdf (accessed 2020.9.26)

6　JICA（2019）「協調性を育む日本式（協調性×小学校）『日本式教育』で、子どもたちが変わる！エジプト」『mundi』4月号 https://www.jica.go.jp/publication/mundi/1904/201904_03_01.html (accessed 2020.9.26)

7　中島悠介（2017）「エジプトにおける『特別活動』を通した日本式教育の導入と課題に関する考察――現地報道を手がかりに」『教育研究』第43号、47－55頁。

8　EDU-Portニッポンのパイロット事業には、経費支援のある「公認プロジェクト」と経費支援のない「応援プロジェクト」がある。

9　久保田賢一（2005）『ライフワークとしての国際ボランティア』明石書店。

あとがき

本書では、途上国で教育開発に参加した人たちが、自分の体験をもとに途上国の人たちとどのような関わりを持ち、どのように活動を展開したのか、教育開発への思いとその実践について語ってもらいました。研究者、教員、コンサルタントなど多様な立場から教育開発に参加した人たちの実践記録です。さまざまな人たちからそれぞれの体験を聞くことで、多面的、多角的な観点から国際協力における教育開発の状況を知ることができたのではないでしょうか。

教育開発に関わる中で自身の活動を振り返り、その意味を捉え直す作業は重要です。わたし自身も、国際協力に関わり多くの専門家と共に活動をし、彼らの実践を観察したり、話を聞いたりする中で、多面的な見方を養うことができたのではないかと感じています。

以前、ある専門家が次のように語ってくれたことがありました。

「日本から途上国の教育開発に参加する私たちの最終目標は、私たち自身が必要とされなくなることです」

途上国の教育を改善する取り組みは、本来、途上国の人たち自身で計画・実践・評価していくべきものです。そのため先進国から参加する専門家は、あくまでも外部者として関わるべきであり、彼らが独力で活動を展開できるようになったならば、外部者としての専門家は引き下がるべきであるという考えです。専門家の使命は、途上国の人たちが知識や技能を身につけ、彼らだけで自立的に活動に取り組めるように支援することであり、それが達成できれば日本からの専門家は必要ないというわけです。

わたしは、国際協力に関わるようになった最初の頃は、なるほどこの考え方はもっともだと思っていましたが、教育開発のさまざまな活動に参加していくに従い、疑問を抱くようになってきました。なぜならこの考え方には、日本の教育は優秀であり、その優秀な教育実践の技術を途上国に移転するという前提があると思ったからです。これでは、先進国という上位の立場から途上国という下位の立場に向かって、一方的に知識や技術が向かうだけです。途上国の人は、その知識や技術を受け取るだけで、「日本人が教え、途上国の人が学ぶ」という垂直的な構図が見えてきます。

国際協力に関するこのような見方は、本書の執筆者の間で必ずしも共有されているわけではありません。特に国際コンサルタント企業で働いている教育専門家は、他の企業との競争の中で優位性を示すためには、自分たちのチームメンバーの実力が他よりも抜きん出ていることを強調しなければなりません。プロジェクトは入札により決まるので、優位性を示さなければ仕事を受注することができないからです。このように、著者間でも国際協力に関する見方が異なる部分はありますが、途上国での教育開発において日本の専門家が技術を移転するという発想では依存関係が深まるだけで開発はうまく進まないという考えは共有しています。なぜなら著者たちは対話を継続していくことで、相互の理解が深まり、協同して取り組む意欲が生まれることを、教育開発の活動の中で体験しているからです。わたしは、多様な見方や取り組みの方法があってよいと考えます。取り組みの多様性の中で、対話を継続し相互理解を深めることで、多様な考えを受け入れ、新しいアイデアを生み出していくことが大切だと思います。

執筆者の原稿を読みながらそんなことを考えていた折に、新型コロナウイルスが世界で蔓延し、わたしたちの生活に大きな変化が生まれました。本書を執筆し始めた頃は、感染症がここまで世界中に蔓延するとは夢にも思っていませんでしたが、2020年12月25日現在、世界の感染者数は8000万人になろうとし、死者数は170万人を超えました。

わたしはコロナ禍を心配しながらも2月にはカンボジア、3月にはフィリピンに出かけ、教育開発の現場を訪れることができました。しかし、3月中旬から多くの国で新型コロナウイルス感染拡大のリスクを恐れ、ロックダウン（都市封鎖）が宣言されるようになり、外出が禁止されたり、学校が休校になったりし、経済活動に大きな影響が出るようになりました。日本でも4月初めに緊急事態宣言が発令され、全国の学校が休校になり、子どもたちは家庭で学ばなければならない状況が続きました。

現代社会は、リスク社会でもあるといわれています。近代化により科学技術が急速に進歩し、経済が発展してきました。わたしたちは豊かな生活を享受するようになりましたが、その一方でさまざまなリスクが生まれる可能性が高まってきました。たとえば、環境汚染や地球温暖化、原発事故、テロなどの問題です。このようなリスクに対応するには、先進国だけで取り組んでも解決することはできません。世界中の国々が一丸となって取り組む必要があります。コロナ禍というリスクも同様の取り組みが必要です。リスクは、世界中の人々の社会活動に影響を与えますが、経済レベルの差でリスクへの対処の仕方が変わってきます。コロナ禍においても、経済的な格差がそのまま教育格差に連動していきます。裕福な家庭にはネット環境が整備され、子どもたちはタブレットやPCを使って学校にアクセスすることができます。一方、貧しい家庭の子どもは、ネット環境やPCが整っていないだけでなく、自分の机や文房具なども十分にあるとはいえません。同様の格差は日本においても問題になっており、先進国とか途上国とかに関わりなく、世界中の国々が共に取り組まなくてはならない課題といえます。

リスク社会において教育活動を前に進めていくためには、先進国と途上国の人たちがともに知恵を出し合い連携し、互いに学び合いながら実践をして行く必要があります。もちろん、国によってネット環境や学習環境には大きな違いがありますが、グローバルな課題としてこの教育課題に取り組んでいく必要を感じます。それは途上国に対して教育援助をするというよりも、世界中の人々が共通して直面している教育課題にどう対処できるのか、協同して取り組んでいかなければなりません。教育開発プロジェクトのように目標を達成したから、日本の専門家は引き上げるという垂直的な関係ではなく、ともに手を取り合い共通の課題に立ち向かうという水平的な関係の中で、継続的に互いに学び合うことが求められているのではないでしょうか。

これからの教育開発は大きな変容を迫られています。対面での協同だけでなく、オンラインの協同を含んだ新しい関係性を構築しなければなりません。国連の「持続可能な開発ゴール（ＳＤＧｓ）」の4番目の目標は「質の高い教育をみんなに」です。国際援助という枠組みではこの目標を達成することは困難です。地球規模の課題にともに立ち向かう仲間として途上国の人たちと手を取り合って、グローバルな協同を作っていきたいと思います。

２０２０年12月25日

大阪府高槻市のLiNK-HOUSEにて

久保田　賢一

山本良太（やまもと・りょうた）

東京大学大学院情報学環 特任助教
主な論文：「高校での反転授業導入の留意点とその手立てに関する研究——日本史での実践を事例として」（共著『日本教育工学会論文誌』第 43 巻第 1 号、2019 年)。「支援学校教師の主体的な行動を促す外部人材との連携に関する研究——テレプレゼンスロボットの活用を事例として」（共著『教育メディア研究』第 24 巻第 1 号、2017 年)。「ラーニングコモンズでの主体的学習活動への参加プロセスの分析——正課外のプロジェクト活動へ参加する学生を対象として」（共著『日本教育工学会論文誌』第 40 巻第 4 号、2017 年)。

今野 貴之（こんの・たかゆき）

明星大学教育学部 准教授

主な著書・論文：『学びを創る・学びを支える――新しい教育の理論と方法』（共著、一藝社、2020 年）。『主体的・対話的で深い学びの環境と ICT――アクティブ・ラーニングによる資質・能力の育成』（共著、東信堂、2018 年）。「国際交流学習における教師と連携者間のズレとその調整」（『日本教育工学会論文誌』第 40 巻第 4 号 、2017 年）。

鈴木 隆子（すずき・たかこ）

九州大学大学院人間環境学府 准教授

主な著書：『途上国における複式学級』（訳・解説、東信堂、2015 年）。『ザンビアの複式学級――アフリカにおける万人のための教育（EFA）達成を目指して』（花書院、2012 年）。『国際教育協力の社会学』（共著、ミネルヴァ書房、2010 年）。"Multigrade teachers and their training in rural Nepal,"（*Education for All and Multigrade teaching*, Little, A. Ed, Springer, 2006）。

時任隼平（ときとう・じゅんぺい）

関西学院大学 准教授

主な論文：「学校改善を担うスクールミドルの成長発達に寄与する教職経験に関する研究」（共著『日本教育工学会論文誌』第 42 巻第 1 号、2018 年）。「過疎地域におけるサービス・ラーニング受け入れに関する研究」（共著『日本教育工学会論文誌』第 39 巻第 2 号、2015 年）。「サービス・ラーニングにおける現地活動の質の向上――地域住民と大学教員による評価基準の協働的開発 」（共著『日本教育工学会論文誌』第 38 巻第 4 号、2015 年）。

西尾三津子（にしお・みつこ）

NPO 法人 学習創造フォーラム／関西大学、京都外国語大学 非常勤講師

主な著書・論文：『アクティブラーニング型授業としての反転授業［実践編］』（共著、ナカニシヤ出版、2017 年）。「ボリビアにおける授業研究の実践と教師の意識変容」（共著『日本教育工学会論文誌』第 35 巻 Suppl. 2011 年）。「子どもの能動的な学習を促すメディアとしての板書技術――ボリビア国への技術移転を通して」（共著『教育メディア研究』第 15 巻第 2 号、2009 年）。

■執筆者紹介　＊五十音順

伊藤 明徳（いとう・あきのり）

アイ・シー・ネット株式会社 シニアコンサルタント
主な著書・論文：『パプアニューギニア――日本人が見た南太平洋の宝物』（田中辰夫編、共著、花伝社、2010年）。"Feasibility Study Report on Nationwide Expansion of TV Lessons", December 2008, JICA（共著）。「パプアニューギニアの初等国定算数教科書の開発と効果」（共著、日本教育工学会2019年秋季全国大会）。

伊藤 拓次郎（いとう・たくじろう）

アイ・シー・ネット株式会社 シニアコンサルタント
主な論文："From Training to Capacity Development for Municipalities: Experiences and Lessons from Nepal"（*KILA Journal of Local Governance,* Vol. 6, No. 2, 2019）、"From training to results focused capacity development for Municipalities in the context of new Federalism in Nepal"（*LDTA Journal*, 2019）。「研修プログラム開発のコンポジッドモデルとその支援システムの研究」（博士論文、2010年）。"Development of an effective and sustainable system for ID training: Proposing a strategy model of the Training of Trainer (TOT)（共著、*Educational Technology Research,* Vol. 31, 2008）。

岡野 貴誠（おかの・たかせい）

国際協力機構（JICA）　専門家
主な論文：「エジプト国における大学生と大学院生の学習スタイルの違いに着目したPBL授業の検討」（『工学教育』第62巻第5号、2014年）。「国際協力の現場から見た日本の工学系大学院教育の特徴に関する一考察」（『工学教育誌』第61巻第2号、2013年）。「途上国における日本型PBL授業を導入する際の課題と改善策の検討」（『工学教育誌』第60巻第2号、2012年）。

岸 磨貴子（きし・まきこ）

明治大学国際日本学部 准教授
主な著書・論文：『「知らない」のパフォーマンスが未来を創る――知識偏重社会への警鐘』（共編訳、ナカニシヤ出版、2020年）。『パフォーマンス心理学入門――共生と発達のアート』（共著、新曜社、2019年）。『大学教育をデザインする――構成主義に基づいた教育実践』（共著、晃洋書房、2012年）。「学習環境としての分身型ロボットの活用――特別支援学校の生徒のパフォーマンスに着目して」（『コンピュータ＆エデュケーション』第46巻、2019年）。

■編著者紹介

久保田 賢一（くぼた・けんいち）

NPO法人 学習創造フォーラム 代表

関西大学 名誉教授／大阪経済法科大学 客員教授

経歴：米国インディアナ大学大学院教育システム工学専攻修了。Ph. D.（Instructional Systems Technology）、高校教員、青年海外協力隊員、国際協力専門家、関西大学教授、英国レディング大学客員研究員、米国ハワイ大学客員教授など歴任。

専門：国際教育開発、開発コミュニケーション、学習環境デザイン。

主な著書：『大学のゼミから広がるキャリア──構成主義に基づく「自分探し」の学習環境デザイン』（北大路書房、2020年）。『日本の教育をどうデザインするか』（共著、東信堂、2016年）。『国際協力論を学ぶ人のために』（共著、世界思想社、2005年、新版2016年）。『ライフワークとしての国際ボランティア』（明石書店、2005年）。『参加型開発──貧しい人々が主役となる開発に向けて』（共著、日本評論社、2002年）。『構成主義パラダイムと学習環境デザイン』（関西大学出版部、2000年）。『開発コミュニケーション──地球市民によるグローバルネットワークづくり』（明石書店、1999年）。『ジェンダー・開発・NGO──私たち自身のエンパワーメント』（共訳、新評論、1996年）。

途上国の学びを拓く

対話で生み出す教育開発の可能性

2021年2月10日　初版第1刷発行

編著者　久保田賢一
発行者　大江道雅
発行所　株式会社明石書店
〒101-0021 東京都千代田区外神田6-9-5
電話 03（5818）1171
FAX 03（5818）1174
振替　00100-7-24505
https://www.akashi.co.jp/
装丁　明石書店デザイン室
印刷・製本　モリモト印刷株式会社

（定価はカバーに表示してあります）　ISBN978-4-7503-5145-2